記号と事件

1972―1990年の対話

G・ドゥルーズ
宮林寛 訳

河出書房新社

記号と事件　目次

記号と事件　一九七二―一九九〇年の対話

およそ二十年にもわたる期間に、しかも散発的におこなってきた対談を、いま、なぜ一冊の本にまとめるのか。折衝が長引いたあげく、それがいまだに戦争に属しているのか、あるいはすでに平和に足を踏みいれているのか、判然としなくなることがある。哲学は時代にたいする怒りから切り離せないということはたしかだ。しかし、もう一方で哲学が静謐の感をもたらすということも、やはり見落としてはならない点である。哲学は力をもたない。力をもつのは宗教や国家、資本主義や科学や法、そして世論やテレビであって、哲学はけっして力をもたない。たしかに哲学でも大がかりな内戦が勃発することはあるだろう（たとえば観念論と実在論の対立）。しかしそれは戦いといっても冗談の域を出ない戦いだ。みずからは力ではないのだから、哲学が他の諸力と一戦をまじえることはありえないのである。しかし、そのかわりに哲学は戦いなき戦いをたたかい、諸力にたいするゲリラ戦を展開する。また、哲学は他の諸力と語りあうこともできない。相手に向かって言うべきこともないし、伝えるべきこともちあわせていないからだ。哲学にできるのは折衝をおこなうことだけである。哲学以外の諸力は私たちの外にあるだけでは満足せず、私たちの内部にまで侵入してくる。だからこそ、私たちひとりひとりが自分自身を相手に不断の折衝をつづけ、自分自身を敵にまわしてゲリラ戦をくりひろげることにもなるわけだ。それもまた哲学の効用なのである。

G・D

I 『アンチ・オイディプス』から『千のプラトー』へ

口さがない批評家への手紙

きみは好青年だ。頭もいい。敵意をいだくこともあれば、悪意をむきだしにすることもある。修業が足りないようだね……。なぜなら、きみがよこした手紙は、ひとの言ったことを引き合いにだしたり、きみ自身の考えを述べたり、あるいはその両方を混ぜあわせながら、結局のところ、勝手に私の不幸を想定して喜んでいるだけじゃないか。一方で、きみは私が追い詰められたと主張する。あらゆる方面で行き詰まり、実生活でも、教育の現場でも、さらに政治の面でも追い詰められている。そして私は卑劣なスターになった。でもそんなことが長続きするはずはないし、私はそこから抜け出すことができない。きみはそう決めつける。そうかと思うと、もう一方ではこんなことも書いている。私はいつも遅れをとってきた。きみたちの生き血をすすり、きみたちの毒を味わっている。実際に実験をおこなう真のヒーローはきみたちのほうだ。私は周縁部にとどまってきみたちのほうをながめ、きみたちを利用しているにすぎない。これがきみの言い分だ。でも、私はこれっぽっちもそんなことを感じていないんだよ。スキゾというやつには、それが本物であれ贋物であれ、心底うんざりしているから、喜んでパラノに宗旨変えをしたいくらいなんだよ。パラノイア万歳を叫んでもいい。きみはあの手紙によって私に何を注ぎこもうというのだろう。ほんのわずかな怨念と（あんたは追い詰められたんだ、「ほら、白状しろよ……」）、ちょっとした良心の呵責だけじゃないか（恥ずかしくないのか、あんたは遅れているんだぜ……）。それしか言うことがないのなら、わざわざ言うまでもなかっただろうに。きみは私について一冊の本を書くことで怨みを晴らしているつもりなんだろう。きみの手紙はうわべだけの同情と疑う余地のない復讐心に満ちみちているからね。

まず、本の出版を望んだのは私ではないということだけは、ここではっきりさせておこう。なぜ本を書こうとしたのか、きみはその理由を説明している。「諧謔を弄するつもりで、たまたま機会があったから、金銭欲と出世欲に駆られて」書いたそうじゃないか。そんな欲が、本を書いたくらいでいったいどうして満たされるものなのか、私には理解できない。くどいようだが、これはあくまでもきみ個人の問題なのだし、きみの本は私には関係がないんだよ。それに、私がきみの本を読むこともないだろう。もし読むとしたら、それはずっと後になってから、きみだけにかかわる本として読みたいね。はじめからそう言っておいたはずだ。きみは何でもいいから書き下ろしの原稿が欲しいといって私を訪ねてきた。そこで私としては心からきみを喜ばせたいと思ったからこそ、手紙をやりとりしてみてはどうかと提案したわけだ。テープレコーダーを前にした対談よりもそのほうがずっと簡単だし、疲れなくてすむからね。そしてふたりの手紙は本自体とはっきり区別して、一種の付録として公表するという条件をつけておいたはずだ。ところがきみは早速それを利用して私たちの申し合わせを歪曲し、私に非難を浴びせてきた。「お手紙を差し上げますわ」と約束しておきながら手紙をくれないゲルマント公爵夫人とか、郵便局に問い合わせろとどなってきみを追い返す権力者とか、あるいは若き詩人への助言を拒むリルケとか、そんなふうに私がふるまっているというんだから恐れ入る。少しは辛抱してもらいたいな。

善意のふるまいというのは、きみたちの得意とするところではないようだ。私の場合、人や物にたいして愛情や尊敬の念をいだくことができなくなったら（そんな人や物はざらにころがっているわけではないからね）、自分が死んだ、壊死してしまったと感じるだろう。ところがきみたちは天性の毒舌家に生まれついたらしく、「甘く見るなよ……。あんたのことを本に書いているんだぜ、見せてやろうか」とすごんでみせる。きみたちはそんな目配せが得意なようだね。考えうるかぎりの解釈のなかから、きみたちは、ほぼ間違いなくいちばん悪意に満ちたものか、いちばん卑しいものを選んでくる。私がフーコーにたいして愛情と尊敬の気持ちをいだいているという話を例にとってみよう。私はフーコーについて論評を書いたことがある。フーコーも私に一文をささげてくれたわけだが、きみはそのなかからこんな文章を抜き出してくる。「いつの日か、世紀はドゥルーズのものとなるだろう。」きみの注釈はこうだ――あいつら、つるんで褒めあってやがる……。フーコーにたいする私の尊敬の念は本物だということが、きみにはどうしても理解できないらしいね。そしてフーコーの言葉は、フーコーや私を愛してくれる人たちを楽しませ、他の人たちを憤慨させるためのコミカルな文だということも、やはり理解できないらしい。きみもよく知っているはずの文章が、左翼運動の継承者に特有の、こうした先天的悪意を説明してくれる。その文章というのはこれだ――「きみが厚かましい男なら、左翼の集会で友愛とか善意とかいった言葉を口にしてみたまえ。彼らはありとあらゆる仮装をほどこした敵意をつきつけ、そこにいようといまいと、また友人であろうと敵であろうと、ことあるごとに、あらゆる人に振り向けた攻撃と嘲弄を勤勉に実践してみせるだろう。重要なのは相手を理解することではなく、相手を監視することなのだ。[1]」きみの手紙は高度な監視機構なのさ。私は「同性愛者行動戦線」の男がある集会でこう宣言するのを聞いたことがある。みんながここに集まっているのは仲間に良心の呵責をおぼえさせるためではないのか、とね。誰か他人に良心の呵責をおぼえさせようというのは、いくぶん警察官めいた、奇怪な理想だといわざるをえないね。きみにも、私について（あるいは私に反駁する）本を書くことで、私にたいする優越が得られるとでも思い込んでいるふしがある。でも、そんなことはありえないんだよ。私だったら、自分が良心の呵責をおぼえるのも、他人に良心の呵責をおぼえさせるのも、どちらも御免こうむりたいね。

もうひとつ例をあげよう。私の爪は伸び放題でまるで手入れをしていないという話だ。

きみは手紙の最後のところで、私が着ている労働者の上着は（ちがうよ、あれは農夫の上着なんだから）、マリリン・モンローのプリーツ・ブラウスと同じだし、私の爪はグレタ・ガルボのサングラスと同じ意味をもつと書いている。そして皮肉と敵意に満ちた助言をならべたてている。きみが爪のことをしつこく蒸し返すから、ここでちょっと説明しておくとしようか。たとえば、すぐに思いつく解釈として、こんなものがあるだろう。私は母親に爪を切ってもらっていた、したがってこれはオイディプスと去勢に結びつく（グロテスクではあるけれども、これだって精神分析的解釈にはちがいない）。また、こんな指摘をすることもできるだろう。つまり私の指先を見ると、ふつうなら保護膜になるはずの指紋がない、だから指先が物にふれたとき、それも特に織物にさわったとき、私は神経の痛みで苦しむ、だから爪を伸ばして保護しなければならないのだ、とね（これは奇形学と自然淘汰説による解釈だ）。あるいはまた、ことの真相を語りたいなら、こんなふうに説明してくれてもかまわない。私が夢見ているのは不可視になることではなく、知覚されないようになることだ。そして私は爪をポケットに隠すことによって夢の埋め合わせをしているのだ。だからまじまじと爪を見つめる人間ほど私にとって不愉快なものはない、とね（これは社会心理学的解釈だ）。さらにこんな説明も可能だろう。「爪をかじっちゃあ駄目だ。それはきみの爪なんだからね。爪の味が気に入っ

（1）「探求」一九七三年三月号に所収の『同性愛大百科』

ているのなら、他人の爪をかじればいい。それがきみの望みであり、きみにそれができればの話だけどね。」（ダリアン流の、政治的解釈）。ところが、きみはいちばん野暮な解釈を選んでしまう。あいつは目立ちたいんだ、グレタ・ガルボの真似をしようというんだ——これがきみの主張だからね。でも、不思議なことに私の友人で爪のことを気にとめた者はひとりもいない。爪のことはごく当たり前だし、種子を運んでくるだけでべつに誰の話題にのぼるわけでもない風が、ひょんなことからそこに爪を残したようなものだ、誰もがそう思っているんだよ。

さて、ここできみの第一の批判に答えておこう。きみはあれこれ口調を変えながら、くりかえしこう述べている。あんたは行き詰まった、あんたはもうおしまいだ、白状したらどうだい、とね。きみは検事総長にでもなったつもりなのかい。私は何も白状しないよ。でも、きみの落ち度で私についての本が生まれてしまったわけだから、参考までに、私は自分が書いたものを自分でどう思っているのか説明しておこう。私がある特定の世代に属する人間だということはまぎれもない事実だ。私の世代は、哲学史によって虐殺されたにひとしい最後の世代に相当する。哲学史というものが哲学における抑圧の機能をはたしていることは明らかだ。あれは哲学におけるオイディプスだ。「あれこれ読んで、あれについてのこれを読まないうちから、まさかきみは自分の名において語るつもりじゃあないだろうな」というわけだ。私の世代にはうまく切り抜けることのできなかった者もたくさんいる。抜け出すことができた者がいないわけではない。でも、それは独自の方法や新しい表現、あるいは新しい語り口をあみだすことで、なんとかやってきたにすぎない。私も長いあいだ哲学史をやってきたし、特定の書き手について、たくさん本を読んだものだ。しかし、あの手この手でその埋め合わせをしていたんだよ。まず、哲学史の合理的伝統に反する書き手が好きだったということがある（それがルクレティウスやヒューム、スピノザやニーチェだったわけだが、彼らのあいだには、私からみて内密なつながりがある。そのつながりは、おおよそ次のようなもので成り立っている。つまり否定的なものに向けられた批判、悦びの鍛練、内面性にたいする憎悪、そして諸力と諸力相互の連関にあらわれた外在性、あるいは権力の告発……）。なによりも嫌いだったのはヘーゲル哲学と弁証法だった。カント論はちょっと違うね。あの本はけっこう気に入ってるんだ。わざわざ敵について書いた本だからね。敵はどんなふうに機能しているのか、理性の法廷とか能力の節度ある使用法、私たちに立法者の資格を与えるだけになおさら偽善に満ちたものになる服従など、敵の歯車はどのようにかみあっているのか、そこのところを明らかにしようと思ったわけだ。しかし、もっとはっきりしているのは、私が当時の状況を切り抜けるにあたって、哲学史とは「おかまを掘る」ようなものだ、というか、これも結局は同じことになるけれども、処女懐胎のようなものだ、と考えていたということだ。私は哲学者に背後から近づいて、子供をこしらえてやる。その子供はたしかに哲学者の子供にはちがいないけれども、それに加えてどこかしら怪物的な面をもっている。とまあ、そんなふうに考えてみたわけだ。子供がたしかに当該の哲学者のものだということはとても重要だ。私が語らせようとしたことを、その哲学者が余すところなく、そのとおりに語ってくれなければ困るからね。しかし、子供に怪物じみたところがあるということも、やはりどうしても必要だった。それは何かも中心からずらし、横すべりさせ、すべてを破壊し、ひそかに何かを放出する必要があったからで、私にはそんなことが楽しくてしかたなかったわけだ。その意味でいうなら、私のベルクソン論は模範的な本だと思う。ところが最近はベルクソンごときを論じたといって私を非難し、それで得意がっている者も多い。歴史を知らないからそうなるんだ。彼らには、初期のベルクソンがフランスの大学機構のなかでどれだけ憎まれたか、そして社交界と非社交界の別を問わず、頭のおかしい連中やマージナルな連中にとってベルクソンが集合標識になりえたのはどうしてなのか、そのあたりの事情がわからないのさ。それがベルクソンにとって不本意だったかどうか、そんなことはどうでもいい。

私を窮地から救ってくれたのはずっと後になってから読んだニーチェだった。ニーチェを他の哲学者と同列にあつかうのは不可能だ。他人の背中に子供をこしらえるところに、まさにニーチェの面目があるわけだからね。ニーチェを読んでいると、よこしまなことがしたくなってくる（これはマルクスにもフロイトにもできなかったことだ）。この点ではふたりともニーチェに遠くおよばない）。そのよこしまな気持ちというのは、ひとりひとりの人間がみずからの名においてごく単純なことを述べ、情動や強度、体験や実験によって語りたくなるということだ。ところが、みずからの名において何かを述べるというのは、とても不思議なことなんだ。なぜなら、自分は一個の自我だ、人格だ、主体だ、そう思い込んだところで、けっしてみずからの名において語ることにはならないからだ。ひとりの個人が真の固有名を獲得するのは、けわしい脱人格化の修練を終えて、個人をつきぬけるさまざまな多様体と、個人をくまなく横断する強度群に向けて自分を開いたときにかぎられるからだ。そうした強度の多様体を瞬間的に把握したところにあらわれる名前は、哲学史がおこなう脱人格化の対極にある。それは愛による脱人格化であって、服従による脱人格化ではない。私たちは自分の知らないことの基底を語り、わが身の後進性について語るようになる。そのとき、私たちは、解き放たれた特異性の集合になりおおせている。姓、名、爪、物、動物、ささやかな〈事件〉など、さまざまな特異性の集合にね。つまりスターとは正反対のものになるということだ。そこで私は、いま説明した放浪の方向に向かう本を二冊、書きはじめた。『差異と反復』、そして『意味の論理学』。幻想をいだいているわけではない。この二冊にはまだ学者臭い装置が詰め込まれているし、重苦しいところもあるということは自分でもわかっているつもりだ。それでも何かに揺さぶりをかけて、自分のなかで何かを動かそうとしたことだけはたしかなんだ。つまり文章表現を流れとしてとらえ、コードとは考えないということだね。『差異と反復』には自分でもけっこう好きな部分がある。たとえば疲労とか観想についての書いたところがそうだ。これが見かけとは裏腹に、生々しい実体験のままだから好きなんだ。まだまだ突っ込みが足りなかったかもしれない。しかし、とにかく何かが始まろうとしていたことだけはたしかなんだ。

それから、フェリックス・ガタリとの出会いがあって、ふたりがどんなふうに理解しあい、たがいに補いあい、たがいに相手のなかに入り込んで脱人格化をとげるのか、それを確かめ、さらに相手を刺激しながら特異化していくという体験があった。つまり愛情だね。こうして『アンチ・オイディプス』が生まれ、それがまた新たな一歩となった。よく、この本にたいして敵意をむきだしにする人を見かけるけれども、その理由のうちではっきりしているもののひとつは、この本がふたりで書かれたというところにあるんじゃないかと思う。ふつうの人は仲間割れをおこしたり、きちんと分担を決めたりしたがるものだ。だから躍起になって見分けのつかないものを見分けようとし、私たちのどちらかひとりに帰属するものを見極めようとするわけだ。しかし、他のみんなと同じように、私たちは各々がすでに多数だったから、それだけでもずいぶん大勢の人間がいたことになる。ただ、『アンチ・オイディプス』も知の管理装置から完全に解放されているとはいえないかもしれない。あの本にはまだまだ学者臭いところが残っているし、それなりに穏健だし、私たちが夢見たポップ哲学にも、ポップ分析にもなりえていないからね。でも、ひとつ驚かされたことがある。それは『アンチ・オイディプス』は難しい本だと思った人たちが、もっとも教養のある部類の人たちだった、それもとりわけ精神分析の素養にめぐまれた人たちだったということだ。彼らは首をかしげる。「器官なき身体とはいったい何のことだ。欲望機械とはどういう意味なんだ」逆に、あまりものを知らなくて、精神分析に毒されていない人たちは問題なく入り込んできたし、わからないところは遠慮なくとばしてくれた。だからこそ、私たちはこの本が、少なくとも権利上は十五歳から二十歳くらいまでの若者を対象にしていると主張できたわけだ。つまり一冊の本を読むには二通りの読み方がある。ひとつは本を箱のようなものと考え、箱だから内部があると思い込む立場。これだとどうしても本のシニフィエを追いもとめることになる。この場合、読み手がよこしまな心をもっていたり、堕落していたとしたら、シニフィアンの探究に乗り出すことになるだろう。そして次の本は最初の本に含まれた箱になったり、逆に最初の本を含む箱になったりするだろう。こうして注解がおこなわれ、解釈が加えられ、説明を求めて本についての本を書き、そんなことが際限なく続けられるわけだ。もうひとつの読み方では、本を小型の非意味形成機械と考える。そこで問題になるのは「これは機械だろうか。機械ならどんなふうに機能するのだろうか」と問うことだけだろう。読み手にとってどう機能するのか。もし機能しないならば、もし何も伝わってこないならば、別の本にとりかかればいい。こうした異種の読書法は強度による読み方だ。つまり何かが伝わるか、伝わらないかということが問題になる。説明すべきことは何もないし、理解することも、解釈することもありはしない。電源に接続するような読み方だと考えていい。〈器官なき身体〉についても、教養はなくてもすぐに理解できる人がいたくらいだからね。それは彼らの「習慣」のおかげだし、彼らが自分自身に〈器官なき身体〉をこしらえる方法をこころえていたということもあるだろう。

この異種の読み方が第一の読み方と対立するのは、本を無媒介的に〈外〉へとつなげていくところにその特色があるからだ。一冊の本は、はるかに複雑な外部の機械装置に組み込まれた小さな歯車にすぎないし、そして書くということは、その他もろもろの流れに組み込まれたひとつの流れにすぎない。他の流れにたいして特権をもつわけでもないから、糞の流れ、精液の流れ、言葉の、行為の、そしてエロチシズムの流れ、また貨幣の、政治の流れなど、自分以外の流れを相手にして順流と逆流が渦を巻くところに関係づけられる。片方の手で砂浜に文字を書き、もう一方の手でオナニーをするブルームを思いうかべてみるといい。ブルームのふたつの流れはどんな関係にあるのか考えてみるといい。私とフェリックスの場合だと、自分たちにとっての〈外〉、というか数々の〈外〉のうちのひとつが、精神分析に辟易した人たち（特に若者）からなる群れだった。きみの言い方を借りるなら、彼らは「追い詰められて」いたわけだ。彼らは彼らなりに精神分析を受けつづけているとはいえ、すでに精神分析に反する考え方をするようになっている。しかしそれでも精神分析の用語を使っている。だから行き詰まるわけだ。（これは内輪で笑い話をするためのネタだと思ってもらいたいのだが、たとえば「同性愛者革命行動戦線」の男の子たちや「女性解放運動」の女の子たち、あるいはそれ以外のいろんな人たちが、いったいどうして精神分析を受けつづけることができるのだろう。気詰まりではないのだろうか。本気でやっているのだろうか。精神分析の長椅子に寝て、彼らはいったい何をしようというんだろうね。）『アンチ・オイディプス』の出現が可能になったのは、そんな動きがあったからにほかならない。いちばん馬鹿な部類からいちばん頭のいい部類までひっくるめて、精神分析家は総じて『アンチ・オイディプス』を敵視し、攻撃というよりも自己防衛に近い反応を示したわけだが、それが本の内容のせいでないことは明らかだろう。そうではなくて、いま説明したような動きが拡大しはじめ、人びとが「パパ、ママ、オイディプス、去勢、退行」の話を聞かされたり、性愛全般と、特に自分たちの性愛について、まったくもって白痴的なイメージをつきつけられることに、ますますもって辟易してきたからだと考えたほうがいい。月並な物言いになるけれど、精神分析家諸氏も、「群れ」のことを考慮して、さまざまな小型の群れを考えてみる必要があるだろうね。私たちはこうした路線にそった精神分析の浮浪無産者階級の人たちから美しい手紙をもらっている。それは批評家の書く論評よりもずっとすばらしい文章だ。

〈外〉につながり、流れと流れがせめぎあい、単一の機械が複数の機械にぶつかる、そして実験をてがけ、書物とはなんの関係もない、自分たちひとりひとりの〈事件〉を介在させて書物をずたずたに切り裂き、書物以外の事物につながる作動形態をあみだすこと。そんな強度の読み方は恋愛に似ている。きみも、このとおりの読み方をしているじゃないか。きみの手紙のなかで、私が見ても美しい、いや、それどころかなかなかみごとだと思う部分は、きみがどんなふうに『アンチ・オイディプス』を読み、自分のためにそれをどう役立てたかということを説明しているところだ。それなのに、きみはなぜ、そんなにも性急に非難を蒸し返すのだろう。「あんたには切り抜けることなんかできやしない。第二巻でつかまえてやろうと、みんなが待ち構えているんだぜ。あんたたちが何者なのか、すぐにばれちまうぜ」なんてすごんでね。まったく的外れだよ。私とフェリックスがどんな人間か、もう誰でも知っているのだから。たしかに私たちは続編を書くだろう。でもそれは一緒に仕事をするのが好きだからにすぎない。とはいえ、出来あがった本は続編とは似ても似つかないものになるにちがいない。〈外〉の力も手伝って、続編は言葉づかいにおいても思考法においても、ずいぶん違ったものになるはずだから、私たちを「待ち構えている」人たちはこうささやくしかないだろう。「あいつら、すっかり気がふれてしまったぞ。もし気がふれたふりをしているだけだったら、とんだ下種野郎だ。そうでないとしたら、続編を書く力量がなかっただけのことさ」とね。期待を裏切ることはひとつの快楽だ。でもそれは気がふれたふりをしたいからではなくて、私たちは私たちなりに、好きなときに狂人になることができるからなんだ。それだけのことさ。だから急《せ》き立てたりしないでくれたまえ。一巻目の『アンチ・オイディプス』はまだ妥協に満ちているし、まだまだ学術的で、いわゆる概念らしきものが多すぎるということを、私たちもはっきり自覚している。だから変化をもとめているんだし、それもやりおおせたことだから、私たちにとっては万事快調だ。私たちは以前と同じ調子でつづけるだろうと思い込んだ人たちがいるし、私たちが精神分析の第五グループの結成をもくろんでいるとかんぐる者もいる。情けないかぎりだ。私たちが夢見ているのは、それとは別の、はるかに内密で、はるかに快活なことだというのに。もう断じて妥協はしない。妥協する必要はずっと少なくなったからね。それに、仲間ならいつだって見つかるさ。私たちに必要な仲間、そして私たちを必要とする仲間がね。

きみは私が追い詰められたと主張する。しかしそれは違うな。フェリックスも私も三流学派の三流主宰者ではないのだから。誰かが『アンチ・オイディプス』を利用したとしても、そんなことはどうでもいい。私たちはもう別の場所に移っているからね。きみは私が政治のうえで追い詰められ、宣言や嘆願書に署名するのを余儀なくされているという。私は「究極の民生委員」だという。それも違うな。フーコーにささげるべき数々のオマージュのなかでも特に重要なものがある。それは、彼が独自の目的をさだめ、また余人にさきがけて回収機構を壊し、知識人特有の古典的な政治状況から知識人を救い出したということだ。それにひきかえきみたちときたら、あいかわらずの挑発行為やスッパ抜き、質問状や（「白状しろよ、白状しろったら……」とせまる）公の場での告白から脱けきれていないじゃないか。ところが私は、近い将来になかば自発的でなかば強いられた地下潜行の時代がおとずれて、それが政治の問題も含んだ、いちばん若々しい欲望になるだろうと感じている。きみは私が職業の面でも追い詰められたという。それはヴァンセンヌで二年間しゃべったあと、もう何もしていないからだ、とひとが噂していると報告してくれる。しゃべっているあいだ、私は矛盾にはまっていた。それは「教師の立場を拒みながらも教えることを余儀なくされ、みんながそれを見捨てた頃になって、いまさらのように元の職業にもどっているからだ」、きみはそう解説している。でも私は矛盾に敏感なたちではないし、自分の立場がもつ悲劇性を身をもって生きるような善人ではないんだよ。私がしゃべってきたのは、しゃべりたいという気持ちが強かったからにすぎないんだよ。いろんな人たちに支えられたり、ののしられたり、話の腰を折られたりしてきたけれども、その相手が活動家だったり、狂人をいつわる者だったり本物の狂人だったり、愚か者だったりとても頭のいい男だったりで、ヴァンセンヌは本当に生き生きとした楽しい場所だった。そんなことが二年間つづいた。でも、もうたくさんだ。変化をもとめなければならなくなったんだよ。そして私が以前と同じ状況のもとでしゃべるのをやめたら、「あんたは何もしていない、あんたは不能だ、デブでインポの女王様だ」、きみはそう断言する。というかそんな噂があると報告してくれるわけだ。それも嘘だ。私は姿をくらまし、つきあう相手をできるだけ減らして自分の仕事を続けているだけなのに、きみは私がスターにならないように手助けをしてくれるどころか、私に釈明をもとめ、不能か矛盾のどちらかを選べといって詰め寄ってくる。それに輪をかけて、きみは私が個人的に、家庭的に行き詰まっているという。この議論は上等とはいえないな。きみの説明によると、私は妻帯者で、娘もいる、そしてこの娘があろうことかお人形遊びをしながら、どこか隅っこのほうでオイディプスの三角形をこしらえているのだそうだ。だから『アンチ・オイディプス』のことを思うと、それがおかしくてたまらないという。それなら、私には息子がいて、もうすぐ精神分析を受ける年頃だということにしてくれたほうがましだった。オイディプスを産み出すのが人形で、結婚しているだけでオイディプスができると考えているとしたら、それはどうもいただけないね。オイディプスというのはお人形のことじゃない。あれは内分泌の産物だし、分泌腺なんだから、自己と戦うことなくしてオイディプスとの戦いはありえないんだ。自己と戦えばかならず、自己に抵抗する実験をおこない、愛を感じたり、欲望をおぼえたりする能力が身につくことにもなる（これは愛されることだけをもとめて泣き言をならべ、結局みんなが精神分析家のもとをたずねるのとは大違いなんだよ）。非オイディプス型の愛というのは、そうやすやすと経験できることではないんだ。独身をとおしたり、子供をつくらなかったり、ホモになったり、グループに加わったりするだけではオイディプスを回避することにはならない。そんなことはきみだって承知しているはずじゃないか。集団性のオイディプスとか、オイディプス型の同性愛者、オイディプス化した女性解放運動家とか、いろいろあるわけだからね。『アラブ人とわれわれ』(1)という論文がそのいい例だ。これなんか私の娘よりもはるかにオイディプス的だよ。

そんなわけで私には何も「白状する」ことがない。『アンチ・オイディプス』がそこその成功をおさめたからといって、フェリックスや私が巻き添えをくうはずもないし、そもそもそんなことは私たちとは無関係だともいえるんだ。私たちはすでに他の仕事を

(1) 前掲「探究」

準備しているわけだからね。さて、今度はきみのもうひとつの批判に答えよう。でも、こちらのほうがずっと手厳しいものだし、それに疲れるね。私はいつも遅れをとってきた、そして努力を惜しみ、ホモや麻薬中毒者、アルコール中毒者やマゾヒストや狂人など、他人の実験を利用している、そして彼らの歓喜や毒をほどほどに味わってから、自分の身にはけっして危険がおよぶことのないようにしている、そんなふうに批判されてしまったわけだから。きみは私が書いた論文を逆手にとる。アルトーを語るプロの講演屋になってどこが悪い、軽薄なフィッツジェラルド愛好家になってどこが悪い、とまあそんなことを書いたといって私を非難する。しかしきみは私についていったい何を知っているというんだい。私は秘密を信じている、つまり〈偽なるものの力能〉を信じている。だから正確さと真実への嘆かわしい信仰がしみついた物語は私に似合わないと、きみもいったんは認めているじゃないか。私がじっとしているとしても、旅行に出かけないとしても、みんなと同じようにその場にいながらにして旅（トリップ）をしていることに変わりはないんだ。しかもそれは私が経験した感動によって測るしかないし、私が書くもののなかに、できるだけ遠回しな、できるだけ婉曲なかたちであらわすしかないような旅なんだよ。それにホモやアルコール中毒者や麻薬中毒者にたいする私の関係なんて、この際どうでもいいはずだ。別の手段によって、彼らと同じような成果があがるなら、それでいいじゃないか。調べてみて面白いのは私がどんなものでも利用するのかどうかということではなくて、ひそかに何かをする人たちがいるのかどうか、私もひそかに自分の仕事をしているのかどうか、そしてそこには出会いがあるのかどうか、偶然は、偶発的な事件はおこりうるのかどうか、ということだ。だから同調したり、付和雷同したりするような、ひとりひとりの人間が他人に良心の呵責をおぼえさせ、他人を矯正する立場に立たされるような、そんな糞のような状況はどうでもいいんだ。私はきみたちに何の借りもないし、きみたちも私に借りがあるわけではない。私がきみたちのゲットーに出向く道理は見当たらないね。なにしろ私には私専用のゲットーがあるのだから。問題は特定の排他的集団の性質には関係なくて、（同性愛とか麻薬といった）特定のものが産み出す効果を、他の手段によって産み出すことができる、そんな横断的関係にかかわっているんだ。いまだに「私はかくかくしかじかのものだ」と思いこみ、（幼年時代や運命を参照項にした）精神分析的な考え方を捨てられない人たちに対抗したければ、不確実と不可能の線でものを考えるしかないだろう。つまり自分では自分が何者なのかわからないのだと考え、非自己愛的で非オイディプス的な探究やこころみを、必要なだけ、できるだけたくさんやらなければならないということだ。そうすれば、確信をもって「ぼくはホモだ」と断言できるようなホモはひとりもいなくなるだろう。問題は人間としてかくかくしかじかのものであるということではなく、人間以外のものになることだ。つまり、動物になるという、誰にでもあてはまる生成変化だ。でもそれは自分が一匹の野獣だと思い込むことではなくて、身体の人間的組成をときほぐし、身体の強度域を横断すること、そしてひとりひとりの人間が自分の強度域を見出し、そこに巣くった複数の集団、複数の生物群、複数の種を見出すことだ。犬のように医学を語っている私が、医者ではないまま医学を語って何が悪い。小鳥のように麻薬を語っている私が、麻薬中毒者ではないまま麻薬を語ったとしても特に不都合はないだろう。それに私が新しい言説をあみだして、何かを語ったとしても問題はないはずだ。たとえその言説がまったく非現実的で人工的なものであったとしても、また私にはその言説を語る資格がなかったとしても、そんなことはどうでもいいじゃないか。麻薬のせいでうわごとを口走ることがあるはずだ。それなら麻薬について私がうわごとをならべてもいいじゃないか。きみたちの「現実」というやつを、きみたちはいったいどう処理するつもりなんだろう。卑屈なリアリズムなのさ、きみたちの現実は。それに、きみが私のものを読むという事実をいったいどう説明するつもりなんだ。とっておきの体験とかいう論旨は劣悪な反動の論旨なんだよ。『アンチ・オイディプス』のなかで私がいちばん気に入っている文は、「いや、私たちは一度も分裂病患者を見たことがない」というやつだ。わかったかい。

結局のところ、きみの手紙には何が書いてあったのだろう。美しい部分を除けば、きみ自身のことはひとことも書かれていないじゃないか。噂とか風説を器用にとりまとめて、それを他人から聞いた話に仕立てあげたり、きみ自身の意見に見せかけたりしているだけじゃないか。もっとも、きみはそんな効果をねらったのかもしれないね。つまり閉ざされた状況における噂話の模作。軽薄で、けっこうスノッブな手紙になっているわけだ。きみは私に「書き下ろし」をたのんでおいて、今度は意地の悪いことを書いてよこす。きみの手紙のせいで私の手紙もすっかり弁明じみたものになってしまった。ひどいもんだ。きみは（カフカに出てくる）アラビア人ではなくてジャッカルのほうなんだ。きみは私がしみったれたスターになったといって批判する。そして私をそのスターとやらにするためならどんな労力も惜しまないんだ。スターとは恐れ入ったね。きみには何ももとめないことにしよう。でもきみのことはとても気に入っている。これで面倒な噂ともおさらばしたいね。

ミシェル・クレソール著『ドゥルーズ』（一九七三年）に所収

フェリックス・ガタリとともに『アンチ・オイディプス』を語る

——おふたりは一方が精神分析家、もう一方が哲学者です。そして『アンチ・オイディプス』は精神分析と哲学を両方とも検討しなおす本であり、さらに一歩先に進んでスキゾ分析への導入にもなっています。そこでうかがいたいのは、この本でおふたりに共通の場所となったのは何なのかということです。どのようなお考えがあってこの仕事を計画されたのか、そしてそれがおふたりにどのような変化をもたらしたのか、話していただければと思います。

ジル・ドゥルーズ——小さな女の子のように、条件法で話さなければなりません……。ね、私たちが出会ったことにして、それからこんなことがあって……というふうに。二年半ほど前のことになりますが、私はフェリックスと出会いました。フェリックスは、私が自分よりも先を行っていると感じていたし、何かを期待していた。私には精神分析家のような責任もなければ、精神分析を受ける人のような罪悪意識とか、条件づけもなかったからです。私には特定の場所などありはしなかったし、おかげで身軽でもあったわけです。そして精神分析というのは、みじめなものであるだけに、なかなか面白いと思っていたのです。しかしあの当時、私の仕事は哲学概念にかぎられていたし、それですらまだおっかなびっくりだった。フェリックスは、その頃すでに欲望機械と名づけていたものについて説明してくれましたが、機械としての無意識、分裂病的無意識が、理論と実践の両面でしっかり概念化されていました。そこで私はフェリックスのほうが私より先を行っていると感じたわけです。しかし、さすがのフェリックスも、機械としての無意識を考えながら、まだ構造、シニフィアン、ファロスといった用語で語る段階を脱してはいなかった。当然といえば当然です。フェリックスはラカンに多くのものを負っていたわけですからね（私もそうでした）。しかし、私はこんなふうに考えた。適切な概念をみつけさえすれば、もっとうまくいくのではないか。ラカン当人は独創的だが、そのラカンのものですらなく、ラカンの周辺に形成された正統派の概念を使うのをやめてみてはどうだろう。そう考えてみたわけです。ラカンは、自分は他人の助けを必要としない、と断言しています。それなら分裂病でラカンを助けてやったらどうだろう。私たちがラカンに多くのものを負っているということは否定しようのない事実です。私たちが構造とか象徴界とかシニフィアンといった概念を不確定なものとして放棄することができたのも、ある意味ではラカンのおかげだからです。それにラカン本人も、これらの概念を裏返しにして、その裏面を見せてくれたではありませんか。

そこでフェリックスと私は共同作業にとりかかる決心をしたのです。まず手紙のやりとりを始めました。それから時には会う機会をもうけて、相手の話を聞くようになりました。とても楽しかったこともあるし、とても退屈な思いをしたこともあります。いつもふたりのうちのどちらかが一方的にしゃべっていたからです。どちらかがなんらかの概念を提案すると、相手にとってそれが面白くもなんともない。そして相手がその概念を使えるようになる頃にはもうかなりの月日がたっていて、しかも以前とは違う文脈で使っている。そんなこともよくあったものです。それにたくさん本を読みました。端から端まで読みとおすのではなくて、断片を読んだわけですけどね。あるときは愚劣このうえないものを見つけて、オイディプスの害悪と精神分析の大いなる悲惨はまぎれもない現実だということを確認した次第です。また、私たちにとってすばらしいと思われるものが見つかったときは、それを生かしたいという気持ちが頭をもたげたものです。そしてじつによく書きましたね。フェリックスの手にかかると、文章表現はどんなものでも引きずっていくスキゾの流れになる。私の関心事はひとまとまりの文章が四方八方で逃走の水漏れをおこしながら、それでもなお卵のようにしっかり閉じているということにあった。そして一冊の本のなかに何かを溜めておいて、共振させ、速度をはやめ、幼虫のようなものがびっしり詰まった状態をつくること。それが私の関心事だったのです。こんなふうだから、まぎれもなくふたりで書いたことになるし、この方面ではまったく問題がなかった。そして推敲をかさねていったのです。

フェリックス・ガタリ――ぼくの場合は「場所」が多すぎるほどだった。少なめに見積もっても四つの場所があったわけだからね。最初は共産党の路線にしたがっていたし、そのつぎは左翼系の反対勢力に加わっていたんだ。六八年五月以前はみんな賑やかにやっていたからね。たまに文章を書くこともあったよ。たとえば『左翼系反対勢力の九つのテーゼ』がそうだ。またそれ以前から、ぼくはクール＝シュヴェルニにあるラ・ボルド精神病院の活動に従事していた。トスケルの実験を引き継ぐかたちで一九五三年にジャン・ウーリが病院を創立したときからずっとね。そこでは病院における精神療法の基盤を実践と理論の両面で明確にすることをめざしていたんだ（ぼく個人としては「横断性」とか「集団幻想」といった概念をためしていたわけだ）。それとぼくがラカン門下で教育を受けたということもある。セミナーの初期からずっとラカンのところにいたんだよ。最後に、ぼくにはスキゾの場所というか、スキゾの言説があって、いつも分裂病患者に夢中で、彼らに強い魅力を感じていたということがある。これは分裂病患者と一緒に暮らしてみないとなかなかわからないことだ。スキゾの問題が本物の問題だということだけはたしかなんだ。神経症患者の問題とはわけがちがう。ぼくがはじめて心理療法をこころみたとき、あつかった患者は分裂病だった。テープレコーダーを使ってやってみたものさ。

ところが、いま説明した四つの場所、四つの言説というのは、単なる場所や言説とはちがって、生の様態そのものだった。そしてこれが分裂ぎみになるのは避けようがなかったね。六八年五月はジルにとってもぼくにとってもたいへんな衝撃だった。同じような思いをした人はほかにも大勢いたけどね。ぼくたちふたりはおたがい面識がなかったけれども、いま考えてみると『アンチ・オイディプス』は、やはり六八年五月の帰結なんだ。ぼくに必要だったのは、ぼくが身をもって体験した四つの生の様態を、統合というのではなく、継ぎ合わせることだった。ぼくには目印になるものがいくつもあった。たとえば分裂病を基準にして神経症を解釈する必要性がそうだ。しかし、そうした継ぎ合わせをするのに必要な論理は残念ながらもちあわせていなかった。それ以前にもぼくは『記号から記号へ』という論文を「探究」に書いたことがある。この論文にはラカンの影響が強くしみついているけれども、もうシニフィアンは出てこない。とはいっても、ぼくは一種の弁証法から抜けきれていなかった。ぼくがジルとの共同作業に期待していたのは、たとえば器官なき身体とか多様体、それから器官なき身体に継ぎ合わせることのできる多様体の論理をつくれるのではないかということだった。じっさい、ぼくたちの本では論理上の手続きが身体上の手続きにもなりえている。そしてぼくたちが一緒になってもとめていたのは政治と精神医学の双方にまたがる言説だったわけだけれど、どちらか一方の次元をもう一方の次元に還元してはならなかった。

——おふたりは欲望機械からなるスキゾ分析の無意識と精神分析の無意識を、後者のあらゆる面を批判しながら、常に対比しておられます。そしてどんなことでも分裂病の尺度で測ろうとしておら

れます。しかし、フロイトは機械の次元を知らなかったと断言してしまっていいのでしょうか。フロイトはすくなくとも装置の次元を知っていたのではないか。また、フロイトには精神病の分野が理解できなかったと言いきれるのでしょうか。

ガタリ――うん、そこが厄介な問題なんだ。自分にとって本当の臨床的素材、臨床の基盤になるものは精神病から来ている、つまりブロイラーとユングから得たものだということを、ある面ではフロイトもはっきりと自覚していた。そしてこの系譜はまだとぎれていない。メラニー・クラインからラカンまで、精神分析にもたらされた新機軸はすべて精神病に由来するわけだからね。しかしもう一方でタウスクの問題がある。つまりフロイトは精神分析の諸概念を精神病に突き合わせることを恐れていたのではないか。シュレーバーについての注解をみると、考えうるかぎりの曖昧さが浮き出してくる。ではスキゾはどうかというと、フロイトはどうしてもこれが好きになれなかったように思えてならない。スキゾについて、おぞましくて不愉快きわまりない発言をくりかえしているからね……。さて、フロイトは欲望の機械を知らなかったわけではないというきみの意見は正しいんだ。欲望や欲望の機械装置こそ、精神分析の発見だと考えてもいいんだからね。エンジンがうなったり、きしむような音が聞こえてきたり、生産がおこなわれたりする。実際の分析治療では、そんなことが休みなくおこなわれているんだ。それに精神分析家だって、分裂病を背景にして機械に呼び水を注いだり、注ぎなおしたりしているんだ。もっとも彼らは自分がやっていることや作動させていることをはっきり自覚していないかもしれない。精神分析家が実践していることのなかにはいくつもの操作が素描されているのに、それが理論にはあらわれてこないだけなのかもしれない。いずれにしても、精神医学全体を考えてみると、精神分析が動揺をもたらしたということだけは疑う余地がない。つまり精神分析は地獄の機械の役割を演じてしまったわけだよ。精神分析がその初期段階から妥協をくりかえしてきたということはたいして重要じゃない。動揺をひきおこし、新しい配置をつくりあげ、隠された欲望をあばいたというだけでも、なかなかの快挙だからね。きみもフロイトが分析してみせた心的装置を引き合いに出しているけれども、あれを見ればたしかに機械装置とか欲望の生産や生産単位など、そういった面がきわだっているのがわかる。ところが別の面から見ると、心的装置が（超自我、自我、イドによって）擬人化されるばかりか、演劇モデルにそった演出によって、再現＝表象にすぎないものが、真に生産的な無意識の力にとってかわるのがわかる。そうなってしまうと欲望の機械がだんだん演劇の機械に変わっていき、超自我や死の欲動も「デウス・エクス・マキーナ」と同じことになってしまう。こうして欲望の機械は壁の向こう側に後退し、楽屋裏に隠れて機能する傾向を強めていく。あるいは幻影やこけおどしの効果を産み出す機械になりさがる。つまり欲望の生産がおしつぶされてしまうわけさ。ぼくたちが言いたいのはこういうことなんだ。フロイトは一方で欲望がリビドーの形態をとるということを発見した。つまり生産をおこなう欲望ということだね。ところがもう一方で、フロイトはリビドーを疎外しなおして、家族という名の代理＝表象（オイディプス）のなかに閉じこめなければ気がすまない。精神分析にも、マルクスが考えた経済学と似たところがある。アダム・スミスもリカードも、富の本質は生産をおこなう労働にあるということを発見しながら、もう一方ではそれを疎外しなおして私有財産という名の代理＝表象に閉じこめないと気がすまなかったわけだからね。欲望を家庭の一光景に切り下げたからこそ、精神分析は精神病を誤認したわけだし、神経症のことにしか見通しがきかないばかりか、神経症そのものについても無意識の力を歪曲するような解釈をしてしまうんだ。

――それが、精神分析ではオイディプスによって「観念論的転換」がおこなわれたと主張され、精神医学の分野でも観念論に新たな唯物論を対置しようとこころみられるとき、あなたがたのおっしやりたいことなのでしょうか。そして精神分析の領域ではどのようにして唯物論と観念論の連結がおこなわれるのでしょうか。

ドゥルーズ――私たちが批判の対象にしているのは精神分析のイデオロギーではありません。精神分析そのものを、実践と理論の面で批判しているのです。だから、精神分析はなかなかのものだ、けれども最初から堕落していると主張したところで、それはけっして矛盾にならない。はじめから観念論的転換があったわけですから。みごとな花がある、でもそれが最初から腐りきっているということに、なんら矛盾はないのです。私たちが精神分析の観念論と呼んでいるのは、精神分析の理論と実践にあらわれる切り下げと還元のシステムのことです。欲望の生産をいわゆる無意識の代理＝表象システムに還元し、それに見合った因果発生や表現や理解の形態へと還元していくこと。無意識の工場を劇場の舞台に還元して、オイディプスやハムレットだけを残しておくこと。リビドーの社会的備給を家庭内の備給に還元して、欲望を家族の座標系に切り下げていくこと。これもまたオイディプスです。精神分析がオイディプスを発明したというのではありませんよ。オイディプスをたずさえてやって来る人が大勢いるから、精神分析が需要に応じているだけなのです。精神分析はオイディプスを二乗して、転移性のオイディプスやオイディプスのそのまたオイディプスをつくっているにすぎないのです。ぬかるみのような長椅子の上でそうするのです。けれどもオイディプスというのは、それが家庭内にとどまるものであれ、精神分析理論に登場するものであれ、本質的に欲望機械をおさえつける抑圧装置なのであって、断じて無意識自体によって形成されたものではない。私たちは、なにもオイディプスやオイディプスの等価物が、それぞれの社会形態とともに変化すると主張しているのではありません。むしろ、構造主義の人たちに歩調をあわせて、オイディプスは不変式だと考えてもいいと思っているほどです。ただ、オイディプスが無意識の諸力をねじ曲げる不変式であることを忘れてはならない。だからこそ私たちは、オイディプスをもたない社会の名においてオイディプスを批判するのではなく、オイディプスの所在が顕著になった私たちの資本主義社会の内側でオイディプス批判をおこなっているわけです。私たちのオイディプス批判は、性欲よりも上位に置かれた理想の名においておこなわれるのではなく、「みじめな家庭の秘密」には還元できない性欲自体の名においておこなわれるのです。私たちはオイディプスのイマジナリーな変異体と構造的不変式のあいだにいかなる区別ももうけていません。どちらにころんでも、まったく同じような行き詰まりになっているし、まったく同じように欲望機械がおしつぶされてしまうからです。精神分析がオイディプスの解除、あるいは解消と呼んでいるものは茶番でしかありえない。あれは負債をかぎりなく積みかさねる操作だし、終わりなき分析につながるばかりか、オイディプスに感染して父から息子へとオイディプスが譲渡されることにほかならないわけですから。オイディプスの名において、まずは子供についてどれだけ愚劣なことが語られたか、本当に想像を絶するほどです。

唯物論的精神医学とは、欲望に生産をもたらし、また逆の方向から生産に欲望をもたらす精神医学のことです。妄想の対象は父親ではないし、〈父－の－名〉でもない。妄想の対象は歴史上の人名であるわけですからね。妄想というものは大規模な社会の機械に組み込まれた欲望機械の内在性に近い。あるいは歴史的に限定された社会の領域が欲望機械から備給を受けることだと考えてもいい。精神分析が精神病の何を理解したかというと、それはオイディプスや去勢につながる「パラノイア」の線なのであって、またそうであればこそ、オイディプスや去勢のような抑圧装置が無意識のなかに組み込まれることにもなったわけです。ところが妄想の分裂病的基盤、つまり非家族的な運命を描く「精神分裂病」の線は精神分析の理解を完全に超えている。精神分析は狂気の声を聞くことができなかった、とフーコーが述べていますが、じっさい、精神分析はあらゆるものを神経症に変えてしまう。そして神経症に変えることによって、終わりなき治療に供せられる神経症患者を産み出すことに貢献するばかりか、精神病患者をオイディプス化にあらがう者と定義して、それを再生産していくことにも寄与するわけです。しかし精神分裂病への直接的アプローチは完全にとりにがしてしまう。しかも性欲の無意識的本性をとらえることができない。観念論のせいです。家庭と演劇をモデルとした観念論のね。

——『アンチ・オイディプス』は精神医学や精神分析にかかわる面をもっていますが、それに加えて政治や経済学にかかわる面もありますね。ふたつの面の一体性を、おふたりはどのように考えておられるのでしょうか。なんらかのかたちでライヒのこころみを受け継ごうとしておられるのですか。欲望のレベルでも、社会の領域でも、ファシズムの備給という言い方をしておられますが、そこに政治と精神分析の双方にかかわる何かがあるのはたしかだと思います。しかし、ファシズムの備給を何と対立させようとしておられるのか、そこのところがいまひとつはっきりしません。ファシズムをおしとどめるのは何なのでしょうか。この質問は、『アンチ・オイディプス』の一体性だけでなく、この本がおよぼすだろう実践面での影響にも関係してきます。それに、いま特に重要な

のは実践面での影響力です。「ファシズムの備給」をおしとどめるものが何もない、いかなる力をもってしてもこれを防ぐことができないとしましょう。そして「ファシズムの備給」の存在を確認することしかできないとしましょう。その場合、おふたりの政治的考察はどのような意味をもち、おふたりはどのようにして現実の世界にかかわっていかれるのでしょうか。

ガタリ――そうだね、同じような考え方をする人はほかにも大勢いるけれど、ぼくたちもファシズムが一般に普及してどんどん育っていくだろうと予測している。たしかなことはまだ何もわかっていないわけだし、ファシズムが育たないと決めつける理由はどこにもないんだ。いや、こんな言い方をしたほうがいいかな。つまり革命機械が組み立てられ、それが欲望そのものも、欲望のさまざまな発現形態も引き受けるだけの力をもつか、それとも欲望が圧迫と抑圧の諸力にいいようにあやつられて革命機械をおびやかす、しかも革命機械の内側をおびやかすようになるか、このふたつにひとつだ、とね。ぼくたちは社会の領域でおこなわれる備給について、ふたつのものを区別して考えている。ひとつは利益による前意識的備給であり、もうひとつは欲望による無意識的備給だ。利益による備給が真に革命的なものになることもありうるとはいえ、そのせいで生きながらえた欲望の無意識的備給が、逆に革命をはなれ、ファシスト的になってしまうこともありうるんだ。ある意味ではぼくたちが提唱しているスキゾ分析にとって理想的な作用点は集団だといえるんじゃないかな。それも戦闘的な集団だね。家族以外の素材がいちばん簡単に手にはいる場所は集団なんだし、ときには矛盾しあうかに見える備給がいくつも行使される場所だって、やはり集団のなかにあるわけだからね。スキゾ分析はリビドー経済学とリビドー政治学にもとづく戦闘的な分析方法なんだ。社会的備給をふたつのタイプに分けて考えるとき、ぼくたちはロマン派ふうのぜいたくな現象としての欲望を、経済と政治に限定した利益に対置しているのではない。逆に、利益はあらかじめ欲望によってその場が決定されたところに見出され、ととのえられると考えている。だから、まず欲望が革命の立場をととのえ、その立場が無意識による形成体そのものを巻き込むのでなければ、虐げられた階級の利益にかなった革命はありえないことになる。欲望というものは、やはり下部構造の一部だからね（ぼくたちはイデオロギーのような概念をまったく信用しない。イデオロギーの概念は問題の説明とはほど遠いからね。イデオロギーなんて存在しないんだ）。革命の装置は永久におびやかされつづける。ピューリタン的発想で利益をとらえると、革命があやうくなってしまうんだ。そんな考え方をしていると、利益は虐げられた階級のなかの少数派に有利なように実現されるにすぎなくなる。その結果、その少数派が完璧に圧政型のカーストや階層秩序を産み出すもとになってしまう。たとえ階層秩序が擬似革命型のものだったとしても、階層秩序の上位に昇っていけばいくほど、欲望が表現される可能性はせばめられていく（逆に欲望が表現される可能性は底辺の組織にあらわれるようになる。その可能性がいくら歪められても事情は変わらない）。このような権力のファシズムに、ぼくたちは活発で積極的な逃走線を対置する。逃走線は、欲望とか、欲望の諸機械につながり、欲望に満ちた社会の領域を編成するわけだからね。それは自分から逃げ出したり、「個人」の逃走を実践することではなくて、水道管を破ったり腫れ物をつぶすのと同じように逃走の水漏れをひきおこすことなんだ。流れを一定方向に誘導し、せきとめようとする社会的コードがあったなら、それをくぐりぬけるような流れをつくること。抑圧に対抗して欲望の措定をおこなえば、その措定がいくら地域的に限定され、微細なものであったとしても、やがては資本主義システム全体を巻き込み、システム自体が逃走の水漏れをおこすようにしむけることができるはずなんだ。ぼくたちが告発しているのは、人間と機械を対立させ、機械による人間の疎外をうちだすようなすべての主題だ。六八年五月の運動以来、権力は擬似左翼組織の力を借りてこんな風説を流したものさ。つまり、あれは甘やかされた若者が消費社会に反抗しているだけで、真の労働者なら真の利益がどこにあるのかちゃんと心得ている、とね。でも消費社会にたいする反抗なんてあったためしがないんだから、権力側の言い分は馬鹿げてるよ。ぼくたちが言いたいのは、じゅうぶんな消費は一度だっておこなわれたことがないし、じゅうぶんな技巧も存在したためしがないということなんだ。欲望と機械がひとつになり、自然な欲望と人為的技巧が表裏一体をなすような地点。欲望の線がこの転換地点に達して、たとえば資本主義社会のいわゆる本来的与件に反旗をひるがえすのでないかぎり、利益が革命サイドに流れていくことはありえない。ところが、いま説明した転換地点は、もっとも微細な欲望に所属するという点ではいとも簡単に達成されるともいえるし、逆に無意識の全備給を巻き込むという点からすれば、その達成は困難をきわめるともいえる。

ドゥルーズ――その意味でいうなら『アンチ・オイディプス』の一体性は問うまでもないのです。この本にふたつの面があるのはたしかですよ。第一にオイディプスと精神分析にたいする批判。第二に資本主義そのものと、精神分裂病にたいする資本主義の関係とを究明すること。ところが第一の局面は第二の局面にたいして緊密な従属関係に置かれているのです。私たちが精神分析を批判するときに依拠しているのは、精神分析の実践だけではなく、精神分析理論自体にも関係してくるつぎのような論点なのです。つまりオイディプス崇拝、リビドーや家族内の備給へと向かう還元。たとえそれが間接的で、一般にも普及した構造主義や象徴研究のかたちをとったとしても同じことです。私たちが言いたいのは、リビドーによる無意識的備給は利益による前意識的備給とは峻別される、しかしリビドーの備給も、利益の備給と同様、やはり社会の領域を対象にしておこなわれるということなのです。もう一度、妄想の問題をとりあげてみましょう。おまえたちは精神分裂病患者を本当に見たことがあるのか、と私たちにたずねた人が大勢います。今度は私たちの番です。あなたがたは一度でもいいから妄想に耳をかたむけたことがあるのか。精神分析家にそうたずねてみたい。妄想というのは歴史と全世界にかかわるものであって、家族的なところはみじんもない。なにしろ妄想の主題になるのは中国人やドイツ人一般とか、ジャンヌ・ダルクやチンギス・ハーン、アーリア人やユダヤ人一般、金銭や権力や生産など、どれをみても広範なものばかりで、けっしてパパ＝ママではないのですから。こう言ったほうがいいかな、悪名高きファミリー・ロマンスは妄想にあらわれる無意識の社会的備給にたいして緊密な依存関係に置かれているのであって、その逆は真ではない、とね。私たちは、これが子供の場合にも当てはまるということを証明しようとつとめているのです。私たちが提唱するスキゾ分析は精神分析とまっこうから対立するわけですが、スキゾ分析を成り立たせるには精神分析の躓きの石となるふたつの問題点をとりあげるだけでじゅうぶんなのです。まず、精神分析は不特定の個人がもつ欲望機械をとらえることができない。オイディプス的な形象や構造でことたりると考えているからです。そして精神分析はリビドーの社会的備給にたどりつくことができない。家族内の備給でことたりると考えているからです。これはシュレーバー控訴院議長をサンプルにした、「試験管の中で」おこなわれたかのような模範的分析を見れば簡単に理解できることです。私たちは精神分析が興味をしめさないものに関心をもつ。つまりきみの欲望機械は何か、という問いですね。そして、きみが社会の領域を妄想するとき、どんな方法を使っているのか、という問い。だから私たちの本の一体性は、私たちの目から見て、精神分析が深いところで資本主義社会に所属するし、精神分裂病の基盤を誤認するところに結びついている、という考え方にもとめられることになる。精神分析は資本主義と同じなんですよ。精神分裂病が精神分析のリミットになっているのはたしかなのに、精神分析はそのリミットを押しのけて、厄介払いすることに全力をつくしているわけですから。

——『アンチ・オイディプス』にはいろいろな出典が記されていますし、いろいろな文章をとても楽しそうに引いてきて、それをもとの文章どおりの意味で使ったり、もとの意味をねじ曲げて使ったりしておられますね。しかし、この本がはっきり特定できる「素養」を土台にして書かれたものであることに変わりはありません。そこでうかがっておきたいのですが、おふたりは民族学を重視して、言語学の意義を認めておられない。イギリスとアメリカの特定の作家を重視して、現代のエクリチュール理論はほぼ完全に無視しておられる。とりわけシニフィアンの概念をきびしく批判しておられるようですが、それはなぜなのか、また、おふたりがシニフィアンの体系を拒絶なさる理由はどこにあるのか、答えていただきたいと思います。

ガタリ——それは、シニフィアンなんて何の役にもたたないからさ。そう思っているのはぼくたちだけではないし、ぼくたちがそう言い出したわけでもない。フーコーをみればわかるはずだ。最近出たリオタールの本もそうだし。ぼくたちのシニフィアン批判がわかりにくいものに見えるとしたら、それはシニフィアン自体がどんなものでも古めかしいエクリチュールの機械に切り下げる散漫で観念的な存在にすぎないからなんだ。シニフィアンとシニフィエを分かつ排他的で拘束力の強い対立関係には、エクリチュールの機械とともに浮上してくるシニフィアン帝国主義の亡霊がつきまとっている。そうなるとどんなものでも文字に関係づけられてしまう。それこそ専制的超コード化の法則そのものなんだよ。ぼくたちの仮説はこうだ。暴虐をきわめた専制君主の表徴（エクリチュールの時代）が後退して、そのあとに広野がひらける、そしてこの広野がミニマルな要素群と、要素相互間にはりめぐらされた一定の関係性とに分解される。こう仮定してみれば、暴君のように恐怖政治をおこない、去勢の影をちらつかせる、そんなシニフィアンの性格だけは、すくなくとも説明できるからさ。大規模な帝国につながっていくという意味で、シニフィアンというのはどうしようもない擬古主義だよね。ぼくたちは、シニフィアンが言語を考えるうえで有効かどうか、それすら疑わしいと思っている。だからこそ、ぼくたちはイェルムスレウのほうに傾斜していったんだ。イェルムスレウは、もうずいぶん前に、内容と表現からなる流れがあって、シニフィアンなしですませることのできる、いわばスピノザ派の言語理論を構築していたわけだからね。つまり内容と表現からなる連続的な流れのシステムとして言語をとらえ、このシステムが、離散的で非連続な形象を組み合わせた機械状アレンジメントと合致していると考えたわけだ。今度の本ではくわしく説明しなかったことがある。それは言表行為の主体と言表の主体をへだてる断絶を乗り越えるような、言表行為における集合的発話者の考え方だ。ぼくたちはもっぱら機能主義に徹しようとしているわけで、ぼくたちの関心は不特定のものがどんなふうにはたらき、機能するのか、それがどんな機械になっているのかというところにあるんだ。ところがシニフィアンは「それは何を意味するのか」という問いの範囲を抜けきれずにいるし、線を引いて抹消されたこの問いこそ、シニフィアンにほかならない。ところがぼくたちの目から見ると、無意識は何を意味するわけでもないし、言語だって意味することとは無縁なんだ。機能主義が挫折したわけは、機能主義が、機能主義にふさわしくない分野で始められたという事実をおさえておけばすぐに理解できる。つまり構造化された大型の集合に機能主義が介入してしまったばかりに、そうした集合が、ふつうに機能するときと同じように組織化をとげることも、編成されることもできなくなったわけさ。逆に、ミクロの多様体やミクロの機械、欲望機械や分子状形成体の世界では機能主義は無敵の力を発揮する。ミクロのレベルでは、はっきり特定された機械は存在しない。たとえば言語学的機械は存在しなくて、そのかわりにどんな機械のなかにも言語学的要素がいくつも含まれ、それが別の要素と組み合わさっていくんだ。無意識はミクロの無意識であり、分子状の組成をもつ。だからスキゾ分析はミクロの世界を分析するんだ。唯一の問題は、それが強度や流れやプロセスや部分対象など、何の意味もあらわさないものを使いながら、いったいどのように機能するのかということを考えるところにあるんだよ。

ドゥルーズ——私たちは『アンチ・オイディプス』にも同じことが当てはまると考えています。問題はこの本が機能するのかどうか、機能するとしたらどんなふうに機能するのか、そして誰のために機能するのかということを知るところにあるからです。本自体が機械になっているわけですからね。『アンチ・オイディプス』を何度も読みなおすのではなく、『アンチ・オイディプス』とは違うことをおこなうべきなのです。あの本は楽しい気持ちで書いたのですから。私たちが語りかける相手は、精神分析は順調にはたらいているとか、無意識について正しい見方をしていると思っているような人たちではありません。私たちが語りかける相手は、オイディプスとか去勢、そして死の欲動といったものが、とても単調で、わびしくて、鈍重すぎると思っているような人たちなのです。つまり異議をとなえるような無意識に語りかけるということですね。私たちは仲間をもとめているのです。仲間がいなくては始まりませんからね。それに私たちの印象では、そうした仲間はもうそろっているし、私たち以前にもそんな仲間がいた。そして大勢の人がやりきれない気持ちになって、似たような方向でものを考え、何かを感じとりながら作業をおこなっているように思えてならないのです。これは流行とは関係のない、はるかに深いところまで浸透した「時代の空気」であって、種々雑多な分野でおこなわれた探究がひとつの方向に収斂している。たとえば民族学ですね。そして精神医学も。あるいはフーコーの仕事をあげてもいい。私たちはフーコーと同じ方法を使っているわけではありませんが、それでも私たちの目から見ていちばん重要だと思われるすべての点で、そしてフーコーが切りひらいたさまざまな道で、私たちの仕事はフーコーにつながっていると思います。たしかに私たちはたくさん本を読みました。しかし、それはなんとなく、ほとんど偶然にまかせて読んだにすぎないのです。私たちの問題はけっしてフロイトへの回帰ではないし、マルクスへの回帰でもない。読解の理論は関係ありませんからね。私たちが一冊の本にもとめるのは、その本がコードではとらえられないようなものをどうやって伝えているのか、その方法なのです。つまり流れとか、活発な革命の逃走線とか、教養に対立する絶対的な脱コード化とか、そういったものをもとめているのです。本の場合でも、オイディプス型の構造やオイディプス型のコードと束縛といったものがあるわけで、これが抽象的で反具象的であるだけになおさら油断のならないものになっている。私たちがイギリスやアメリカの大作家に見出したのは、フランスの作家がまれにしかもつことのできない、強度や流れをあやつり、機械としての本、用法としての本、つまりスキゾの本をつくる天賦の才能です。もっともフランスにもアルトーがいるし、ベケットも半分はフランスの作家であるわけですけどね。私たちの本は文学的すぎるといって非難する人があらわれるかもしれませんが、そんな非難を口にするのは文学科の教授にきまっている。でも、ロレンスやヘンリー・ミラー、ケルアックにバロウズ、そしてアルトーやベケットが、精神科の医者や精神分析家よりも精神分裂病のことをよく知っていたとしても、いったいどうしてそれが私たちの落ち度になるというのでしょうか。

――さらに厳しく非難される恐れはありませんか。おふたりが提唱なさったスキゾ分析は、じつを

いうと脱＝分析だ。あなたがたはロマン派的に無責任な態度で精神分裂病を過大評価している。そう批判されてしまうかもしれませんよ。それにあなたがたには革命的なものとスキゾ的なものを混同する傾向があると批判されるかもしれません。もしそういう批判が出てきたら、おふたりはどのような態度をおとりになるのでしょうか。

ドゥルーズ＝ガタリ――そうですね、精神分裂病学派というのも悪くないではありませんか。流れを解き放ち、ますます巧妙に行動してみたらどうでしょう。スキゾというのは、脱コード化され、脱領土化をとげた人間のことなのですから。それはともかくとして、私たちのことを誤解する人がいたとしても、それは私たちの責任ではありません。いつの時代にもかならず故意に誤解する人がいるわけですからね（レインと反古典的精神医学にたいする攻撃を見ればすぐにわかるはずです）。つい先日も、「オプセルヴァトゥール」に出た記事で、精神科の医者がこんなことを書いていました。私は勇気をもって昨今の精神医学と反古典的精神医学を告発する、とね。しかしそれは勇気でもなんでもないのです。この医者は精神病院と製薬業界ですべてを変えていこうとするこころみにたいして「政治的反動」が強まった時期を選んだにすぎない。誤解の背景にはいつも政治がひそんでいるのです。私たちはごく単純な問題を提起しているわけですが、これにはバロウズが麻薬について提起した問題と似たところがある。バロウズの問いはつぎのようなものでした。麻薬をやらずに、麻薬のせいでボロ布のようになることなしに、それでもなお麻薬の力をとらえることができるだろうか。精神分裂病についても同じことがいえます。私たちはプロセスとしての精神分裂病と、病院向けの臨床的実体としてのスキゾの生産を区別する。このふたつはどちらかというと反比例の関係にあるからです。病院のスキゾとは、何かをこころみてそれに失敗し、身をもちくずした人間のことです。私たちは、革命的なものがスキゾだと主張しているのではありません。脱コード化と脱領土化によって成り立つスキゾのプロセスがある、そしてこのプロセスが精神分裂病の生産に変質するのをさまたげることができるものは革命につながる活動をおいてほかにない、そう言いたいのです。私たちは一方で資本主義と精神分析の緊密な関係をめぐる問題提起をおこない、もう一方では革命運動とスキゾ分析の緊密な関係について問題を提起しているのです。資本主義のパラノイアと革命のスキゾフレニー。そんな言い方ができるのは、私たちがこうした用語の精神医学的意味をもとにして考えているからではなく、逆にこれらの用語が社会的にも政治的にも限定を受けるところから出発しているからです。そうしてみてはじめて、これらの用語を特定の条件のもとで精神医学に適応させることができるようになるのです。スキゾ分析の目標はただひとつだけです。それは革命機械や芸術機械や分析機械が、たがいに相手の部品や歯車となりながら組み合わされるということです。もう一度、妄想を例にとるなら、妄想にはふたつの極があるように思われる。ひとつはパラノイア性ファシズムの極で、もうひとつがスキゾ革命の極。そして妄想はこの両極のあいだを絶えず揺れ動いているのです。私たちの関心をひくことは、結局、専制君主のシニフィアンと対立する革命的分裂なのです。いずれにしても、誤解を見越して反論するにはおよびません。誤解の予測なんてできっこありませんからね。それに誤解が現実のものとなった後も、誤解と戦う必要はないのです。もっと別のことに手をのばして、同じ路線を歩む人たちとともに作業をおこなったほうがいいのです。そして責任をもつとか、無責任であるとかいったことについては、私たちはそんな概念とは無縁だと申しあげておきましょう。責任、無責任というのは警察や法廷の精神医学に特有の概念なのですから。

「アルク」第四九号、一九七二年

聞き手――カトリーヌ・バケス＝クレマン

『千のプラトー』を語る

クリスチャン・デカン――『千のプラトー』はどのようにアレンジされているのでしょうか。この本は専門家だけを想定して書かれたものではありません。音楽の用語でいうなら、さまざまな音階を駆使して作曲されているように思われます。章を立てて要点を述べるようにはなっていないのです。目次をながめてみると、そこには数々の事件が詰めこまれている。一九一四年は戦争の年であるわけですが、それと同時に狼男が精神分析を受けた年でもある。一九四七年はアルトーが器官なき身体に遭遇した年で、一八七四年はバルベー・ドールヴィイーがヌーヴェルを理論化した年です。一二二七年はチンギス・ハーンが死んだ年で、一八三七年はシューマンが死んだ年……。こうした日付そのものが事件となり、進展を義務づけられた時間的順序とは無縁の指標としてばらまかれています。「プラトー」は思いがけない事件に満ちみちていますね……。

ジル・ドゥルーズ――この本は欠けたところのあるリングが集まったようなものだと考えていただければいいと思います。ひとつひとつのリングは他のリングと絡み合うことができます。個々のリング、あるいは個々の「プラトー」には、それぞれ独特の気候があり、独特の音色、あるいは独特の響きがなければならない。概念の書物ですからね。これまでも哲学は常に概念に取り組んできました。哲学するということは、概念の考案や創造をこころみることにほかならないからです。ただ、概念にはいくつもの局面がありうる。長いあいだ、概念は、物とは何であるのかということを規定するために(物の本質をとらえるために)使われてきました。それに反して、私たちは物をとりまく状況に興味をもっているのです。どのような場合に、どこで、そしていつ、またどのようにして、といった具合にね。私たちにとって、概念は〈事件〉を伝えるべきものであって、本質を伝えるものではありません。そこから、哲学にとても簡素な小説的技法を導入する可能性が出てくるわけです。たとえば、リトルネロのような概念は、私たちが歌をくちずさんでみたくなるのはどのような場合なのか、それを正確に伝えるものでなければならない。顔貌の概念についても同じことがいえます。顔貌というのは必要に応じてつくられた産物であり、すべての社会が顔貌を産み出すわけではなく、顔貌を産み出す必要があるのは特定の社会にかぎられている、私たちはそんなふうに考えてみたのです。どのような場合に、どのようにして、と問うてみるわけです。だからそれぞれのリング、あるいはプラトーが具体的な状況の地図をつくらなければならないわけで、またそうであればこそ、どのプラトーにも日付が、それも虚構の日付が書き込まれる一方、挿絵をつけ、具体的な画像を提供することにもなったわけです。挿絵入りの本。この点もおさえておくべきでしょう。じっさい、私たちの関心をひくのは、物や人を、あるいは主体を導き出す個体化の様態ではない。それとは違った個体化の様態があるのです。たとえば一日のうちのある時間、ある地域の個体化、なんらかの気候、流れる河、そよぐ風の個体化。つまり〈事件〉の個体化ということですね。それに、物や人や主体が存在するという信念はまちがった考え方かもしれないのです。『千のプラトー』というタイトルは人とも物とも無関係な個体化の様態をあらわしているのです。

デカン——いま、一般に本というもの、それも特に哲学書は、とても不思議な状況に置かれています。時代の空気に迎合してつくられた、本とも呼べないような本を過剰に賞賛する動きがあるかと思えば、もう一方では表現という軟弱な観念の名において仕事の質を分析することを拒絶する傾向がみられる。ジャン゠リュック・ゴダールが、重要なのは表現ではなくて印象のほうなのだと言明しているくらいです。哲学書はむずかしい本であると同時に誰にでも手のとどく品物でもあるわけで、これを使いたいという欲求や必然性がありさえすれば、道具箱が大きく口を開けてくれるはずなのです。『千のプラトー』はさまざまな知識を総動員しています。しかし、毎週のように現代の傑作を「発見する」と信じこんだ風聞のただなかで、世評や売り込みにおちいることなく、この本を紹介するにはどうしたらいいのでしょうか。当節の有力者が流す噂に耳を貸すならば、概念などまったく必要ないということになってしまいます。グラビア誌や週刊誌からなるぼやけたサブカルチャーが、立派に概念の代役をつとめてしまう恐れもあるのです。哲学は制度的におびやかされて

います。ヴァンセンヌというたぐいまれな実験室は移転を強いられています。ところが『千のプラトー』は科学や文学や音楽や動物行動学のリトルネロを満載して、あくまでも概念の書物たらんとしている。この本は現働態に置かれ、しかもその力が強いだけでなく、悦ばしき知としての哲学が回帰することに賭けていると思います……。

ドゥルーズ——やけに複雑な質問ですね。まず言っておきたいのは、哲学はこれまで一度も哲学教師だけのものだったためしがないということです。哲学者とは哲学者になる人のことです。つまり概念の次元における、あのきわめて特異な創造の行為に関心をもつ者が哲学者なのです。たとえばガタリは、特に政治や音楽を語るとき、すばらしい哲学者です。ですから、いま『千のプラトー』のような本がなんらかの場所を占めたり、しかるべき役割を演じるとしたら、それがどんなものであるのか、まず確かめておく必要があるでしょう。もっと一般的にいうなら、本の世界では、いま、何がおこっているのか知っておかなければならない。ここ数年来、私たちはあらゆる領域で反動の時代を生きています。ひとり本だけが反動をまぬかれる道理はありません。いま私たちの目の前で、文学の空間ばかりか司法の空間が、そして経済と政治の空間がつくられようとしているわけですが、これらがすべて完全な反動の産物として、あらかじめ準備され、重くのしかかってくる。私が思うに、そこには組織的な陰謀があるのです。「リベラシオン」あたりがその陰謀を分析すべきだったのではないかと思います。この陰謀ではメディアがもっとも重要な役割を演じているのですが、かといってメディアの役割だけが突出しているわけでもない。これはとても興味深い問題です。いま成立しつつあるヨーロッパの文学空間に抵抗するにはどうしたらいいのか。恐ろしい新種の順応主義に抵抗するにあたって、哲学の役割はどのようなものになるのか。サルトルはまったく例外的な役割を演じた人でしたから、彼の死はあらゆる面で悲しすぎる出来事でした。サルトル以後、私も属している世代はとても豊かな世代だったと思います（なにしろフーコーやアルチュセール、デリダにリオタール、セール、ファイユ、そしてシャトレのような人材が輩出したわけですから）。いま、私の目から見てとても困難に思えるのは、若い哲学者たちが置かれた状況です。もっとも、何かを創造しようとする若い書き手なら、みんな同じ状況に置かれているわけですけどね。つまり最初から窒息させられる危険があるということです。仕事をすることがきわめて困難になったのは、先進国特有の「異文化受容」と反＝創造のシステムが立ちはだかっているからです。これは検閲よりもひどい。検閲が相手なら非合法の動きが生まれるけれども、反動というものはあらゆることを不可能にしようとつとめる動きにほかならないからです。こんな無味乾燥の時代が長続きするとはかぎりません。しかし、私たちが不毛の時代に対抗するには、なんらかのネットワークをつくる以外に手立てがないのです。ですから『千のプラトー』における私たちの関心事は、他の作家や音楽家、他の画家や哲学者や社会学者がもとめているものと共振し、手をとりあうことができるかどうか、そしてそうすることによって現在以上の力と自信をもちうるかどうか、という問題なのです。いずれにしても、ジャーナリズムの世界でおこっていること、またそれが政治の面で意味することを、社会学的に分析しなければなりません。たぶんブルデューのような人なら、そんな分析ができるでしょうね……。

ロベール・マジオリ――『千のプラトー』では言語学が驚くほど重要な位置を占めていますし、『アンチ・オイディプス』で精神分析がになっていた中心的役割を、今度は言語学が演じているのではないかとすら思えます。言語学をあつかった章（「言語学の公準」と「いくつかの記号の体制について」）をつうじて、「言表行為の集合的アレンジメント」のような概念が完成し、それがある意味では他のすべての「プラトー」を貫いている。またもう一方では、チョムスキーやラボフ、イェルムスレウやバンヴェニストの理論をとりあげた作業は、批判的ではありますが、それでもなお言語学に寄与するものとして、ごくすんなり受けとめることができます。とはいえ、あなたがたおふたりがこころがけておられるのは意味論や統辞論や音韻論、そしてその他すべて「論」のつくものによって囲いこむことのできる科学性の領域を、言語活動全般から切り出してくることではなく、「体系言語を自閉的に閉ざし」、言表をシニフィアンに、言表行為を主体に結びつけようとする言語学の慢心を告発することであるのは、はっきりと感じられることです。すると、言語学をあれほど重視しておられるという事実を、いったいどのように理解したらいいのでしょうか。『アンチ・オイディプス』以来の、ラカン的色合いを帯びたシニフィアンによる専制支配を敵にまわして、さらに

は構造主義一般を相手に戦いをつづけておられるのでしょうか。それとも、あなたがたおふたりは、ただたんに言語学の「外部」にしか関心をもたない言語学者の変種だということになるのでしょうか。

ドゥルーズ――私にとって言語学は最重要事項などではありません。フェリックスがここにいたら、また違った意見が聞けるかもしれませんけどね。しかし、フェリックスが私と異なる意見をもつとしたら、それは言語学の変革をめざす運動を目のあたりにした経験があるからなのです。言語学は初期段階では音韻論が支配的で、それが統辞論と意味論に移行していったわけですが、やがてプラグマティクス（語用論）の性格を強めていった。状況や出来事や行為をあつかうプラグマティクスは、長いあいだ言語学の「はきだめ」と考えられてきました。ところが現在ではこのプラグマティクスが日増しに重要になってきた。体系言語が現働態に置かれたことによって、言語一般の抽象的単位や常数のようなものがその重要性を減じてきたからです。現在おこなわれているこうした研究の動向は当を得ています。小説家や言語学者、それに哲学者や「ヴォカリスト」の出会いをうながし、共同作業を可能にしてくれるからです（「ヴォカリスト」とは、演劇、歌、映画、音声と映像など、さまざまな分野で音と声を探究する人たちのことをいいます……）。この分野ではじつにすばらしい仕事がおこなわれている。最近の例をいくつかあげておきましょう。まずロラン・バルトがたどった道のり。バルトは、はじめのうち音韻論を受けいれてから、つぎに意味論と統辞論に進み、やがて独自のプラグマティクスを練りあげるところにたどりついた。それが内面の言語をあつかうプラグマティクスだったわけで、そこでは言語が状況や出来事や行為による内部浸透をおこしています。他の例をあげましょう。ナタリー・サロートは、一定数の文を舞台にのせたような、とても美しい本を書く。これは哲学と小説が完全な融合をとげた具体例ですが、それと時を同じくしてデュクロのような言語学者が、サロートとは違った方向で、文の舞台化とその戦略、さらにそのプラグマティクスについて、一冊の言語学書を書いてしまう。美しい出会いを実証する出来事だと思いませんか。もうひとつ例をあげておきましょう。アメリカの言語学者ラボフの語用論研究のことを考えてもらいたいのですが、ラボフはチョムスキーと対立するかたちで、ゲットーや街路の言語にかかわっていこうとする。では、私たちふたりはどうかといえば、私たちが言語学で専門家にひけをとらない能力をもっているとは思えません。しかし「能力」というのは、それ自体が曖昧なところをもった言語学上の観念ですからね。私たちは、自分たちにとって必要と思われるいくつかの主題を導き出そうとしているだけなのです。一、まず、言語活動のなかで指令の言葉が占める位置。二、つぎに自由間接話法の重要性（そして実際には何の重要性ももたず、むしろ遺憾なものですらあるメタファーの告発）。三、言語学の常数だけでなくその変数も批判の対象にして、恒常的変化の帯域を確保すること。とはいっても、『千のプラトー』では音楽そのものと、音楽にたいする声の関係のほうが、言語学よりもはるかに大きな役割を演じているのですよ。

デカン——あなたがたはきっぱりとメタファーを拒絶され、アナロジーも拒絶しておられます。ところで、現代物理学から借用した「ブラックホール」の考え方は、そこに入ってしまうと二度と出てこられない空間を記述し、白い壁面の考え方と隣接関係に置かれていますね。おふたりにとって顔貌とは、白い壁面にブラックホールをうがったものであり、そこを起点にして顔貌性が組織づけられる。しかし、この道をさらに先まで進んで、おふたりは曖昧集合とか、開放系といった言葉を使っておられます。おふたりが近年の科学に隣接した立場に立っておられるところから、科学者は『千のプラトー』のような本をどのように使うことができるのか、どうしてもうかがっておきたくなります。科学者の目で見ると、『千のプラトー』で使われた概念はメタファーになってしまう恐れがあるのではないでしょうか。

ドゥルーズ——たしかに『千のプラトー』で使った概念には、科学と響きあうばかりか、科学の概念と完全に対応しあうものがいくつか含まれています。ブラックホール、曖昧集合、近傍域、リーマン空間……。この点にかんして言っておきたいのは、科学の概念にはふたつの種類があるということです。現実には両者が完全に融合していたとしても、二通りの概念が存在することに変わりはありません。一方には、その本性からして厳密で、数量化され、数式化されているため、精密さによってしか意味をもちえない概念があります。そうした概念だと、哲学者や作家はこれをメタファーとして使うしかないわけですが、概念自体が完全に精密科学に所属している点からしても、転用の結果は悲惨でしかありえない。しかしもう一方では、基本的には精密さを欠きながらも、しかし絶対の厳密性をそなえている、だから科学者としてもないがしろにはできないし、科学者にも哲学者にも芸術家にも同じように所属する概念がある。こうした概念には、すぐに科学的になるのではないにしても、それを科学者が使うと、その科学者が哲学者にも芸術家にもなりうる、そんな厳密性を与えればいいのです。この種の概念が曖昧であるのは、概念自体が不十分だからではなく、その性質と内容のせいなのです。今日的な例をとりたいと思いますので、たいへんな反響を呼んだプリゴジンとスタンジェールの『混沌からの秩序』を見ておきましょう。この本でつくられた概念のひとつに分岐帯というのがありますね。プリゴジンは専門分野の熱力学をきわめたところから分岐帯の概念をつくったわけですが、それこそ哲学と科学と芸術が分かちがたく結びついた概念になっている。逆に、哲学者が科学でも通用する概念をつくりだすということも、けっして不可能ではありません。それは実際に何度もあったことなのです。比較的新しいものでありながら一般には忘れられた例をあげるなら、ベルクソンのことが思い浮かびます。ベルクソンは精神医学の発達に深い影響をあたえた人ですが、それ以上にリーマンの数学上、物理学上の空間概念とも緊密な関係をもっていたのです。ここで必要なのは、誰も欲しがらないような結びつきを捏造することではありません。やはり、ひとりひとりの作業が、思いがけない方向に収斂したり、新しい結論をもたらしたり、それぞれの人にとって中継地点となるようなものが出てくる、そうしたことがいちばん重要なのです。だから誰かひとりが特権をにぎるようでは駄目で、哲学も科学も、そして芸術も文学も、けっして特権視されてはならないわけです。

ディディエ・エリボン――あなたがたは歴史家の仕事を使われ、特にブローデルの仕事を重視しておられますが、(ブローデルの場合はその風景への関心がよく知られているという留保をつけたとしても) 歴史が決定的な重要性をもつとは考えておられないということだけはたしかだと思います。あなたはみずからすすんで地理学者となり、空間を特権視なさいます。そして生成変化の「地図学」が必要だと述べておられます。だから地図には、ひとつのプラトーから別のプラトーに移るための手段が隠されていると思えてくるのですが、いかがでしょうか。

ドゥルーズ――たしかに歴史は重要なものではあるでしょう。しかし、なんでもいいから探究の路線をひとつとりあげてみると、その路線は道筋の一部分に置かれたいくつかの場所で歴史学的なものになっているだけで、全体としては非歴史的、超歴史的な面をそなえているということがわかるはずです……。『千のプラトー』ではさまざまな「生成変化」のほうが、歴史よりもはるかに重要です。生成変化と歴史とは似ても似つかないものなのです。たとえば、私たちは戦争機械の概念を構築しようとつとめていますよね。この概念は、まずあるタイプの空間をともない、きわめて特異な人間からなる組織と、技術や感情にかかわる要素（武器や装身具）を含んでいます。戦争機械のようなアレンジメントが歴史の性格を帯びることがあるとしても、それは副次的な現象にすぎないし、しかも戦争機械がさまざまな国家装置と変化に富んだ関係をもつにいたるときにかぎられているのです。国家装置そのものについても、私たちはこれを領土と大地と脱領土化といった決定要因に結びつけている。国家装置があらわれるのは、複数の領土が順ぐりに利用されることをやめ、同時点で比較されるようになり（この段階が大地です）、その結果、脱領土化の動きにとらえられてしまうときなのです。こうして長期的な歴史的場面の集合体ができあがる。しかし、別の条件のもとに置いてみると、同じ概念が別のかたちに配分されて新しい複合体をつくることになります。たとえば動物のテリトリーがあって、それが外部の中心と関係をもつようになったら、外部の中心が大地に似た性質を帯び、宇宙的な脱領土化の動きが長期におよぶ渡りの現象にあらわれたりもするわけです……。あるいはリートの場合を考えてみてもいい。リートに含まれているのは領土だけではありません。大地や〈生まれ故郷〉が出てくるし、さらに開口部とか旅立ちなど、宇宙につながるものも姿を見せる。ですから『千のプラトー』でリトルネロをあつかった部分は、そうした意味で、主題を異にしていながらも、国家装置をめぐる部分と相補的な関係にあるのだと思っています。ひとつの「プラトー」が別の「プラトー」と通じあうということも、これと同じ意味をもっています。もうひとつ例をあげておきましょう。私たちは情動的ともいえるような、きわめて特異な記号の体制を定義しようとこころみています。それは〈訴訟《プロ》＝過程《セ》〉がつらなったような体制です。こうした体制は（砂漠の横断といった）ある種の歴史的プロセスのなかにその実現を見ることができるわけですが、別の状況では精神医学で研究された妄想とか、ある種の文学作品（たとえばカフカの作品）のなかにも見出すことができるのです。したがって、同一の概念のもとに雑多なものをとりまとめるのではなく、ひとつひとつの概念をさまざまな変数と関連づけ、そうすることによって概念の変動が規定されるようにしなければならないわけです。

マジオリ――『千のプラトー』は「炸裂した」形式をとっています。年代順の配列を拒みながら、それでもなお日付を書きこんだ構成になっています。参照すべき対象が多様で多義的だということは明らかだし、変化に富み、不調和と見られかねない理論部門と理論領域から借用した概念が使われています。こうしたことには、すくなくとも、反＝システムの存在を結論するにいたるという利点がある。『千のプラトー』は山のようにそびえ立つのではなく、ハイデガーの場合とは逆に、いたるところに通じる道を産み出すわけですからね。これこそ反＝システムそのものといえるし、パッチワークや、絶対の散逸にもたとえることができるでしょう。『千のプラトー』はそんな本ですよね。ところが、実情はこれとはまったく違うように思われるのです。まず第一に、あなたがあるインタビュー（「アルク」誌四九号、一九八〇年再版）で明言しておられるとおり、『千のプラト

ー』はもっぱら哲学のジャンルに帰属し、「伝統的な意味での哲学」なのだと理解できるからです。第二に、表現様態はたしかに不均整なのですが、それにもかかわらず『千のプラトー』はある特定の「世界観」をあらわし、「現実なるもの」を見せてくれる、あるいは「現実なるもの」を垣間見させてくれるばかりか、その「現実なるもの」が現代の科学理論が記述したり、証明しようとつとめている「現実」と類縁性なしとは言いがたいものになっているからです。ようするに『千のプラトー』はやはり哲学体系なのだと考えることができるわけですが、これは逆説的なことなのでしょうか。

ドゥルーズ――そんなことはありませんよ。あらゆる体系が破産した、体系の構築が不可能になった、そしてこれは（もはや「十九世紀ではないのだから」）知が多様化した結果だというのは、いまではごくふつうに指摘されていることです。しかし、この考え方には不都合な点がふたつあります。まず、はっきり局所決定され、きちんと限定された狭い系列にたよらないかぎり、信頼のおける仕事は考えられないということ。さらに困るのは、すこしばかり広範なことをおこなえば、それは幻視者の手すさびで、けっして仕事とはいえないと決めつけられ、誰でも好き勝手なことを述べられるのではないかと非難されてしまうということです。しかし実際には、どんな体系もその活力を失ってはいないのです。いま、科学や論理学で、相互作用にもとづき、線的な因果関係だけを拒否して時間の観念を変革するような、いわゆる開放系の理論が始まろうとしています。

私はモーリス・ブランショはとても優れた人だと信じていますが、彼の作品は、小品とかアフォリズムの寄せ集めではなく、いま私たちの身にふりかかっていることに対置できる「文学空間」を、時代にさきがけて構築した開放系なのです。それに、ガタリと私が「リゾーム」と名づけたものも、開放系の一例にほかなりません。「哲学とは何か」という問いをもう一度とりあげてみましょう。この問いにたいする答えは単純なものでなければならない。哲学が概念をあつかうということは誰でも知っています。体系というのは概念の集合体のことですからね。そして開放系が成り立つのは、概念が状況に関連づけられ、本質との関連を捨てたときなのです。ところが、概念とはあらかじめ出来あがった状態で与えられるものではないし、はじめから存在するものでもない。概念を構築するには工夫をこらし、創造をおこなわなければならないし、だからこそ概念には芸術や科学の場合と同じくらいの創意と工夫が認められるのです。必然性をもつ概念を創造すること。それがいつの時代でも哲学の使命だったわけです。それには、もう一方で概念が時代の空気にただよう一般性ではないという事情もある。それどころか、概念とは、一般的な思考の流れに作用をおよぼす特異性のことなのです。概念がなくても思考することはできる。しかし概念があらわれたときはじめて、真の哲学が成り立つのです。概念はイデオロギーとは無縁です。概念には批判の力、政治的な力、そして自由の力がみなぎっているからです。概念を組み立てるにあたって、善きものと悪しきものを見分け、新しいものとそうではないもの、そして生き生きしたものとそうではないものを見定めることは、体系の力があってはじめて可能になる。絶対に善であるようなものは存在しない。どんなものでも体系を慎重に用いることによって決定づけられるからです。『千のプラトー』で私たちが言おうとしているのは、善きものを盲信してはならないということです（たとえば、条理分割と拘束をうちやぶるためには「平滑空間」だけでは不十分だし、組織化をうちやぶるためには「器官なき身体」だけでは不十分だということ）。私たちは「小粋に見せる」ためにむずかしい言葉を使うといって非難されたことがあります。そうした意見は悪意に満ちているだけでなく、まったく白痴的だと言わざるをえない。概念を明示するために新しい言葉が必要になることもあるし、日常的な言葉をとりあげてそれに独自の意味をもたせることもあるのです。

いずれにしても、哲学的思考がこれほど重大な役割を演じたことはかつて一度もなかっただろうと思います。なにしろ、政治だけでなく文化やジャーナリズムにもおよぶ、あらゆる思考にとって侮辱となるような体制が腰を据えようかという時代ですからね。くどいようですが、「リベラシオン」はこの問題に取り組むべきだと思いますよ。

エリボン――**いくつかふりかえっておきたい点があります。**

さきほど、あなたは〈事件〉を重視するとおっしゃいましたね。それから、歴史ではなく地理学を特権視するともおっしゃいました。では、あなたがたおふたりが練りあげようとしておられる「地図学」の作業の範囲内に位置づけてみたとき、〈事件〉はどのような公準をもつのでしょうか。

また、空間が問題になっているところからすると、領土に結びついた国家の問題も検討しなければならないでしょう。国家装置が拘束の「条理空間」をつくりあげるとすれば、もう一方で「戦争機械」が逃走線の上に「平滑空間」をつくろうとする、そうおっしゃいました。ところが、あなたはこんな警告も発しておられます。平滑空間だけでは私たちは救われない、逃走線はかならずしも解放をもたらすものではない、と。

ドゥルーズ——私たちが「地図」とか「ダイアグラム」と呼んでいるのは、同時的に機能する多様な線の集合のことです（だから手相の線もひとつの地図になるわけです）。じっさい、じつにさまざまなタイプの線があるわけで、しかもそれを芸術にも、ひとつの社会のなかにも、ひとりの人間のなかにも見出すことができる。何かを（具体的に）表象する線もあるし、抽象的な線もある。セグメントをもつ線もあれば、セグメントをもたない線もある。大きさをあらわす線もあるし、方向を示す線もある。また、抽象的であってもそうでなくてもいいのですが、輪郭をつくる線もあれば、輪郭をつくらない線もある。そういう線は美しい。私たちは、線とは事物と〈事件〉の構成要素であると考えています。だから、どんな事物にも固有の地理があり、固有の地図学があり、ダイアグラムがあるのです。ひとりの人間の場合でも、面白いのはその人間を構成する線だし、また、その人間によって構成され、借用され、創造される線なのです。では、平面や立体ではなく線を特権視するのはなぜか。じつをいうと、線にはいかなる特権もないのです。空間が多様な線と相関関係に置かれたり、線が空間と相関関係に置かれたりするだけなのですから(ここでも科学の概念を介入させることができるでしょう。たとえばマンデルブロートの「フラクタル」がそうです)。要するに、なんらかのタイプの線がなんらかのタイプの空間的で立体的な形成体を包みこむのです。

あなたが指摘された第二の問題点もそこに由来するわけです。つまり、私たちの定義によると、「戦争機械」は逃走線の上に築かれる線状のアレンジメントだということですね。そうした意味では、戦争機械は戦争を対象にするものではない。戦争機械の対象は「平滑空間」というきわめて特異な空間なのであって、その空間を戦争機械が構築し、占拠し、波及させていくわけです。「ノマディスム」とは、こうした戦争機械と平滑空間が結合したものにほかならない。私たちは、戦争機械がどのようにして、またどのような場合に戦争を対象とするようになるのか、説明しようとつとめているのです(つまり国家装置が、本来は自分のものではないはずの戦争機械を奪うとそうなるわけです)。戦争機械は戦争をめざすよりも、むしろ革命に接近したり、芸術に近づいていくこともできるのです。

さて、あなたが指摘なさった第三の問題点は、早急な判断をくだしてはならないということをよく示しています。線のタイプを定義することはできますが、だからといって、この線は良いとか、あの線は悪いとかいった結論を引き出してはならないのです。逃走線なら確実に創造的だとか、平滑空間はセグメントや条理分割を刻まれた空間よりもすぐれているなどと主張することはできないのです。ヴィリリオが明らかにしたように、核兵器を搭載した潜水艦は戦争と恐怖に奉仕する平滑空間を再現しているではありませんか。地図を作成する場合にできるのは、道や運動を記して、そこに可能性と危険の係数を連動させることくらいでしょう。私たちはそうした線と空間と生成変化の分析を「スキゾ分析」と名づけたわけです。私たちの問題意識は歴史の諸問題にきわめて近いようにも、逆に歴史とかけ離れているようにも見えますね。

エリボン——線と生成変化と事件……。どうやら私たちは日付をめぐる最初の質問にもどってきたようです。各章のタイトルには日付がつけられていますよね。「紀元前七千年——捕獲装置」、「零年——顔貌性」……。虚構の日付とおっしゃいましたが、それでもこれらの日付は事件や状況に結びつき、いま話題になった地図学を確立していることになるのではないでしょうか。

ドゥルーズ——それぞれのプラトーに日付が記され、それが虚構の日付だということは、それぞれのプラトーに挿絵が挿入されたり、固有名が書きこまれていることに比べたらそれほど重要ではありません。
電報の文体には、簡潔さのみに由来するとは言いきれない力強さがあります。たとえば「ジュール　ユウガタ六時　トウチャクスル」といった文がありますよね。こんな書き方をしても面白くもなんともありません。

しかし、文章表現が文章表現自体のために、私たちの背後でこれから何かがおころうとしている、あるいはたったいま何かがおこったところだという切迫した印象をあたえるのに成功したなら、それはとても興味深いことです。固有名が指しているのは、人間である以前に、力とか〈事件〉、運動や動体、風、台風、病、そして場所と時刻などです。不定法に置かれた動詞があらわしているのは叙法と時制からはみだした生成変化や〈事件〉です。そして日付は単一で均質な暦に結びつくのではなく、一回ごとに変化していくような時空間を指し示しているのです……。このようなものが一体となって、言表行為のアレンジメントを構成する。たとえば「狼男　増殖する　一七三〇年」といった具合にね。

「リベラシオン」一九八〇年十月二十三日

聞き手――クリスチャン・デカン、ディディエ・エリボン、ロベール・マジオリ

Ⅱ　映画

『6×2』をめぐる三つの問い（ゴダール）

——あなたに「カイエ・デュ・シネマ」のインタビューを受けていただきたいのは、あなたが「哲学者」であり、私たちとしても哲学路線の記事が欲しいからではありますが、それよりも大事なのは、あなたがゴダールの仕事を愛し、高く評価しておられるということです。先日放映されたゴダールのテレビ番組をどう思われますか。

ドゥルーズ——感動した人は大勢いるだろうと思いますが、私も感銘を受けました。しかもそれが持続する感銘なのです。私がどんなふうにゴダールのことを思い描いているか、簡単に説明してみましょう。ゴダールは根をつめて仕事をする男です。だからどうしても絶対の孤独に沈むしかない。しかし、それはありきたりの孤独ではなくて、途方もなく密度が高い孤独なのです。夢が詰まっているのではありません。幻想とも、計画ともちがう。そうではなくて行為や事物が満ちあふれ、人間すら詰めこまれた孤独。要するに多様で創造的な孤独ということですね。そんな孤独の奥底にいるからこそ、ゴダールはたったひとりで一大勢力たりうるのだし、大勢でチームを組んで共同作業をおこなうこともできるのです。ゴダールは誰とでも対等につきあうことができる。相手が公的機関であろうと、さまざまな組織であろうと、家政婦や労働者、あるいは狂人であろうと、まったく同じ態度で接することができる。今回のテレビ番組でも、ゴダールは常に相手と対等の立場に立って質問しているのです。ゴダールの質問は視聴者である私たちを動揺させますが、質問を受けた当人が当惑することはありません。ゴダールが妄想症の患者と話すときの態度は精神科医の態度ではないし、仲間の狂人とか、狂人のふりをした人間の態度でもない。労働者と語りあうとき、ゴダールの態度は雇用者のものでも、仲間の労働者のものでもなければ、また知識人の態度でも、俳優を指導する演出家の態度でもない。しかし、これはゴダールがあらゆる語り口に同調する策士だということではありません。ゴダールの孤独が並外れた容量をもたらし、密度を高めるということなのです。ある面からすると、これは常にどもりであろうとするのと同じことです。それも、実際にしゃべるときにどもるのではなく、言語そのものを集約するどもりになるということ。一般には、異邦人になろうと思うなら外国語のなかに飛び込んでいくしかありません。ところがゴダールは自国語のなかで異邦人になろうとしている。プルーストは、美しい本はかならず一種の外国語で書かれていると述べています。ゴダールの番組についてもこれと同じことがいえるわけで、彼はそのために自分のスイス訛に磨きをかけているくらいなのです。この創造的などもりと、あの孤独こそがゴダールの強みなのです。

　あなたがたのほうが私より詳しいと思いますが、ゴダールは常に孤独だった。映画における ゴダール的成功なるものは一度もなかったのです。ゴダールは成功をおさめたと喧伝する人たちが、「あいつは変わった、あのとき以来だめになった」とふれまわっていますが、そんなことをする者と、最初からゴダールを嫌っていた者は同一人物であることが多い。ゴダールが誰よりも先を行き、誰にでも影響をおよぼすことができたのは、成功の道を歩んだからではなく、独自の線を引きつづけ、しかもそれが積極的な逃走線となって、しじゅう途切れながらジグザグを描き、地下に潜行していったからなのです。ともあれ、こと映画にかんするかぎり、人びとはゴダールを孤独のなかに閉じ込めるのに、どうにかこうにか成功した。こうしてゴダールの蔓延がくいとめられたわけです。するとゴダールは、その空白期間を利用し、漠とした創造への呼びかけに応じて、6×2回の番組のあいだ、テレビを占拠してみせる。テレビに籠絡されることのなかった人間がいるとしたら、たぶんこれが唯一の具体例ということになるでしょう。ふつうなら始める前にもう負けているわけですからね。映画の売り込みなら許容されるかもしれませんが、テレビの内側で、しかも（人に質問する、人にしゃべってもらう、意外な映像を見せるといった）テレビの根本にかかわる要素を変革するような番組をてがけるというのは、とても許されることではないのです。そんなこころみがもう話題にものぼらなくなり、揉み消されたとしても、事情は変わりません。いろいろな集団や団体が憤慨したのも当然です。報道カメラマン・映画人協会のコミュニケがそのことを雄弁に物語っています。ゴダールは憎悪心を焚きつけることには成功した。しかしそれと同時に、従来とは異なる「密度」でテレビを占拠するのが可能だということも証明してみせたのです。

――いまのお話では私たちの質問に答えていただいたことになりません。私たちとしては、ゴダールの番組について「講義」をしなければならなかったとしたら、という前提でお話し願いたいのです。あなたはどのような理念を見てとられたのですか。どのような理念を感じとられたのですか。感銘を受けたという事実を説明しなければならないとしたら、どうなさいますか。重要なことがほかにあったとしても、それはまた後で話し合えばよろしいかと思います。

ドゥルーズ――わかりました。しかし理念というもの、そしてなんらかの理念をもつということは、イデオロギーではなく、実践に属する事柄です。ゴダールはうまいことを言っています。「正しい映像ではなく、ただの映像さ。」本来なら哲学者もこんなふうに言いきって当然だし、実際にもそうするだけの胆力を練るべきでしょう。「正しい理念ではなく、ただの理念さ。」なぜなら、正しい理念とは、あくまでも支配的な意味や安定的な指令の言葉に合致した理念だし、いついかなるときも何かを立証しようとする理念でしかありえないからです。この「何か」がまだ実現していなくても、たとえば「何か」が革命の未来であったとしても、正しい理念が立証をもとめる理念であることに変わりはありません。それにたいして「ただの理念」とは、まず現在時への生成変化であり、理念においてどもることでもあるわけですが、これは問いのかたちでしか表現されないばかりか、問いそのものがすべての答えを沈黙させる傾向にあるのです。あるいは、ごく単純なことを明らかにして、それでもってすべての論証を破壊するのだ、と言えばいいでしょうか。

こう考えてみると、ゴダールの番組にはふたつの理念があって、それが休みなく相互浸透をくりかえし、セグメントごとに混合と分離の動きをくりひろげているといえるでしょう。番組が毎回ふたつの部分に分けられている理由の一端を、ここに見ることができます。つまり小学校の授業と同じように、物の教育と言葉の教育に分かれたふたつの極があるわけです。第一の理念は労働に関係している。ゴダールは、いたるところに浸透した、マルクス主義のものとおぼしき図式に疑問符をつきつける作業をやめようとしない。私にはそう思えてならないのです。その図式によると、「労働力」と呼べるような、かなり抽象的なものがあり、それを売買するときのさまざまな状況によって、根本的な社会的不公平が生まれたり、逆にわずかながらでも社会的公平が成り立ったりするという。そこでゴダールはきわめて具体的な質問をなげかけ、「実際には何が買われ、何が売られているのか」という問いに対応する映像をつきつけてくるのです。ある人が買おうとしているものは何か。別の人が売ろうとしているものは何か。そして売られるものと買われるものは、かならずしも同じではないのではないか。溶接工をしている若者は、溶接工としての労働ならいつでも売ることができるのに、年配の女性の愛人になって性の力を売るのはいやだという。ある家政婦は長時間の家事労働なら売ってもいいが、インターナショナルの歌をくちずさむ時間だけはどうしても売りたくないという。なぜか。うまく歌えないからでしょうか。しかし、もしそうだとすると、うまく歌えないということを話して謝礼を受け取っている事実をどう説明すればいいのか。逆の場合も考えられます。ある時計工場で働く一般工員は、時計を組み立てる能力にたいしては金を払ってほしいが、アマチュア映画の仕事で金をもらうのはいやだという。映画は「ホビー」なのだそうです。ところが、映像を見るかぎり、時計工場で流れ作業の持ち場にいるときの動作と、映画を編集しているときの動作は、ほとんど見分けがつかないほどよく似ているのです。それでもなお、彼は断言する。いや、やっぱり違う。ふたつの動作のあいだには愛情と無欲の点で大きな違いがあるんだ。だからぼくは映画で金をもらいたくないんだ、とね。では、本職の映画人や写真家はどうなるのか。彼らは金を受け取っているではないですか。さらに、写真家はどのような場合に金を払うのかという問題も出てくる。モデルに金を払うことはあるでしょう。逆にモデルから金をもらうこともありうる。けれども、拷問や死刑の執行を写真におさめるとき、写真家は犠牲者にも加害者にも金を払おうとしません。また、病気の子供とか、傷ついたり、飢えに苦しむ子供たちの写真を撮るとき、どうして金を払わないのか。これと似た観点から、ガタリはある精神分析学会でこんな提案をしたことがあります。精神分析を受ける人も、精神分析家と同じように、支払いを受けるべきである、とね。精神分析家が「サービス」を提供しているとは言いきれないのだし、実際には分業が成り立ち、非＝並行的なふたつの作業が進行しているではないか。したがって精神分析家による聴取と選別の仕事も、分析を受ける人による無意識の仕事も、同じように支払いを受けてしかるべきだというのです。ガタリの提案がとりあげられた様子はありませんけどね。ゴダールが言わんとしたこともこれと同じです。テレビの視聴者に金を払わせるかわりに視聴者に金を払ってみてはどうか、視聴者だって立派に労働を提供しているわけだし、公共に奉仕していることに変わりはないではないか、というわけです。社会的分業によって想定されているのは、たとえばひとつの工場のなかで、職工部門の労働だけでなく、オフィスの労働や試験所の労働も支払いの対象になるということです。そうでないとしたら、製品の下図を引くデザイナーに、職工が自腹を切って金を払わなければならない状況も、じゅうぶん考えられるのではないか。こうした問いもその他もろもろの問いも、こうした映像もその他もろもろの映像も、すべて労働力という概念の粉砕をめざしていると思います。労働力の概念がまず最初におこなうのは、ひとつの産業部門をまったく恣意的に切りとり、労働そのものを、愛情や創造性から、そして生産そのものからも切り離してしまうことですからね。つまり労働力の概念は、労働を創造性の対極である保守管理に変えてしまうのです。そうなると労働は、閉ざされた交換回路のなかで消費される資材を再生産し、それと同時にみずからの力を再生産していくことを義務づけられる。この点からすると、交換が公平か不公平かということはたいして重要ではありません。支払い行為は常に選択的暴力をともなうものだし、労働力を語るよう強いてくる原理には欺瞞が含まれているからです。だから、あらゆる種類の、雑多で非＝並行的な生産の流れが、抽象的な力による媒介とは無関係なまま、直接、金銭の流れと関係づけられるようにするためには、労働を偽の労働力から切り離さなければならないのです。私の説明はゴダールに輪をかけて混沌としていますね。しかし、そのほうがいいのです。重要なのはゴダールの問いかけと、ゴダールが提示する映像なのですから。そして、労働力の概念は人畜無害なものではないし、自明のものでもない、特に社会批判の見地からするとあやういぞ、という印象を視聴者がもってくれるだけでいいのです。ゴダールの番組にたいする共産党や労働組合の反発は、この点からも、さらに明白な他の理由からも説明することができます（なにしろゴダールは労働力という「神聖な」概念を傷つけてしまったわけですから……）。

それから、第二の理念は情報に関係するものです。言語は本質的に情報を伝達するものだとされ、情報の本質は交換だとされています。しかも情報は抽象的な単位によって計測される。しかし、小学校の先生が演算の説明をしたり、綴字法を教えたりするとき、はたして情報の伝達がおこなわれているのかどうか、じつのところははなはだ疑わしい。むしろ教師は命令をくだし、指令の言葉をおしつけているのではないか。子供にシンタクスを提供してやるのは労働者に道具を与えるのと同じで、要するに支配的な意味にかなった言表の生産をめざしているにすぎないのではないか。「子供たちは政治の囚人だ」というゴダールの命題は、字義どおりに解釈されなければなりません。言語は命令のシステムであって、情報伝達の手段ではないのです。テレビでよく使われる「さあ、たっぷり楽しんでください……。つぎはニュースの時間です」といった言い回しに注意すれば、そのあたりの事情は容易に理解できるはずです。本当に必要なのは情報科学の図式を逆転させることでしょう。情報科学は理論上、極大の情報量を想定しています。反対の極には純然たるノイズが置かれ、こちらは情報障害だとされる。そして両者の中間には冗語法があって、これがあればこそ、情報量が減少してもノイズには打ち勝つことができるという。しかし、現実にはこれと逆のことがおこなわれているのです。まず上のほうには指令や命令を伝達し、反復する冗語法が置かれなければならない。そして情報そのものは下のほうにあって、指令を正しく受信させるための必要最低限の保証になっていると考えるべきなのです。さらに下まで行くと何があるのか。そう、それは沈黙とか、どもりのようなもの、あるいは叫びのようなものでしょう。つまり、あらゆる冗語法とあらゆる情報をかいくぐって逃走し、言語の逃走をひきおこしつつ、それでもなお聞きとることができるようなもの。話すということは、たとえそれが自己を語る場合であっても、常に他人の位置を奪うことを意味している。つまり他人になりかわって話そうとつとめ、他人には話す権利を認めないということですね。セギー（労働総同盟の書記長）は命令と指令の言葉を伝達するために口を開けている。しかし、わが子に先立たれた母親も、やはり口を開けている。映像は音声によって代理されるわけですが、これは労働者にその代表がとってかわるのと同じことです。つまりたったひとつの音声が一連の映像にたいして強い支配力を行使するわけです。ならば、命令したり、他の人や他の物にとってかわることなく話すにはどうしたらいいのか。話す権利をもたない人たちにはしゃべってもらい、音声には権力に抵抗する能力をとりもどしてやるにはどうしたらいいのか。自国語のなかで異邦人となり、言語のために一種の逃走線を引いてやるというのは、たぶんそういうことを指しているのだと思います。

いま紹介したのはふたつとも「ただの」理念ですが、理念がふたつもあれば、それだけでじゅうぶん大きいことだといえるでしょう。けたはずれの大きさです。ふたつの理念には物と、ふたつ以外の理念がたくさん詰めこまれているからです。とにかく、ゴダールは労働力と情報という一般的な概念に疑問符をつきつける。ゴダールが主張しているのは、「真の」情報を提供しなければならないとか、労働力には「正当な」支払いをもって報いるべきだとか、そんなことではありません（それだと「正しい理念」になってしまいますから）。そうではなくて、労働力とか情報といった概念には多分にいかがわしいところがあるとほのめかしているのです。ゴダールは概念の横に「にせもの」と書き込むのです。ずいぶん前から、ゴダールは創作者であるよりもプロダクション事務所でありたい、映画人であるよりもテレビのニュース番組をとりしきるディレクターでありたいと公言してきました。むろん、ゴダールがもとめているのは、ヴェルヌイユのように自分の映画を自分でプロデュースすることでも、テレビの世界で権力をにぎることでもありません。そうではなくて、さまざまな労働を抽象的な力によって計測することをやめ、労働のモザイクをつくりたいというのです。部分的な情報や開いた口については、これを指令の言葉と化した抽象的情報に結びつけるのはやめて、一列に並べてみてはどうかと提案しているのです。

――ゴダールの理念がそのふたつだとすると、これは番組全体をつうじて展開された「映像と音声」の主題にも重なるように思うのですが、いかがでしょうか。物の教育、つまり映像は労働につながり、言葉の教育、つまり音声は情報につながるということになるのでしょうか。

ドゥルーズ――いいえ、重なるといっても、それは部分的な一致にすぎません。映像にもかならず情報が含まれているし、音声にも労働が含まれているわけですから。どんな集合でもさまざまな切り口にしたがって分割されうるし、また分割されなければならない。しかもその場合の切り口は、その一部が重なるにすぎないのです。ゴダールの考えた映像と音声の関係を再現しようと思うなら、いくつかのエピソードからなる、きわめて抽象的な物語を語ってみたうえで、それが結局、たったひとつのエピソードからなる、もっともシンプルで、もっとも具体的な物語だったということに気づくようにするしかないでしょう。

1. さまざまなイメージ(映像)がある。事物ですら、すでにイメージなのです。イメージは人間の頭や脳のなかにあるものではないからです。逆に、脳のほうが、あまたあるイメージのうちのひとつにすぎないのです。イメージは休みなく作用と反作用をおよぼしあい、生産と消費をくりかえす。「イメージ」と「事物」と「運動」のあいだにはいかなる違いもないのです。

2. けれども、イメージには「内部」があるということも忘れてはなりません。というか、ある種のイメージが内部をもち、その内側から知覚される。それが主体なのです(『彼女について私が知っている二、三の事柄』をめぐるゴダール発言を参照のこと。『ゴダール全集4』に所収)。じっさい、イメージがこうむった作用と、それにたいする反作用のあいだには「隔たり」がある。隔たりがあるからこそ、イメージはみずからの内部に他のイメージを備蓄していく力をもつのです。つまりイメージは、隔たりによって知覚する力を獲得するのです。ところがイメージによって備蓄されるのは、他のイメージのなかで当のイメージにとって関心のもてる部分にかぎられている。知覚するということは、イメージから、私たちの関心をひかない部分を抜きとることにほかならないのですから。私たちの知覚には常に「マイナス」の符号が書き込まれているのです。私たちは無数のイメージで満たされている。だから、外にあるイメージをイメージそのものとして見ることができないのです。

3．もう一方には音声をともなうイメージがある。これにとりたてて特権というほどのものがあるとは思えません。しかし音声をもつイメージ、というかそのうちのいくつかは「裏の部分」をもっているのです。それにどのような名前をつけてもかまいません。理念でもいいし、意味でも、言語でも、あるいは表現でもいい。とにかく裏の部分があるからこそ、音声をともなったイメージは他のイメージや、他の系列的イメージを圧縮したり、捕獲したりする力を獲得するのです。一筋の声が一連のイメージを支配することもある（たとえばヒトラーの声がそうですね）。理念は、指令の言葉となって作用することにより、音声をもつイメージや音波のなかに侵入し、他のイメージを見るとき、イメージのどの部分に関心をもつべきかということを決定づける。つまり私たちの知覚が指定されてしまうわけです。知覚の中心では常に「緩衝器」がはたらいていて、それがイメージを規格化し、私たちが知覚してはならないものをイメージから抜きとってしまうのです。こうして、さきほど説明した隔たりによって、逆の方向をめざすふたつの流れが輪郭をあらわしてくる。ひとつは外部のイメージから知覚へと向かう流れであり、もうひとつは支配的な理念から知覚へと向かう流れです。

4．したがって、私たちはイメージの連鎖に組み込まれている。そして、誰もがイメージであるとすれば、私たちひとりひとりがイメージの連鎖のなかでしかるべき場所を占めていることになる。しかし、もう一方で私たちは指令の言葉として作用する理念の網状組織にも組み込まれている。だからこそ、ゴダールが「映像と音声」をあやつる操作は、同時にふたつの方向をめざすことになるのです。一方では外部のイメージを十全な状態にもどし、私たちの知覚がマイナスの知覚にならないようにはたらきかけ、知覚をイメージと対等のものたらしめ、すべてのイメージが、もてるものを余すところなく表現できるようにすること。それだけですでに、権力やその緩衝器と戦うことが可能になるのです。もう一方では、権力の掌握としての言語を解体し、言語が音波のなかでどもるようしむけ、「正しい」理念を自負した一連の理念をひとつ残らず解体して、そこから「ただの」理念を引き出すこと。たぶん、とりわけこのふたつの理由があるからこそ、ゴダールはあれほど斬新なかたちで「フィックス・ショット」を使うのでしょう。ゴダールには一部の現代音楽家に通じるところがありますね。音楽のほうでも音声のフィックス・ショットをつくりあげ、音楽のなかで「すべて」が聞きとれるようにしているわけですから。そしてゴダールが画面に黒板をとりいれてそこに文字を書くとき、黒板と文字は映画に撮るべき対象にはなっていない。ゴダールは黒板とそこに書いた文字から、ほかならぬテレビをあやつる新しい手段を得ているのです。つまり新しい表現の実質が固有の流れをもち、画面上にあらわれた他の流れと対比されるわけです。

四つのエピソードからなるこの抽象的な物語にはどこかしらSF的なところがあります。現代の社会的現実がSF的になっているのだから、それも当然でしょう。ところで、この物語にはもうひとつ興味深い問題があります。それは、この物語がいくつかの点で、ベルクソンが『物質と記憶』の第一章で述べたことと符合しているという事実です。ベルクソンは穏健で、すでに新鮮味を失った哲学者とみなされています。それなら映画なりテレビなりが、ベルクソンに新鮮味をとりもどしてやればいい（高等映画学院のカリキュラムにベルクソンを入れてしかるべきだと思いますが、あるいはもう入っていたでしょうか）。『物質と記憶』の第一章では、事物との関係における写真と、映画的な運動について、驚くべき構想が語られています。「写真なるものが存在するとしたら、それは事物の内部で、しかも空間内のあらゆる点に向けて、すでに撮られ、焼きつけられているのだ……」といった具合にね。ゴダールがベルクソンの信奉者だというのではありませんよ。むしろベルクソンのほうが映画に影響されたとすらいえるのですから。ゴダールがベルクソンを刷新するのですらない。そうではなくて、テレビの刷新をおこなうことにより、ゴダールはその刷新の途上でベルクソンの文章と出会うのです。

――ところで、ゴダールにはいつも「二」という数字が出てきますが、これはなぜでしょうか。「三」が出てくるためには「二」が必要だというのはよくわかります……。けれども、この「二」とこの「三」は何を意味しているのでしょうか。

ドゥルーズ――とぼけないでくださいよ。実際はそうではないということを、あなたがたは先刻ご承知のはずではありませんか。ゴダールは弁証法に頼るような男ではありません。ゴダールで重要なのは、「二」でも「三」でもないし、それ以外の数でもなくて、接続詞の「と」なのです。「と（ET）」の用法はゴダールの核心にかかわる重要問題です。なぜ重要かというと、私たちの思考全体が、おおむね動詞の《être》、つまり「ある（EST）」をもとにして成り立っているからです。哲学は、（「空は青色である」といった）属性判断と（「神がある」といった）存在判断をめぐる議論によって、そしてこれが還元可能かどうかという議論のせいで、まったく身動きがとれなくなっている。ところが、この種の議論ではいつも「ある」という動詞が使われるのです。三段論法を見ればわかるとおり、接続詞ですら、動詞の「ある」と釣り合うように使われている。接続詞を解放し、関係一般について考察した人は、イギリスとアメリカの思想家以外にはほとんどいません。ともあれ、関係判断を一個独立した類型に仕立てあげれば、この類型がいたるところに入り込むということがわかってくる。この類型はいたるところに浸透して、あらゆるものを変質させるのです。「と」は特別な接続詞でも、特殊な関係でもなくなり、すべての関係を巻き込むようになる。そして「と」の数が増えれば、それにあわせて関係の数も増えていく。「と」はあらゆる関係を転覆させるだけでなく、「ある」という動詞なども残らず転覆させてしまうのです。「……と……と……と」とたたみかける接続詞「と」の使用は創造的にどもることにつながり、国語を外国語のようにあやつることにもつながる。そしてこれが、「ある」という動詞にもとづく規範的で支配的な国語の使用と対立するのです。

もちろん、「と」は多様性であり、多数性であり、自己同一性の破壊でもあるわけです。たとえば工場の入口は、そこに入るときと、そこから出てくるとき、そして失業中にその前を通りかかるときとでは、けっして同じ入口ではない。死刑囚の妻が、刑の執行前も執行後も同じ人間でいることはありえない。ただし、多様性や多数性は（「もうひとつ」とか、「女がもうひとり」と言いあらわされるときのような）美術品の収集を思わせる寄せ集めとは似ても似つかないし、（「一」から「二」が生まれ、「二」から「三」が生まれると言いあらわされるときのような）弁証法の図式でもない。このような場合には「一なるもの」、つまり「ある」の優位が残っていて、これが多数に分化していくという考え方がなされているからです。しかし、ゴダールが、すべてはふたつに分割され、一日のなかにも朝と夕方がある、と述べる場合、それはふたつのもののうちの一方が重要なのだとか、一方がもう一方に変化し、その結果「二」になるとか、そんなことを言いたいのではありません。なぜなら、多数性は、辞項の数がいくら増大しようとも、けっして辞項そのもののなかにはないのだし、辞項の集合や総和のなかにもありはしないからです。多数性は、要素とも、集合とも性質が違う、この「と」自体のなかにあるのです。

では、要素でも集合でもない、この「と」というのは、いったい何なのでしょうか。ゴダールの強みは、「と」をきわめて斬新なかたちで生き、思考し、提示するだけでなく、「と」自体が強い能動性をもってはたらくようしむけているところにあると思います。「と」というのは、ふたつのもののうちどちらかひとつを指すのではなく、ふたつのものの「あいだ」にある境界を指しているのです。どんな場合にもかならず境界があり、逃走の線や流れの線があるわけですが、ただいかんせん、これがもっとも知覚しにくい部類のものであるため、実際にはなかなか見えてこない。しかし、事物が生起し、生成変化がおこり、革命が素描される場は、この逃走線にあるのです。「強者とは、ふたつの陣営があったとき、そのどちらかにつく者のことではない。強いのは境界なのだ。」つい先日のことですが、戦略地理をめぐる軍の講演で、あきらめ顔のジスカール＝デスタンがつぎのような現状認識を語っていました。東西の超大国、アメリカとソ連のあいだで国際情勢が安定化の度合いを高め、たとえば地球規模の合意や宇宙船の軌道ランデヴーや世界の治安などが実現すると、その分だけ余計に南北関係が不安定化していく、とね。ジスカールが例にあげていたのはアンゴラの問題とか中東の紛争、そしてパレスチナ人民の抵抗運動ですが、ハイジャックやコルシカ島問題など、「安全保障の地域的不安定化」をもたらすあらゆる動乱もそれと同列だというのです……。つまり、南北関係をゆるがすかたちで、あらゆる集合体の方向をそらすようないくつもの線が見出され、そのつど新たな閾や屈曲線の新たな方向性を、そしてなにものかのはざまに新たな隘路を刻む境界線を明確に示す、あの「と」の連続が出てくるわけです。ゴダールの目標は「境界を見る」ところにあるわけですが、つまりこれは知覚できないものを見させるということです。死刑囚とその妻。母親と子供。映像と音声もそうです。さらに工員が時計工場で流れ作業の持ち場にいるときの動作と映画の編集台に向かっているときの動作もやはり同じで、知覚できない境界がふたつのものを分かちながらも、その境界自体はふたつのうちのいずれでもないということ。この境界はまた、ふたつのものを非＝並行的進化に巻き込み、どちらが相手を追っているのかも、どのような結末が待ちうけているのかもわからないような、逃走や流れにすべてを引きずり込む。大型の集合体に特有のマクロ政治学と対立する、境界のミクロ政治学。ものごとが生起する場は境界に位置するということ、そして映像と音声の境界では映像があふれんばかりの横溢に満たされ、音声はほとんど過剰とすらいえる強さを獲得するということ。これだけは私たちにもわかっています。そこで六回にわたって映像と音声のはざまを通りぬけ、能動的な創造の線を引き、それを目のあたりに見せる、さらにこの線によってテレビそのものを未知の世界に引きずり込むこと。ゴダールが『6×2』でやってのけたのはそういうことだったと思います。

「カイエ・デュ・シネマ」第二七一号、一九七六年十一月

『運動イメージ』について

――この本は映画史ではなく、映像と記号の類型をさだめる分類学の体裁をとっています。その意味では、あなたのこれまでの著作にも、同じ傾向の本があったといえるでしょう。たとえばプルーストをとりあげて、記号の分類をなさったことがあるわけです。しかし、『運動イメージ』では、一個の哲学的問題とか、一個人の作品（スピノザやカフカ、ベーコンやプルースト）をあつかうのではなく、はじめてひとつの分野全体に取り組んでおられる。そしてその分野というのが映画であるわけです。もうひとついえるのは、映画史を拒絶しながらも、映画を歴史的にあつかっておられるということです。

ドゥルーズ――おっしゃるとおり、ある意味では映画の歴史（histoire du cinéma）ということになるかもしれませんが、しかしこれは「博物学」（histoire naturelle）なのです。つまり映像のタイプと、それに対応するさまざまな記号を、動物を分類する場合と同じような手つきで分類することをめざしているのです。ウエスタン、刑事もの、歴史もの、コメディーなど、大まかなジャンル分けは、映像のタイプや映像それ自体の性格について、何ひとつ教えてくれません。逆に、クローズアップとかロングショットのような画面は、それだけでもうタイプの規定になりえている。しかし、ほかにもまだ光、音、時間など、じつにさまざまな要因が関係してくるのです。私が映画という分野全体を考えてみるのは、映画が〈運動イメージ〉を基盤にして成り立っているからです。そして〈運動〉が基盤だということになれば、映画は最大限に多様な映像の顕示や創造に適していることになるし、さらにはモンタージュによって映像同士を組み合わせることもできる。〈知覚イメージ〉、〈行動イメージ〉、それに〈情動イメージ〉が生まれるばかりか、それ以外にも数多くの映像タイプが成り立つのです。そしていずれのタイプの映像も、その内部はさまざまな記号で満たされ、それが発生の観点からしても、あるいは構成の観点からしても、同じく映像の性格づけになる。この場合の記号は言語記号ではありません。音響をもっていたり、声をもっていたとしても、やはり言語記号とはちがう。パースのような論理学者の重要性は、じつに豊かで、しかも言語学モデルとは比較的無関係な記号の分類体系をつくりあげたところにあります。そこで、映像と記号をめぐる新たな理解を必要とするような流動的素材を、映画がもたらしてくれるのではないか、そんなふうに考えてみるのはごく自然なことでした。その意味では、私が書こうとしたのは論理学の本だということにもなるでしょう。いわば映画の論理学ですね。

——もうひとつ感じられるのは、あなたが映画にたいする哲学の不正をつぐなおうとしておられるということです。映画を理解しそこない、映画を自然な知覚と比較し、孤立させておいてから、結局は映画の重要性を過小評価したということで、特に現象学を批判しておられます。そしてベルクソンは、あらゆる面で映画を理解するのにもっとも適した位置にいたばかりか、映画を先取りする面すらもっていたにもかかわらず、みずからの着想と映画との一致を認めることができなかった、あるいは認めようとしなかった。それはあたかもベルクソンと映画芸術のあいだでパシュートレースが演じられていたようなものだ。あなたはそんなふうに考えておられます。じっさい、『物質と記憶』のなかで、ベルクソンは映画を知らずして、主に〈知覚イメージ〉、〈行動イメージ〉、〈情動イメージ〉という三つの形態をもつ〈運動イメージ〉の重要概念を明らかにしたわけですが、これはまさに映画の新しさを予告する立論でした。ところが後年、『創造的進化』では、映画との対決をはたしたうえで、ベルクソンは映画を認めない立場をとる。ただし、映画を認めないといっても、ベルクソンの立場は現象学の一派とはまったく違うということはおさえておかなければならないでしょう。ベルクソンは、映画は自然な知覚と同等のものだと認めたうえで、映画のなかに古くからの錯覚が保存されていると見るわけです。そしてその錯覚が、時間を固定的に切りとったところをもとにして、運動を再現できるという考え方にあらわれていると決めつけるのです。

ドゥルーズ——これはなかなか興味深い問題です。私には現代哲学による想像力の考え方が、映画を度外視していると思えてならないのです。つまり運動の存在を信じれば映像が消去されるし、映像を保持すれば映像の運動が消去される。サルトルは『想像力の問題』のなかで、あらゆるタイプのイメージを検討しながら、映画固有の映像だけは除外している。これはとても興味深いことです。メルロ＝ポンティは映画に関心をもっていました。しかし、それは知覚と行動の一般的条件に映画を突き合わせたかったからにすぎません。『物質と記憶』における ベルクソンの立場だけが例外なのです。というか、『物質と記憶』は、ベルクソンの全著作のなかでも例外的な、途方もない書物なのだ、そう考えたほうが正しいかもしれません。ベルクソンは、運動を持続の側に置くことをやめ、一方では運動と物質とイメージのあいだに絶対の同一性を認め、もう一方では持続の全レベルを同時に共存させるものとして、時間を発見するわけです（そこでは物質がいちばん下のレベルに置かれる）。つい最近、われわれ人間には幼年時代と老年時代と成年時代が同時に共存しているのだとフェリーニが述べていましたが、これはまったくベルクソン的な考え方です。『物質と記憶』には純然たる唯心論とラジカルな唯物論の結合を見ることができる。ヴェルトフとドライヤーに代表されるふたつの方向性を同時に体現すると言えばいいでしょうか。しかし、ベルクソンはこの道を進もうとはしなかった。〈運動イメージ〉と〈時間イメージ〉の根本にかかわる先端的思考を放棄してしまうのです。なぜか。私の考えでは、ベルクソンが相対性理論と釣りあう新たな哲学概念をつくりあげようとしたから、そうなったのだろうと思います。相対性に含まれた時間の考え方は、相対性理論自体によって抽出されるものではない、時間の考え方を築きあげることは哲学の役割である、ベルクソンはそう考えていたのでしょう。ただ、残念ながら、つぎのような誤解が生まれます。ベルクソンは相対性を非難している、物理学理論そのものを批判している、一般にはそんな受けとめ方をされてしまった。そこでベルクソンはこの誤解は深刻であり、これを一掃するのは不可能だろうと判断した。だからシンプルな考え方にもどってしまったのです。いずれにしても、ベルクソンが『物質と記憶』(一八九六年)で〈運動イメージ〉と〈時間イメージ〉の構想をあたためていたという事実に変わりはないのだし、これが後になって映画のなかに実現の場を見出すことになるわけです。

——いまおっしゃったことは、ドライヤーのような映画作家にはっきりあらわれているのではないでしょうか。ドライヤーは、あなたの本のなかでも特に美しい叙述のもとになっていますよね。つい先日、二十年ぶりにリバイバル公開される『ゲアトルーズ』を観なおす機会にめぐまれました。文句なしにすばらしい映画です。『ゲアトルーズ』は時間のさまざまな成層を転調することによって洗練の極致に達しています。これに比肩しうるのは、溝口の作品に時々あらわれる場面くらいのものでしょう(たとえば陶工の妻が、まず死んだものとして、ついで生きているものとしてあらわれる、あの『雨月物語』のラスト近くの場面がそうです)。そしてドライヤーは、『著作集』のなかで、三次元空間の奥行きを消し去って平面的な映像をつくらなければならない、それは第四と第五の次元、すなわち時間と精神に、映像をじかに結びつけるためだ、とくりかえし述べているのです。

たとえば『奇跡』についての記述でとても面白いのは、この映画は幽霊や狂気の物語ではなく、「精密科学と直観的宗教との深い関係」なのだ、とドライヤー自身が言明しているという事実です。しかもドライヤーはアインシュタインを引き合いに出している。引用します。「新時代の科学は、アインシュタインの相対性理論の後をうけて、われわれ人間の五感の世界であるところの三次元空間の外に、時間という第四の次元と、心的現象という第五の次元が存在することを証明した。いまだ起こらぬ出来事を体験するのも可能だということが証明されたのだ。こうして新たな展望が開かれ、われわれは精密科学と直観的宗教との深い関係を認めることができるようになったのである。」さて、ここで「映画史」の問題にもどりたいと思いますが、あなたは前後関係を介在させ、このタイプの映像はこの時期にあらわれた、たとえば戦後になってあらわれた、そんな言い方をしておられる。となれば、あなたはただ単に抽象的な分類に専念しておられるのではないし、また博物学に甘んじておられるわけでもないことになります。歴史的な動きも説明しようとなさっているのではありませんか。

ドゥルーズ――まずはっきりさせておかなければならないのは、映像のタイプは最初から存在するのではなく、創造されなければならないということです。平面的な映像も、その対極にある空間的深さ（パンフォーカス）も、一回ごとに創り出され、創りなおされなければならない。つまり、記号は常に特定の署名を指し示しているともいえるわけです。だから、映像と記号の分析は、偉大な映画作家をとりあげたモノグラフィーを含むものでなければなりません。ひとつ例をあげましょう。表現主義は闇との関係において光を考えていると思うのですが、光と闇の関係は葛藤の関係になっています。ところが戦前のフランス派ではかなり事情が違って、葛藤のかわりに循環が見られる。光そのものが運動になっているばかりか、二種類の光が循環し、太陽の光と月の光が交互にあらわれるのです。戦前のフランス派は画家のドローネーに近い。一種の反＝表現主義ですね。リヴェットのような現代の映画作家がフランス派の伝統につらなるのは、ふたつの光という主題を受け継ぎ、それを完全に刷新しているからです。リヴェットは光の主題によってすばらしい成果をあげている。彼はドローネーに近いばかりでなく、文学でいうならネルヴァルにも近いのです。最高にネルヴァル的な、そしておそらくは唯一のネルヴァル的映画作家。むろん、このような符合が成り立つのは、歴史的要因と地理的要因があって、それが映画をつらぬき、映画を他の芸術形態と関連づけるからなのですが、これらの要因は、映画が他の芸術から影響を受け、他の芸術に影響をおよぼすようにしむける方向性をもつ。それなりに長い歴史がありますからね。ただし、映像の歴史は進歩にのっとった歴史だとは思えません。私は、どんな映像も同じ要素と同じ記号を違ったかたちで組み合わせるものだと考えています。しかし、あらゆる組み合わせが好きなときに成り立つわけではない。ある特定の要素を発達させるためには、特定の条件がととのっていなければならないのです。さもなければ、その要素は萎縮したり、副次的なものにとどまるしかないでしょう。ですから、発達にはさまざまなレベルがあって、そのひとつひとつがありうるかぎり完璧なものになっているのだと考えるべきなのであって、系譜や系統を想定してはならないのです。だからこそ、歴史学的な歴史ではなく、博物学という言い方をすべきなのです。

――しかし、あなたの分類が価値評価であることに変わりはありません。あなたの分類には、とりあげた映画作家についての価値判断が含まれているし、その結果、あなたがほとんど引き合いに出すことのない、あるいはその名をあげることすらない作家についても、やはり評価をくだしていることになるはずです。『運動イメージ』が続編を予告しているのはわかります。そして私たち読者は〈運動イメージ〉を超えた先にある〈時間イメージ〉の入口に立たされているにすぎないということもわかります。しかし、この第一巻で、あなたは第二次世界大戦末期、あるいは戦後における〈行動イメージ〉の危機のことを書いておられる（それがイタリアのネオ・レアリズモであり、フランスのヌーヴェル・ヴァーグであるわけです……）。そうした危機の映画を性格づける特色のうちのいくつか（欠落を含み、分散した現実を受けとめること、すべてが定型表現になってしまったという意識、あるいは主要なものと副次的なもののあいだでくりかえされる置換、さらにシークエンス同士の新たな連関、そして一定の状況と人物の行動のあいだに設定されていた単純なつながりが断たれたということ）、これらの要素は、戦前の二本の映画でもすでに見られたことではないでしょうか。二本の映画とは『ゲームの規則』と『市民ケーン』のことですが、この二本は現代映画を確立した作品とみなされているにもかかわらず、あなたはその題名すらあげておられません。

ドゥルーズ――私は新しい発見をしようと思っているわけではありません。私が名前をあげた映画作家は、いずれも有名な人ばかりだし、私個人としてもすばらしいと思っている作家たちです。たとえば、私はモノグラフィーの見地からロージーの世界を検討しています。そしてロージーの世界を規定するものとして、つぎのような光景をとりあげてみるのです。高くそそり立つ断崖に鳥が群がり、ヘリコプターが飛び、不気味な影像がならんでいるかと思えば、下のほうにはヴィクトリア朝時代の小さな町がある。そしてこの両者が最速下降線で結ばれる。このようにして、ロージーは彼一流のやり方で自然主義の座標をつくりなおしているのです。自然主義の座標は、かたちを変えながらシュトロハイムやブニュエルの作品にも登場します。私が映画作家の全作品を検討してみるのは、すぐれた作家の作品群に欠点があるとは思えないからです。ロージーの場合だと、『鱒』が酷評されました。「カイエ・デュ・シネマ」ですら批判的だったくらいですからね。しかし、それはロージーの全作品のなかに『鱒』を位置づける作業を怠っただけのことで、だからこれが『エヴァの匂い』の、いわば改訂版であることに気づかないのです。さて、あなたは私の本には欠落がある、オーソン・ウェルズやジャン・ルノワールなど、重要このうえない作家が抜けているとおっしゃる。でもそれは、第一巻で彼らの全作品を検討するのが無理だったからにすぎないのです。ルノワールの作品を支配するのは、劇場と人生との特異な関係、いや、もっと正確にいうなら、現働的な映像と潜在的な映像との特異な関係だと思います。ウェルズのほうは直接的な〈時間イメージ〉をつくりあげた最初の映画作家だと思いますが、これは要するに〈時間イメージ〉が従来と違って、運動から帰結するだけのものではなくなったということです。そしてこの驚くほど先端的なこころみを受け継ぐのがアラン・レネであるわけです。しかし、そうした実例を第一巻で語ることはできませんでした。そのかわりに自然主義全般について語ってみたのです。ネオ・レアリズモやヌーヴェル・ヴァーグについても、本の末尾で、ごく表面的な特色にふれているにすぎません。

――そうはいっても、あなたがいちばん関心をよせておられるのは、やはり自然主義と精神主義であり（前者はブニュエルとシュトロハイムとロージーで、後者はブレッソンとドライヤーで代表させておきましょう）、一方は自然主義的な失墜と頽廃に対応し、そしてもう一方は精神の躍動と上昇にあらわれた第四の次元に対応する、そんな印象をぬぐうことができません。これらはいずれも垂直方向の運動です。あなたは、水平方向の運動や行動の連鎖にはそれほど興味を示されず、たとえばアメリカ映画にはあまり関心をおもちでないように思われます。そして、ネオ・レアリズモやヌーヴェル・ヴァーグをとりあげるとき、あなたは〈行動イメージ〉の危機という言い方をされることもあるし、〈運動イメージ〉全体の危機という言い方をされることもある。あなたのお考えによると、〈運動イメージ〉全体が危機におちいり、運動を超えたところに別のタイプの映像が出現する条件をととのえようとしているのでしょうか。それとも〈行動イメージ〉だけが危機に瀕し、

〈運動イメージ〉の残りふたつのタイプ、つまり純粋な知覚と純粋な情動はそっくりそのまま存続し、しかもこれが補強されることになるのでしょうか。

ドゥルーズ――現代の映画は物語との関係を断つと考えるだけでは片手落ちになります。物語との断絶は結果にすぎず、根本的な問題は別のところにあるからです。行動の映画が提示しているのは感覚運動的な状況です。数人の人物がなんらかの状況に置かれ、その状況から何を知覚するかに応じて、なんらかの行動に出る。やむをえない場合には過激な行動に出る。行動は知覚につながり、知覚は行動に引き継がれていく。さて、今度はひとりの人物が、日常的であれ異常なものであれ、とにかくあらゆる行動を超えてしまう、あるいはその人物としては反応しようがない、そんな状況に置かれたと仮定してみましょう。どうにもならない、あるいは苦しすぎる、美しすぎる……。このような状況では感覚と運動のつながりが断ち切られてしまいます。そのとき人物は感覚運動的状況をはなれ、純粋に光学的かつ音声的な状況に置かれる。こうして従来とは違う映像のタイプが生まれるのです。たとえば『ストロンボリ――神の土地』に出てくる外国人女性は、マグロ漁とマグロの断末魔をへて、つぎに火山の噴火を経験する。彼女は反応することができないし、どう対処していいのかわからない。あまりにも強烈で、「私はもう駄目、怖いわ、なんて不思議なの。なんて美しいの、ああ神さま」と叫ぶしかないわけです。あるいは『ヨーロッパ一九五一年』に出てくる中産階級の婦人も、工場の前で同じような述懐をしています。「死刑囚を見ているような気がしたわ……。」ここに、ネオ・レアリズモの創意を見ることができると思う。つまり状況に作用をおよぼしたり、状況に反応したりする可能性をあまり信じていない、しかしけっして受け身の姿勢をとることなく、なんの変哲もない日常からも許しがたいこと、耐えがたいことを読みとったり、それをあばいたりする積極性。ネオ・レアリズモは「見者」の映画なのです。ロブ＝グリエの言葉を借りるなら、描写が事物にとってかわったということになります。ところが、純粋に光学的かつ音声的な状況に身を置くと、行動が崩壊し、したがって物語が崩壊するだけでなく、さらには知覚と情動の質も変化していく。知覚も情動も「古典的な」映画の感覚運動的なシステムとは似ても似つかないシステムに移行するからです。空間のタイプも従来どおりではありえなくなる。つまり空間は、運動回路とのつながりを失って、回路を切られ、内実を抜きとられた空間に変貌するのです。現代の映画は常識ではとても考えられないような空間をつくっていますが、それは感覚運動的な記号が「光記号」と「音記号」に席をあけわたしたからです。たしかに、いまでも運動があるにはあります。しかし、〈運動イメージ〉全体に疑問符がつきつけられていることに変わりはないのです。この場合もまた、わざわざ説明するまでもなく、光学的かつ音声的な新時代の映像は、戦後になってはじめて実現した外的状況と関係しているのであり、その状況というのが、たとえば解体の途上にある、あるいは用途を失った空間であり、行動にとってかわるさまざまな「さすらい」の形態であり、いたるところで目にする耐えがたいものの増長であるわけです。

　ひとつの映像が孤立することはありえません。重要なのは、映像相互の関係なのです。では、知覚が純粋に光学的かつ音声的なものに変わるとき、もはや行動との関係を失った知覚は、いったい何と関連づけられるのでしょうか。そう、現働的な映像は、運動という名の延長から切り離されて、心の映像とか鏡像といった潜在的な映像と関係をもつようになるのです。私は工場を見た、すると死刑囚を見ているような気がした、といった具合にね。直線的な延長のかわりに、ふたつの映像が、リアルなものとイマジナリーなものの非＝識別性をめぐって、たがいに相手の後を追うような回路があらわれるのです。現働的な映像と、潜在的な映像が結晶するのだと言えばいいでしょうか。これが、すでにジャン・ルノワールに見られた、常に二重の状態にある、あるいは二重化した〈結晶イメージ〉であるわけですが、同じものはオフュルスにも出てくるし、別の面から見るとフェリーニにもあらわれてきます。映像の結晶化にはさまざまな様態が考えられるし、結晶型の映像にもたくさんの種類があります。けれども、結晶のなかには、かならず何かが見えるということを忘れてはならない。まず最初に見えてくるのは時間です。時間が重なりあう層となってあらわれ、そこに直接的な〈時間イメージ〉が生まれる。運動が停止したからそうなるのではなく、運動と時間の関係が逆転したからそうなるのです。時間はもはや〈運動イメージ〉の組み合わせ（モンタージュ）から帰結するのではなく、逆に運動のほうが時間から生じるようになったのです。モンタージュが消減するとはかぎりませんが、モンタージュの意味が変化して、ラプジャードの言葉を借りるならモンタージュは「モントラージュ（提示）」になるのです。それから二番目の特徴として、映像が、映像そのものを成り立たせる光学的かつ音声的な諸要素と新たな関係を結ぶということも忘れてはなりません。見者の透視力が、映像を可視的というよりも、「読解可能な」ものに変えたと言えばいいでしょうか。こうして、ゴダール流の、系統的な映像の教育法が可能になります。そして最後に、キャメラが命題関数と同等のさまざまな機能をはたすようになれば、それと同時に映像そのものが思考となり、思考のメカニズムをとらえられるようになるということも忘れないようにしましょう。〈運動イメージ〉の乗り越えは、いま説明した三つの局面でおこなわれるのだと思います。分類上は、この三つをそれぞれ「時間記号」、「読解記号」、「思惟記号」と呼ぶことができるでしょう。

——あなたは、言語学と、言語学から着想を得た映画理論にたいして、きわめて批判的な態度をとっておられます。にもかかわらず、「可視的」であるよりも「読解可能」になる映像という言い方をなさっている。ところが「読解可能」という用語を映画に当てはめるのは、言語学理論が支配的だったころの流行にほかならないのです（「映画を読む」とか、映画の「読解」といった具合に）。あなたが「読解可能」という用語をお使いになると誤解をまねく恐れがあるのではないかと危惧します。そこでうかがっておきたいのは、あなたのおっしゃる「読解可能な映像」は言語学の概念と

は別のものをカバーしているのか、それともこの用語を使うことによってあなたは言語学理論に回帰しておられるのか、そのいずれなのかということです。

ドゥルーズ――言語学に回帰しているとは思いません。映画に言語学を応用するこころみは惨憺たる結果をまねきます。メッツやパゾリーニのような思想家肌の人たちがとても重要な批評作品を残しているのはたしかです。しかし彼らの場合、言語学モデルへの準拠は、結局のところ映画は言語学とはまったく違うのだということ、そして映画が言語だったとしても、それは類比と転調の言語なのだということを明らかにせずにはおかない。となれば、言語学モデルへの準拠は、できたら避けるにこしたことのない回り道だと考えていいわけです。アンドレ・バザンのみごとな論文で、つぎのように説明したものがあります。写真が鋳型であり、鋳型への組み込みである一方（少し角度を変えてみれば、言語もまた鋳型なのだといえるわけですが）、映画は終始一貫して転調である、とね。転調されるのは人間の声だけではなく、音も光も運動も、すべてが恒常的な転調の状態に置かれているというのです。こうした要素がすべて、映像の助変数として、変異や反復、点滅やループなどの状態に置かれる。いわゆる古典的な映画も、この方面で重要な成果をあげてはいますが、いま、古典的な映画よりも進化したことがあるとすれば、それは、エレクトロニクスの映像を見ればわかるように、ふたつの視点からおこなわれている作業でしょう。ひとつは助変数の多様化で、もうひとつは、諸系列の収束をめざした古典的映像の逆を行く、離散性系列の成立。だからこそ映像の可視性が読解可能性に変貌するのです。ここで読解可能という用語があらわしているのは、助変数相互間の無関係性と諸系列の離散のことにほかなりません。もうひとつおさえておくべき点は、今日ここで検討してきた問題のひとつと関係があります。つまり垂直性の問題ですね。私たちの視覚世界はその一部が垂直方向の屹立によって規定されています。アメリカの批評家レオ・スタインバーグによると、現代絵画は、平坦で純粋に光学的な空間よりも、むしろ垂直性の特権を放棄したところに、その際立った特徴がある。窓のモデルにかわって、水平に置かれた、あるいは傾斜させることのできる不透明な平面があらわれ、そこにさまざまなデータが書き込まれる様子を想像してみてください。読解可能性とはそういうことではないでしょうか。つまり、読解可能性は言語を前提とするのではなく、ダイアグラムに類するものを前提にしているということ。この考え方には、立っているよりは座っているほうがいいし、横になればなおよろしいと述べたベケットの言葉にも通じるところがあります。この方面で模範的なのは現代バレエでしょう。最高にダイナミックな動きは床にはりついた状態でおこなわれ、立った姿勢で寄りそったダンサーたちは、離ればなれになるとすぐにでも崩れ落ちるのではないかと思わせる……。映画でも、スクリーンは名目上の垂直性をたもっているだけかもしれないし、水平方向を向いた、あるいは傾斜させることのできる平面として機能しているのかもしれない。たとえばマイケル・スノーは、真摯このうえない態度で垂直性の特権に疑問符をつきつけ、垂直性への疑義を徹底させるために特別な装置をつくっています。偉大な映画作家の仕事はヴァレーズが音楽で実現したことに似ている。つまり、ありあわせの材料を使って作業を進めながら、もう一方では新しい装置や新しい道具を呼びよせるのです。同じ道具でも、それが凡庸な作家の手にわたると、急に空回りをはじめ、やがて理念の代用品になりさがってしまう。逆に、偉大な作家の場合は、理念が道具を呼びよせるのです。だから私は、映画が死滅し、その死がさいわいしてテレビやヴィデオが栄える時代が来るとは思っていません。テレビやヴィデオは、新しい手段なら何でもいいと思っているにすぎないのです。

――たしかに、垂直性への疑義は現代映画がかかえる重要問題のひとつかもしれません。たとえば、グラウベル・ローシャの最後の作品となった『大地の年齢』を見ると、垂直性の問題が中心的な主題となっていることがわかります。このあまりにも華麗な映画にあらわれる、とても現実のものとは思えないショットは、まさに垂直性への挑戦になっているのです。しかしながら、もっぱらこうした「実測図的な」、あるいは空間的な見地から映画を検討することによって、あなたは、たとえばヒッチコックとかフリッツ・ラングのような作家があつかった視線の問題にあらわれる、真に劇的な次元を避けておられることにはなりませんか。ヒッチコックの例でいうなら、「脱標示」のような機能にふれておられるし、これが暗に視線のことを指しているのはよくわかります。しかし、視線という概念、さらには視線という用語自体が、あなたの本からは完全に欠落しています。意図

的にそうなさったのでしょうか。

ドゥルーズ――視線の概念が本当に必要かどうか、疑わしいと思いますね。目ははじめから事物のなかにあるのだし、イメージの一部にもなっている。つまり、目というのはイメージの可視性のことなのです。このあたりの事情を、ベルクソンがこう説明しています。イメージは光をもつ。あるいはそれ自体で可視的なものである。ただし、ひとつだけ、イメージにとって必要なものがある。それは、イメージが他のイメージとともに迷走するのをおしとどめ、光が拡散し、あらゆる方向に拡がっていくのをさまたげるために光を反射し、屈折させる「黒い遮蔽幕」だ、とね。「拡がってばかりではけっして明らかにされることがなかっただろう光……。」目に相当するのはキャメラではなく、遮蔽幕《スクリーン》のほうです。では、すべての命題関数をそなえたキャメラはどうかというと、こちらはむしろ第三の目として、精神の目に相当するのだということになるでしょう。ヒッチコックの例を引いておられましたが、たしかに、ヒッチコックは観客を映画に連座させたといえるでしょう。それはトリュフォーやドゥーシェが証明してみせたとおりです。しかし、観客の連座は視線の問題ではありません。観客の連座が可能になったのは、むしろヒッチコックが関係性の織物で行動の縁どりをしたからだと考えるべきなのです。行動というのは、たとえば犯罪です。しかし、関係性は行動とは別の次元をかたちづくり、この次元では犯罪者が自分の犯罪を他人に「贈与」したり、交換したり、返却したたりする。これはロメールとシャブロルが見抜いていたことです。ヒッチコックの関係性は行動ではなく、（贈与とか交換といった）心的なものとしてのみ存在する象徴的行為なのです。そして、キャメラがあばいてみせるのはこのことにほかならない。つまりフレーミングとキャメラ・ワークは心的関係を顕在化させるのです。ヒッチコックがあくまでもイギリス的な作家であるのは、彼の関心をひくものが関係性の問題とその逆説だからにほかなりません。ヒッチコックの作品では、フレームはタペストリーの縁《フレーム》どりに似たものになりおおせています。つまりフレームが関係性の連鎖をもたらす一方、行動のほうはその上か下を通る横糸であるにすぎないということ。こうしてヒッチコックが映画にもたらしたのは、心的映像だということになるでしょう。これは視線の問題ではない。ですから、キャメラが一個の目であるとすれば、それは精神の目だということになるはずなのです。映画史におけるヒッチコックの特異な位置もここに起因します。ヒッチコックは〈行動イメージ〉を乗り越えてさらに深いものに向けて進み、心的な関係性を成り立たせ、一種の透視力を獲得する。ただ、透視力に〈行動イメージ〉の、さらには〈運動イメージ〉一般の危機を見るかわりに、ヒッチコックは〈運動イメージ〉を完成させ、飽和させてしまう。だから、ヒッチコックは最後の古典派だともいえるし、最初の現代派だともいえる、あの特異な位置を占めることになったのです。

――あなたにとってヒッチコックは関係性の映画作家そのものだということですね。つまりあなた

が「三次性」の名のもとに言いあらわしたものを体現する映画作家。ところで、あなたが「全体」と呼んでおられるのは、この関係性のことなのでしょうか。これはあなたの本のなかでも特にむずかしい問題です。あなたはベルクソンを援用しながら、こう述べておられる。全体とは閉じられたものではなく、逆に「開放性」なのだ、つまり常に開かれたもののことである。閉じられているのは集合であり、全体と集合を混同してはならない……。

ドゥルーズ――開放性はリルケが好んだ詩作上の概念としてよく知られています。しかし、これはベルクソンの哲学概念でもあるのです。重要なのは集合と全体の区別です。このふたつを混同すると、「全体」はまったく意味をなさなくなるし、全集合の集合という有名な逆説におちいってしまうからです。個々の集合は多様きわまりない要素を結びつけることができます。しかし、それでもなお集合は閉じている。相対的に見て閉じられていたり、人為的に閉じられたりするわけです。「人為的に」閉じられると言わざるをえないのは、集合には本来一筋の糸があって、それがどんなに細くても、かならず当該の集合をより広範な集合に結びつけ、結局は集合が際限なくつながっていくことになるからです。全体のほうはまったく違う性質をもっている。時間の序列に属しているからです。全体はすべての集合を横断する。集合が集合に特有の傾向を完全に実現するにいたるのをさまたげるのが、この全体にほかならない。つまり全体は、集合が完全に閉じてしまうのをさまたげるわけです。ベルクソンはことあるごとに注意をうながしている。時間とは開放性であり、変化をくりかえすものだ。時々刻々と性質を変えていくのが時間なのだ、とね。つまり時間とは、集合のことではなく、ひとつの集合から別の集合への移行をくりかえし、ひとつの集合を別の集合のなかで変形させていく全体のことなのです。時間と全体と開放性の関係を考えるのはとてもむずかしい。しかし、この関係の理解を助けてくれるのが、ほかでもない映画であるわけです。映画では三つのレベルが共存をとげるように仕組まれている。まずカドラージュ（フレーミング）。これは人為的に閉じられた、暫定的な集合を規定する作業です。デクパージュ（カット割り）は集合の要素間に配分されるひとつの、あるいは複数の運動を規定する。しかし、運動には、全体の変化や変動をあらわす面もあるわけで、これがモンタージュ（編集）の領分となります。全体はすべての集合を横断し、集合が「全面的に」閉じるのをさまたげる。オフの空間という言い方は、ふたつのことを意味しています。まず、あらゆる集合が、より広範で、二次元か三次元にまたがる集合の部分となる。しかしもう一方では、すべての集合が、性質を異にする四次元か五次元の全体にひたされ、全体のほうは、相手の集合がどれほど広範なものであっても、すべての集合を横断しながら絶えず変化していく。前者の場合は空間と物質の拡張がおこなわれ、後者の場合は、ドライヤーやブレッソンのような精神面での決定がおこなわれる。いま述べたふたつの局面は相容れないものではなく、補完しあい、たがいに相手を活気づけあうようになっていて、場合によってどちらか一方が特権視されるわけです。映画は、こうした共存のレベルを利用してきたのだし、優れた映画作家は、それを考え、運用するために、それぞれ独自の作風をもっているのです。他のあらゆる芸術作品と同様、優れた映画作品にも、かならず開かれた部分がある。個々の作品について、何が開かれているのか調べてみれば、それはさまざまなかたちで映画にあらわれる時間であり、全体であるということがわかるでしょう。

「カイエ・デュ・シネマ」第三五二号、一九八三年十月
聞き手――パスカル・ボニツェール、ジャン・ナルボニ
九月十三日の対談に発言者が加筆

『時間イメージ』について

——映画の歴史もかれこれ百年になろうとしています……。にもかかわらず、ひとりの哲学者があえて映画特有の概念を提起するというのは、ごく最近まで想像もつかないことでした。哲学的思索におけるこの盲点を、いったいどう解釈したらいいのでしょうか。

ドゥルーズ——たしかに、哲学者が映画に関心をよせることは、まずありえなかったといえるでしょう。哲学者は、たとえ映画館に足をはこんでも映画そのものを考えようとはしなかった。しかし、ここにひとつ、不思議な巡り合わせがあるのです。それは、映画が出現するのと、哲学が運動の思考をこころみるのが、まったく同じ時期の出来事だったということです。もっとも、それだからこそ、哲学は映画を重視しなかったのかもしれません。哲学は、哲学自体のために、映画の使命によく似た使命をはたすことに忙殺されていた。つまり映画が映像に運動を注ぎ込んだように、哲学は思考に運動を導入しようとこころみたわけですが、両者の出会いが可能となる以前に、映画と哲学の探究は、それぞれ独自の発展をとげなければならなかったのです。とはいえ、映画批評家のなかで特に優れた人たちが、映画の美学に取り組んだ瞬間から、哲学者になっていたというのも否定しがたい事実なのです。哲学の教育を受けたから哲学者で「ある」というのではなく、哲学者に「なる」ということ。たとえばアンドレ・バザンの冒険がまさにこのとおりでした。

――あなたは今でも映画批評に期待しておられますか。映画批評が演じるべき役割はどのようなものだとお考えでしょうか。

ドゥルーズ――映画批評はふたつの障害に突きあたります。つまり、ただひたすら映画を描写するだけでは困るし、映画以外のところで生まれた概念を当てはめることも避けなければならない。批評の使命は概念をつくりあげることですが、映画批評の概念は映画作品のなかで「直観的に与えられる」ものではないにもかかわらず、映画一般にも、特定のジャンルの映画にも、さらに個々の映画作品にも適合するものでなければならないのです。つまり映画特有でありながら、哲学でしかつくれない概念ですね。これは技法上の概念（移動撮影、さまざまなつなぎ、つなぎ間違い、パンフォーカス、平面性など）ではありません。技法の前提となりながらも技法によっては解明されえない目的に役立つのでないかぎり、技法など無きにひとしいからです。

そうした目的が映画的概念の内実を形成する。映画は映像の自己運動を成り立たせ、さらに自己時間化もひきおこす。これが映画の基礎なのだし、私が調べてみたのも、やはりこのふたつの局面なのです。では、ほかでもない、空間と時間について映画が明らかにしてくれる、しかし他の芸術では明かしえないものとは、いったい何なのか。たとえば移動撮影とパンでは、けっして同じ空間にはなりません。それればかりか、移動撮影が空間を描くのをやめ、時間に沈潜していくこともありうるのです。たとえばヴィスコンティの場合がそうです。私は黒澤と溝口の空間を分析してみましたが、一方の黒澤には包みこむ空間があり、もう一方の溝口には宇宙の線がある。宇宙の線上でおこることは包みこむ空間の内側でおこることとまったく違いますから、黒澤の空間と溝口の空間は似ても似つかないものになるのです。あらゆる技法は、こうした重要な合目的性に従属させられます。そして困難な点もここにある。個々の映画作家にかんするモノグラフィーが必要なだけでなく、映画作家をとりあげるごとに、そのモノグラフィーを映画全体にかかわる概念の分化と区別と再編成に結びつけていかなければならないからです。

――あなたの考察に一貫した身体と思考の問題提起から、精神分析や、精神分析と映画の関係を排除することは本当に可能なのでしょうか。あるいは言語学を排除することができるのでしょうか。つまり、「映画以外のところで生まれた概念」を排除することは本当に可能なのでしょうか。

ドゥルーズ――それもいま説明したのと同じ問題です。映画との関係で哲学が提起する概念は特定的でなければならない。つまり映画だけに適合するものでなければならない。フレーミングと去勢はいとも簡単に結びつくだろうし、クローズアップと部分対象を関連づけることもできるでしょう。しかし、それが映画にとっていったい何の役にたつでしょうか。「想像界」ですら、映画にとって有効な概念であるかどうか、はなはだ疑わしい。映画がつくりだすのは現実ですからね。たとえばドライヤーの精神分析をこころみたところで、無駄骨を折ることにしかならないでしょう。そんなことをしてもたいした成果は期待できないのです。それよりもむしろ、ドライヤーとキルケゴールを突き合わせたほうがはるかに有効でしょう。問題は運動を「起こす」ところにあるのだし、そうするための手段は「選択」をおいてほかにないということを、すでにキルケゴールが考えていたからです。つまり精神面での決断が映画に適合した対象となるわけです。

キルケゴールとドライヤーの比較精神分析をこころみたところで、哲学と映画の問題に進展が見られるわけではありません。では、精神面での決定が映画の対象となりうるのはどうしてなのか。そのような対象は、さまざまなかたちで、ブレッソンにも、ロメールにも見出すことができるし、同じような問題が映画全体を巻き込んでいます。しかもそれが、けっして抽象的な映画ではなく、もっとも感動的で、もっとも魅惑的な映画にあらわれているのです。

また、言語学についても、これと同じことがいえると思います。言語学もまた、外から映画に当てはめる概念を提供するにとどまり、たとえば「連辞」のような概念を使っている。ところが、こうした方向をとると、映画固有の映像が言表に還元されてしまうし、映画固有の映像の本来的性格である運動をカッコに入れることにもなる。映画における語りには、どこかしら想像界に似たところがあります。つまり語りとは、運動と時間から生まれた副産物にすぎないのであって、運動と時間が語りから生まれるわけではないのです。これから先も映画は、映像の運動と映像の時間が映画に語らせることを、そっくりそのまま語るしかないのです。運動が感覚運動の図式によって規則づけられるなら、つまり特定の状況に反応する人物を提示するなら、そのときは物語が生まれる。逆に、感覚運動の図式が崩壊した結果、方向づけを欠き、調和を乱した運動が優先されるならば、そのときはまた別の形態があらわれ、物語にかわって生成変化が前面に出てくるわけです……。

——それが、『時間イメージ』で掘りさげられたネオ・レアリズモの重要性ですね。戦争に結びついた、明らかに決定的な断絶が存在するということ（イタリアではロッセリーニとヴィスコンティ、アメリカではニコラス・レイ）。しかし、ネオ・レアリズモ以外のところでも、まず小津が、そしてオーソン・ウェルズが、物語偏重のアプローチを遠ざける方向に進んでいます……。

ドゥルーズ——ええ、戦争末期になって、ネオ・レアリズモとともに決定的な断絶があらわれたのは、感覚運動的図式の破綻をネオ・レアリズモが真摯に受けとめたからにほかなりません。登場人物は自分の力を超えた状況に反応する「すべ」を失う。状況のほうがあまりにも恐ろしいものになったり、美しすぎるもの、あるいは解決しようのないものになってしまったからです……。そこで新種の登場人物が生まれる。しかし、とりわけ重要なのは、映画固有の映像を時間化する可能性が生まれたということでしょう。つまり運動にかわって純粋な時間が前面に出てくるわけです。夾雑物のない状態に置かれたいくばくかの時間。こうした映画上の革命は、ネオ・レアリズモとは違う条件のもとに、オーソン・ウェルズの作品で、また戦前の古い時期には小津の作品で、すでに準備されていたのかもしれない。ウェルズの作品では時間が厚みをもち、共存する時間の積み重なりが画面の奥行きによって暗示され、しかもそれが間隔をおいて配置されるという、文字どおりの時間構成をとっています。また、小津の作品で有名な静物が十全に映画的なものになりえているのは、感覚運動的関係を失った世界における不変の形態としての時間を発散しているからです。

――では、いま説明してくださった変化を、どのような基準に結びつけたらいいのでしょう。こうした変化の意義を評価するにはどうしたらいいのか。美学的に評価するのか、それとも別の方法を用いるべきなのか……。要するに、映画作品に評価をくだすとき、何を基準にすればいいのか、教えていただきたいのです。

ドゥルーズ——ひとつ、特に重要な基準となるものがあると思います。それはミクロの生物学としての脳生理学です。脳生理学は、いま、急激な変化をとげながら、驚くべき発見を重ねているところです。判断の基準を提供するのが、精神分析でも言語学でもなくて、脳生理学だというのは、既成の概念を当てはめるという、他のふたつの学問の欠点が、脳生理学にはないからです。そこで脳生理学にならって、脳は比較的未分化な物質だと考えてみてはどうか。〈運動イメージ〉や〈時間イメージ〉は、それまで回路が存在しなかったところに、いったいどのような回路を描き、つくりだすのか、そしてそれはどのようなタイプの回路になっているのか、考えてみればいいのではないでしょうか。

たとえば、アラン・レネの映画があります。レネの映画は、もっとも楽しく、もっとも感動的なものでありながら、それと同時にあくまでも脳髄の映画でありつづけている。レネ作品の登場人物をみちびく回路も、登場人物がレネ的登場人物であるためのよりどころとなる波動も、やはり脳の回路であり、脳の波動であるといえるでしょう。映画全体の価値は、映画のつくりだす頭脳的回路によって決まるわけですが、そんなことが可能になるのも映像が運動状態に置かれているからにほかなりません。ただし、頭脳的というのは知的という意味ではありませんよ。情緒的で情動的な脳も存在するわけですからね……。そこで問われるべきなのは、いま例にあげたようなアレンジメントが、つまり結合、分離、回路、短絡が、どれほど豊かで、どれほど複雑で、どれほどの内容をもつのかということでしょう。なにしろ、大半の映画作品にうかがわれるのは、無根拠な暴力と白痴的なエロチシズムに毒された小脳の欠陥であり、新しい頭脳的回路が工夫されているとはとても思えないのです。ヴィデオ・クリップの例は悲痛とすらいえる。場合によってはとても面白い、斬新な映画の領域になりえたはずのものが、早々と組織的な欠陥にとらわれてしまったわけですからね。このように白痴化するのか、あるいは逆に頭脳化の方向に進むのかという問題に、美学は無関心ではいられない。新たな回路の創造は、脳についても、芸術についても当てはまることだからです。

——映画は本来的に哲学よりも深く市民の世界に根をおろしているように思えます。両者の隔たりを埋めるにはどうしたらいいのでしょうか。どのような実践を考えればいいのでしょうか。

ドゥルーズ——いや、そうとはかぎりませんよ。たとえばストローブ＝ユイレが、いくら政治的な映画人として行動しても、それで「市民の世界」への同化が容易になるとは思えないのです。どんな創作活動にも政治的な意義と政治的な内容が含まれています。しかし問題は、創作活動が情報や伝達の回路とうまく両立しえないところにあるのです。仮に情報と伝達の回路はあらかじめ準備され、はじめから頽廃しているわけですから。ここにテレビでも創造がおこなわれるとしたら、それも含めてあらゆる形態の創造が、共通の敵を見出すでしょう。ここにまた脳に関係した問題がある。脳はありとあらゆる回路の、いわば隠された面に相当するわけですが、すべての回路があまりにも初等的な条件反射を勝利にみちびくこともあれば、より創造的な計画と、およそ「可能性」があるとは思えない結びつきが生まれる余地を残すこともあるからです。

脳は空間と時間を束ねた集積体です。そしてそこに今日的な意義のある新しい道を切り開くことが芸術の使命です。〈つなぎ〉や〈つなぎ間違い〉を念頭に置いて、これを映画のシナプスと呼んでもいいでしょう。たとえばゴダールとレネを比べてみると、同じシナプスがあらわれるわけでも、同じ回路が使われているわけでもない。映画が集団にとってどれほど重要であり、どれほどの影響力をもつのかということは、以上のような問題によって決まると思います。

「シネマ」第三三四号、一九八五年十二月十八日

聞き手——ジルベール・カバソ、ファブリス・ルヴォ＝ダロンヌ

想像界への疑義

質問

一．『運動イメージ』には『意味の論理学』の問題提起につながる面もあると思いますが、しかし両者のあいだには根本的な違いがあります。『意味の論理学』が逆説と言語との実体的関係をさぐっていたのにたいし、『運動イメージ』は逆説的集合の概念に「開かれた無限の全体」という横断的概念を置きかえることによって逆説からの脱却を示唆しているからです。

映画をもとにしてベルクソンを読みながら、「映画そのものとしての世界」を考察するにいたるこの解決作業において、映画のモデルはどのような位置を占めているのでしょうか。

別の言葉でいうなら、あなたの研究において、映画は、概念的な文章の読解に照明を当てるメタファーの役割を演じているのか、それとも新しい論理の成立をうながすコンセプターの役割を演じているのか、そこのところをうかがいたいわけです。

二．あなたの考察は、ベルクソンと映画の対をよりどころにして、（美学的）範疇と（哲学的）

実体をあつかっていますが、結局のところ範疇も実体もプラトン的意味におけるイデアなのだと規定しておられます。

ところがもう一方では、映画の記号論的分析を拒絶しながらも、パースが提唱したような、あらゆる記号を研究対象とする一般記号学を再発見しておられる。

すると、あなたにとって映画とは、機械のような様態で、実体性と普遍性の思考を立て直すべく、特権的な使命を与えられたものだということになるのでしょうか。〈運動イメージ〉、そして〈時間イメージ〉という概念自体に含まれ、いま説明させていただいたような映画観をささえる要因となるのは何なのでしょうか。また、〈運動イメージ〉の概念において、イメージと運動の関係はどのようになっているのでしょうか。

三．映画を分析するにあたって、映画言語を形容するために他の人たちの研究では頻繁に用いられる「想像界」という言葉を、あなたはけっして使おうとなさいません。なぜ「想像界」という言葉を回避されるのでしょうか。映画的造形における光の役割についての考察や、視線はすでにイメージのなかにあるという魅力的な仮説によって、あなたが想像界をどのように理解しておられるのか、そこのところをはっきりさせることができるのではないかと思いますが、いかがでしょうか。

四．もっと一般的にいうと、学問分野によってさまざまな変化をみせる想像界の概念は、哲学の領域でもなんらかの位置を占めることができるのでしょうか。あなたはこの概念をどのように定義なさるのでしょうか。

五．映画の分析を起点にすれば、あなた自身の探究（映画論も含めて）と、実際に文章を書く作業で、想像界がもつだろうヒューリスティックな機能を明確に規定することができるのではないかと思うのですが、いかがでしょうか。

一．開かれた全体という考え方は文字どおり映画的な意味をもちます。じっさい、映像が運動であるかぎり、複数の映像が連鎖すると、その映像群はかならずひとつの全体に内在化されるし、全体のほうは連鎖した映像に外在化するのです。エイゼンシュテインは、このような映像と全体をつなぐ回路を理論化し、その回路のなかでは映像と全体がたがいに相手を活気づけるのだと述べています。つまり映像が連鎖すると同時に、全体が変化していくわけです。エイゼンシュテインは弁証法を援用している。そしてエイゼンシュテインの弁証法は、事実上、ショットとモンタージュの関係を指しているのです。

しかし、運動状態に置かれ、開かれた全体というモデルだけで映画を語りつくすことはできません。開かれた全体は、いっさい弁証法に頼らなくても理解できるばかりか〈戦前のアメリカ映画、ドイツ映画、フランス映画の場合がそうです〉、戦後の映画ではそうしたモデル自体の存立があやうくなっているほどなのです。運動状態に置かれ、開かれた全体というモデルがあやうくなったのは、映画固有の映像が〈運動イメージ〉であることをやめ、〈時間イメージ〉になっていったからだろうと思いますが、私が『時間イメージ』で明らかにしようとつとめたのはこのあたりの経緯にほかなりません。全体とか、開かれた全体といったモデルは、映像相互のあいだに、また映像自体の内側に、そして映像と全体のあいだに、共約的関係と、合理的切断があることを前提にしています。それが開かれた全体を成り立たせるための条件だと考えてもいい。この点についても、エイゼンシュテインは黄金数を援用しながら明確な理論をつくっていますが、その理論は「とってつけた」部類のものではなく、エイゼンシュテイン自身の映画体験に深く結びついているし、戦前の映画にひろくいきわたったひとつの実践にもつながっているのです。戦後の映画がエイゼンシュテインのモデルと袂を分かつのは、映像相互間にあらゆる種類の非合理的切断や非共約的関係を成り立たせようとしているからです。つまり〈つなぎ間違い〉が支配的法則になったということです（これは危険な法則です。正統的な〈つなぎ〉をしくじるのと同じく、〈つなぎ間違い〉をしくじる恐れがあるのだし、正統的な〈つなぎ〉をしくじる場合以上の失敗もありうるからです）。

そこでふたたび逆説的集合が出てくる。しかし、こうして非合理的切断が最重要項目となっていくのは、〈運動イメージ〉が最重要項目の地位を失い、それにかわって〈時間イメージ〉が浮上してきたからにほかなりません。この見地からすると、運動に由来する開かれた全体のモデルはもはや有効ではなくなる。ひとつの全体における全体化も内在化もないし、全体そのものの外在化もおこなわれなくなったからです。合理的切断による映像の連鎖は影をひそめ、それにかわって非合理的切断をもとにした連鎖の組みかえが前面に出てくる（アラン・レネやゴダールがそうです）。それが従来とは違う映画の体制であり、ここには言語の逆説がある。じっさい、トーキー初期の映画は視覚的映像の優位を固持していたと思いますし、音声についてはこれを視覚的映像の一部をなす新たな次元とみなし、そこに四番目の次元を成立させたのです。第四の次元がみごとに成功することもしばしばでした。逆に戦後のトーキーは音声の自律性をめざし、音声と視覚の非合理的切断をさぐっています（ストローブ、ジーバーベルク、デュラスがそうです）。ここではもはや全体化がおこなわれることはありません。運動から生まれた時間が運動を計測することもなくなり、時間は時間そのものとして顕現し、〈偽の運動〉を触発するようになったからです。

ですから、映画が開かれた全体のモデルと混同されていいとは思いません。多くのモデルがあって、映画がみずからつくりだしたモデルはそのまま映画のモデルとして使われているし、これから先も新しいモデルが出現することでしょう。それに、特定の学問分野や特定の知に固有のモデルなど存在しないのです。私にとって面白いのは、ひとつの分野が独自の速度と独自の歴史をもち、他の分野からずれたところで進化と変容をくりかえすときに成り立つ共振の関係です。なんらかの技芸が優位に立ち、なんらかの変容をうながしてきたとしても、他の技芸は、みずからに固有の手段を使っているかぎり、問題なくこれを受け継いでいくことができる。たとえば、ある時期の哲学は運動と時間の関係を変容させたことがあります。映画のほうも、おそらく同じことをしているわけですが、それは哲学とは違った文脈で、別の歴史にしたがうかたちでそうしているのです。そこで両者の歴史において決定的だった〈事件〉が、たがいに似ても似つかないものでありながらも、共振をはじめるのです。映画はイメージの一類型です。さまざまなタイプの美的イメージと、科学の関数と哲学概念のあいだに、一般的優位性とは無関係な相互交換の流れが成り立ちます。ブレッソンの作品には触覚的〈つなぎ〉をともなう分離空間がある。アラン・レネの作品には確率論的な位相空間があり、これが物理学と数学の分野にも呼応する要素をもっている。しかし、これを構築するのはみずからの方法にしたがう映画自体なのです（『ジュ・テーム、ジュ・テーム』を参照）。映画と哲学の関係は映像と概念の関係です。ところが、概念自体にも映像との関係が含まれているし、映像には概念との関係が含まれている。たとえば、映画は常に思考のイメージを構築しようとつとめてきたし、思考のメカニズムの表現をこころがけてきたわけです。だからといって映画が抽象的なものになるわけではありませんよ、念のため。

二　そう、イデアと呼びうるものとは、あるときは映像に、あるときは関数に、またあるときは哲学概念に実現されるさまざまな審級のことです。そしてイデアを実現するのが記号なのです。映画では映像が記号となる。つまり記号とは、組成と発生の見地からとらえた映像のことなのです。私は昔から記号の概念に関心をもってきました。映画は映画固有の記号を発生させ、その分類も映画の領域に属するわけですが、しかし、いったん記号を生じさせてしまうと、その記号は映画以外の分野に波及し、やがては世界が「映画の様相を帯びてくる」わけです。私がパースを使ったのは、彼の著作には映像と記号をめぐる深い考察が認められるからです。逆に、言語学の影響をうけた記号論に不安をおぼえざるをえないのは、言語学的記号論が、映像の概念も、記号の概念も、ことごとく消去する方向性をもっているからです。記号論は映像を言表に還元してしまいますが、これはまったくもっておかしなことだと思いますし、そうなってしまうと、記号論は言表の基底に横たわる連辞とか範列とかシニフィアンといった言語操作を見出す以外に何もできないことになる。これではいかさま手品と同じです。運動をカッコに入れるという前提がなければとうてい成り立たない考え方です。ところが映画はなによりもまず〈運動イメージ〉であるわけです。映像と運動のあいだに「関係」があるのですらなく、映画は映像の自己運動をつくりだすのです。それから、映画が「カント的」転回をとげるとき、つまり時間を運動に従属させることをやめ、逆に運動を時間の従属物にするとき〈時間的関係を提示する〈偽の運動〉が出現するとき〉、今度は映画固有の映像は〈時間イメージ〉となって、映像の自己時間化が実現する。ですから、映画が普遍への野望をいだいているかどうかということはどうでもいいのです。問題となるのは普遍ではなく、特異性なのです。つまり映像の特異性とはどのようなものなのかということを問うわけです。映像は、普遍的な表象をおこなうから映像として規定されるのではなく、映像内部の特異性によって、つまり映像によって結びあわされる特異点の集合によって規定された形象なのです。たとえば〈運動イメージ〉との関係でエイゼンシュテインが理論化した合理的切断や、〈時間イメージ〉との関係で出てきた非合理的切断がその例に相当するわけです。

三．四．五．そう、ここには「想像界」は有効な概念であるのかどうかという文字どおり哲学的な問題があります。まず、第一の対概念として「現実と非現実」がある。これをベルクソンにならってつぎのように定義することができるでしょう。すなわち「現実」とは現働的なものが合法的に連結され、継続的に連鎖した状態だ。そして「非現実」とは、何かが唐突な非連続の状態で意識内にあらわれることであり、潜在的なものが現働化する過程のことである、とね。それから第二の対概念として「真と偽」がある。現実と非現実は常にはっきり区別されますが、両者の区別が常に識別されるとはかぎりません。そこで現実と非現実の区別が識別不可能となったとき、偽が生まれるわけです。ところが偽があらわれると、真のほうもまた決定可能とはいえなくなってくる。偽とは誤謬や混同のことではなく、真を決定不能に追い込む力能のことなのです。

想像界というのは、いま説明したふたつの対概念がまじわる地点に位置するだけに、なおのこと複雑な概念になっています。想像界とは非現実のことではなく、現実と非現実の識別不可能性のことなのです。現実と非現実は対応しあうことがないし、明確に区別されているとはいえ、それでもやはり休みなく自己の区別を交換しあっている。これは結晶の現象を三つの局面からながめると簡単に理解できることです。まず現働的な映像と潜在的な映像のあいだに交換が成り立ち、潜在的なものが現働的なものに変わり、現働的なものが潜在的なものに変わっていく。そして透明なものと不透明なもののあいだにも交換が成り立ち、透明なものが不透明に、不透明なものが透明に変わっていく。さらに結晶の核と媒質のあいだにも交換が成立する。想像界とは、こうした交換をひとつにまとめたもののことだと私は考えています。つまり想像界とは〈結晶イメージ〉のことなのです。〈結晶イメージ〉は現代映画が成立するにあたって決定的な役割を演じました。なにしろ〈結晶イメージ〉はオフュルスやルノワールに、あるいはフェリーニやヴィスコンティに、さらにはタルコフスキーやザヌーシに、じつにさまざまなかたちであらわれているのですから……。

そしてつぎに結晶のなかに何かが見えてくる。結晶のなかに見えるのは〈偽なるもの〉、あるいはむしろ〈偽なるものの力能〉です。そして〈偽なるものの力能〉とは時間そのもののことであるわけですが、それは時間の内実が可変的だからではなく、生成変化のかたちをとった時間の形相が、真理の形式モデルの存立をおびやかすからです。これは、時間をあつかう映画で、まずオーソン・ウェルズの作品に、それからアラン・レネやロブ゠グリエの作品に結実していることです。つまり決定不可能性の映画。要するに、想像界を乗り越えた先にひかえているのはシニフィアンではなく、純粋時間の呈示なのだということですね。

だから私は想像界の概念がそれほど重要であるとは思っていません。想像界の概念は、一方では物理的、化学的、あるいは心的な結晶作用を前提にしています。想像界の概念によって規定されるものは何もなく、逆に想像界の概念のほうが、交換回路のかたちをとった〈結晶イメージ〉によって規定されるのです。想像するということは、〈結晶イメージ〉をつくることであり、映像を結晶と同じように機能させることなのです。ヒューリスティックな機能をはたすのは想像界ではなく結晶のほうであり、それは現働的なものと潜在的なもの、透明と不透明、そして核と媒質という三重の回路によって可能になるのです。そしてもう一方では、結晶は結晶のなかに見えてくるものによってのみ価値をもち、その結果として想像界の乗り越えが達成されるのです。結晶のなかに見えるのは、自律性を得て運動から独立した時間であり、また、休みなく〈偽の運動〉を産出しつづける時間の連関です。私は、夢や幻想に想像界の力が宿っているとは考えていません。想像界というのはほぼ全面的に決定論を欠いた概念なのです。だから想像界の概念は緊密な制約を受けなければならないことにもなるわけですが、そうした制約のはたらきをするのが結晶であり、こうして把握される無制限なものが時間なのです。

想像界に独自性があるとは思いません。むしろ映像にはふたつの体制があると考えています。ひとつは有機的とでも呼べるような体制ですが、要するにこれは〈運動イメージ〉の体制であり、合理的切断と連鎖によって作用するうちに、おのずから真理モデル〈真とは全体のことだとするモデル〉の構築をくわだてる。そしてもうひとつは結晶の体制です。この体制では、〈時間イメージ〉が非合理的切断によって作用し、もっぱら連鎖の組みかえをおこないつつ、真のモデルに、生成変化のかたちをとった〈偽なるものの力能〉を置きかえます。映画は、まさに映像を運動状態に置くことによって、このふたつの体制という問題に遭遇する独自の手段を獲得したわけです。しかし、ふたつの体制は、映画以外のところでも、映画とは別の手段によって見出すことができる。もうずいぶん昔に、ヴォーリンガーは芸術では「古典主義」の有機的体制と、この無機的ないしは結晶タイプの体制が対立しあっていることを明らかにしていますが、この無機的体制はもうひとつの体制にくらべて生の力に劣るわけではなく、原始芸術やゴシック芸術に見られるような非＝有機性の生命力をもっているのです。ヴォーリンガーの例には様式のふたつの状態があらわれていて、そのどちらか一方がもう一方よりも「真である」と決定することはできません。モデルないしイデアの「真」は、ふたつのうちの一方に属する考え方にすぎないからです。概念や哲学も、これらふたつの状態を経験するのかもしれませんね。ニーチェは、結晶型の体制に移行して、「真」のモデルには生成変化の力能を、有機的組成には非＝有機的生命を、そして論理的連鎖には「パトス」による連鎖の組み換え（アフォリズム）を置きかえた哲学的言説の代表者です。ヴォーリンガーによって表現主義と名づけられたものは非＝有機的生命の理解としてみごとな実例になっていますが、これは映画において十全な実現をみたことであり、想像界をもちだしてもうまく説明することができないのです。けれども表現主義はほんの一例にすぎず、これだけで結晶の体制を語りつくすことはできない。その他にもさまざまな形象があって、それは映画以外のジャンルにも、また映画そのものの範囲内にも見出すことができるのです。それに、ここで検討した結晶と有機体というふたつの体制以外にも、別の体制があるのではないでしょうか。そう、もちろん別の体制が存在するのです（エレクトロニクスのディジタル映像の体制はどのようなものなのか。それは炭素の体制にかわる珪素の体制ということになるのでしょうか。ここでもまた、芸術と科学と哲学が出会いをとげるにちがいありません）。今回の映画論ではたすことができたなら、私としても嬉しいと思っている使命は、想像界をめぐる考察ではなく、それよりもはるかに実践的な作業であり、具体的には時間の結晶体を振り分けることでした。これは映画でおこなわれる作業ですが、同じことが芸術でも、科学でも、さらに哲学でもおこなわれているのです。想像界の産物ではなく記号の体制。そしてこの体制がもとになって、ほかにもさまざまな体制が生まれるようであれば、私としても嬉しく思います。記号の分類は果てしなくつづくわけですが、それはまず、無数の分類が存在するからにほかなりません。私が関心をもっているのは、分類学というやや特殊な分野にはちがいありませんが、これはあらゆる分類を分類することであり、言語学とはちがって記号の概念がなければけっして成り立たないものなのです。

「オフ・シーン」第四号、一九八六年

セルジュ・ダネへの手紙――オプティミズム、ペシミズム、そして旅

この本の前に出版なさった『フットライト』(一九八三年)は、「カイエ・デュ・シネマ」の記事からその一部を選び、一冊にまとめた論集でした。『フットライト』が誠実このうえない本になりえたのは、記事の配列と、「カイエ」がくぐりぬけてきたさまざまな時期の分析を関連づけただけでなく、さらに一歩踏み込んで、映画固有の映像がもつさまざまな機能を分析しておられるからだと思います。造形芸術の分野にすぐれた先駆的業績をもつリーグルは、芸術がもつ三つの合目的性を区別しています。つまり自然を美化すること、自然を精神化すること、そして最後に自然と競合すること(「美化する」、「精神化する」、「競合する」という言い回しはリーグルにおいて歴史と論理の両面で決定的な重要性を獲得したのです)。あなたは「周期化」の考え方を主張され、「映像の背後に何を見るべきか」という問いにあらわれた第一の機能を定義しておられます。たぶん、映像の背後に見るべきものは後続の映像群を待ってはじめてあらわれてくるのでしょうが、それでもなお、映像の背後に見るべきものが最初の映像から後続の映像へ

の移行をうながし、映像を連鎖させ、移行の一部に「恐怖」が含まれていたとしてもなお美化の作業をつづける強力な有機的全体をつくりあげることに変わりはないのです。こうした第一期の映画は、『扉の蔭の秘密』にあらわれた「もっと見たいし、背後も、向こう側も見たいという欲望」をその定型とする。そこではあらゆる物体が「暫定的な隠し場所」の役割を演じることができるし、個々の映画作品が他のいくつもの映画作品と連鎖して理想的な反響を織りなすことができる——あなたはそんなふうに説明しておられました。第一期の映画はモンタージュの技法によって規定されるだろうし、モンタージュそのものは大型の三面スクリーンでその頂点に達し、自然の美化にも、世界のエンサイクロペディアにもなることができる。しかしそれと同時に、映像を諧調ないしは和音とみたときに想定される奥行きによって、モンタージュは構図上の奥行きのなかに障害とその乗り越えを、さらに不協和音とその解消を配分し、この普遍的な舞台設計のなかに映画特有の俳優と身体と言葉の役割を位置づけるようにもなるのです。しかもこれが常に「見ること」の補塡、つまり「もっと見ること」を促進していく。今回の本で、あなたはそうした大規模なエンサイクロペディアの象徴としてエイゼンシュテインの書架をとりあげ、エイゼンシュテイン博士の診察室というイメージを提案しておられます。

ところで、あなたは第一期の映画は自然死をとげたのではなく、戦争によって虐殺されたのだということを強調しておられました（モスクワにあるエイゼンシュテインの書斎は、相続人もいなければ訪れる者もない死の空間と化している）。ジーバーベルクはヴァルター・ベンヤミンの指摘を徹底させ、裁かれるべきは映画作家ヒトラーだと述べています……。あなたもこんな指摘をしておられる。「大がかりな政治的演出、活人画となった国家的プロパガンダ、はじめて実現した人間の集団大量移送」によって、いたるところに恐怖が浸透し、映像の「背後」には強制収容所しか見えず、身体を連鎖させるものとしては拷問しかないという条件のもとで、映画の夢が実現したのだ、とね。そしてポール・ヴィリリオが、ファシズムはあくまでもハリウッドと張り合うかたちで生きられたのだということを明らかにしています。世界のエンサイクロペディア、自然の美化、そしてベンヤミンが「芸術としての政治」と呼んだものは、純然たる恐怖になりさがった。有機的全体はもはや全体主義にすぎなくなったし、独断的権力が世に送り出すのはもはや一個の作家や監督ではなく、カリガリやマブゼが生身の人間に受肉したような怪物なのです（「従来型の監督業はけっして無垢なものではありえなくなった」とあなたも指摘しておられる）。そして戦後になって映画が復活をとげるとしたら、その場合は当然ながら新しい基盤に頼るしかないし、映像の新たな機能に、新しい「政治学」に、そして芸術の新たな合目的性にしたがうしかなかったのです。この点からすると、もっとも重要で、もっとも暗示的なのはアラン・レネの作品だということになるでしょう。死者の世界から映画を呼びもどすところにレネの本領があるからです。初期作品から最近の『死ぬほどの愛』にいたるまで、レネにはひとつしか主題がない。つまりレネがとりあげる映画的身体や映画的俳優は、死者の世界から帰還する人間だということ。だからこそ、あなたは今回の本でレネとブランショを結びつけ、そこに「堕＝星のエクリチュール」を見ておられるのです。

こうして、戦後になってはじめて、映像の第二の機能がまったく新しい問いにあらわれるようになる。それは、映像の表面に何を見ればいいのかという問いです。「もはや背後に何を見るかというのではなく、とにかく目に見えるし、ひとつのショット上に展開するものを、はたして直視できるだろうか」と問うこと。こうして変化していったのは、映画固有の映像がもつ関係性の総体です。モンタージュの必要性が薄れ、例の「ワンシーン・ワンカット」が優位に立つようになったばかりか、構成や連合の新しい形態をさぐる可能性も出てきたからです。奥行きが「まやかし」として断罪され、映像は「奥行きのない表層」としての平面性を、あるいは海洋学で海底がせりあがった状態を指す用語に微弱深度という言葉がありますが、それと同じような平面性を引き受けるようになったのです（たとえば、新しい映画の巨匠、オーソン・ウェルズに特徴的なパンフォーカスをもちだしても反論にはならない。ウェルズのパンフォーカスは、すべてが一望のもとに見渡せるようにして、旧来の奥行きを解消するものだからです）。映像はもはや切断と〈つなぎ〉の一義的順序にしたがって連鎖するのではなく、連鎖を組みかえられ、しかもそれを絶えずやりなおし、それに手直しが加えられるうちに切断を乗り越えて〈つなぎ間違い〉の世界に入っていくのです。映画的身体と映画的俳優にたいする映像の関係も変化します。身体はダンテ的になった。つまり行動において身体をとらえることがなくなると、身体は姿勢において把握され、姿勢独自の連鎖をおこなうようになるのです(これは、やはり今回の本で、シャンタル・アケルマンやストローブ＝ユイレについて、あなたが指摘しておられることです。あるいは、アルコール中毒者の場面を演じる俳優は、運動に従属して昔の映画俳優のように千鳥足で歩く必要はなくなった、逆にひとつの姿勢を勝ちとり、本物のアルコール中毒者がバランスをたもつときの姿勢をとらなければならないのだ、と述べておられる印象深い記述も、まさにこれと同じことを教えてくれます……)。さらに言葉、音、音楽にたいする映像の関係も変化し、音声と視覚の根本的非対称性に取り込まれていくわけですが、この非対称性は映像を「読む」能力を目に与えるばかりか、耳にはどんなに微細なノイズでも幻覚に変えてしまう力を与えるのです。結局、新時代の映画と映像の新たな機能は知覚の教育法だったわけで、それがずたずたに引き裂かれた世界のエンサイクロペディアにとってかわるのです。自然の美化という目標を捨て、自然を精神化して強度を最高にまで高める見者の映画。精神の目がなければ映像の内側や表層にひそんだものを見ることはできないわけですから、映像の背後には(あるいは後続の映像には)何があるのか、考えようもない。こうして新たに生まれた映画にも最高水準の作品がいくつも含まれていることは当然予想されますが、しかし傑作との出会いに私たちを導くのはやはりひとつの教育法であり、だからあなたは『フットライト』で教育法の化身ロッセリーニ、「ストローブ的教育法、ゴダール的教育法」の意義を強調なさったわけで、今度はこれにアントニオーニの教育法を加えておられる。アントニオーニに特徴的な嫉妬する男の目と耳を分析したあなたはそこに、見えなくなり、消えうせて当然なものをひとつ残らず探り当て、なによりもまず無人島にひとりとり残された女の所在を割り出すひとつの「詩法」を認めておられるわけですから……。

あなたのお仕事が批評の伝統につながるとしたら、その伝統はアンドレ・バザンと「カイエ・デュ・シネマ」の路線でしょう。ボニツェールやナルボニやシェフェールもそうです。あなたは映画と思考をその根底において結びつける絆の発見をあきらめていないし、映画批評がはたすべき、詩学的であると同時に美学的でもある使命に固執しておられる（昨今は批評家の多くが、批評の体面を保つには言語一般の考察や言語学的形式論にすがるしかないと思い込んでいますが、あなたの立場はこれと好対照をなします）。だからあなたは、第一期の映画がつくりあげた壮大な構想を直視なさったわけです。つまり新時代の芸術でも、新時代の思考でもある映画ということですね。ただ、エイゼンシュテインやアベル・ガンスからエリー・フォールまで、第一期の映画作家や映画批評家の場合、その構想は大衆の総合芸術という形而上学的オプティミズムと不可分の関係にあった。次に戦争と戦争までの経緯をきっかけにして、今度は逆に極端な形而上学的ペシミズムが支配的な思潮になりました。しかしあなたはクリティカルなものとなったオプティミズムを救って、こう考えておられる。映画とつながりがあるのは、もはや勝ち誇った集団的な思考ではなく、その「非権能」においてのみとらえ、残しておくこともできる、まるで死者の世界から生還し、一般に生産される映画作品の愚劣さに敢然と立ち向かうような、あやうくもまた孤立した思考なのだ、とね。

つまり、映画の第三期が到来して、映像の第三の機能と第三の関係性が浮上してきたのです。映像の背後に何を見るべきかということはもはや問題にならない。映像そのものをどう見るかというのでもない。そうではなくて、いかにして映像に入り込んでいくか、いかにして映像にすべり込むかということが問題になってくるのです。どんな映像でもいまや他の映像の上をすべっていくし、「映像の奥底はかならずひとつの映像になっている」からです。そして空っぽの目がコンタクトレンズに化けてしまったからです。そこであなたが述べておられるのは、問題は一巡した、ジーバーベルクがメリエスと和解したのだ、ただしそれは終わりがありえなくなった喪の状態と、対象を失った挑発のなかでの和解であり、この喪と挑発によってクリティカルなオプティミズムがクリティカルなペシミズムに反転する危険も出てきたということです。じじつ、この新たな見地から映像をながめると、ふたつの相異なる要因が交差していたことが理解できるのです。一方では映画が内的な発展をとげ、新しい音と映像の組み合わせと優れた教育法（ロッセリーニやレネやゴダールやストローブ＝ユイレだけではなく、ジーバーベルクやデュラスやオリヴェイラ）をさぐっています。こうした探究はテレビに、例外的ともいえる領域と手段を見出すでしょう。他方、テレビはテレビ自体のために発展をとげて映画と競り合い、実際に映画を「実現」し、「一般化」する傾向にある。けれども、いま説明したふたつの局面は、いくらもつれあっていたとしても、その根底において異質なものであるだろうし、同じ水準で作用するものではありえないのです。なぜなら、映画が、新しい美学的機能とノエシス的機能につながる「中継地点」をテレビとヴィデオにもとめたとしても、テレビのほうでは（初期に見られた数少ないこころみは例外として）あらゆる中継地点をあらかじめ破壊するような社会的機能をまず手に入れ、ヴィデオを横取りし、美と思考の可能性のかわりに美や思考とはおよそ無縁な権力を据えつけてしまったからです。

そこであらわれてきたのが、第一期の冒険にも比肩しうるような、もうひとつの冒険でした。ファシズムや国家規模の裏工作にその頂点を見出す独断的権力が第一期の映画を不可能にしたのと同じく、新たにあらわれた戦後の社会的権力は、監視や管理によって、第二期の映画を殺しかねないところまで来ていたのです。管理とは、現代の権力にバロウズが与えた名前です。マブゼが目の色を変えてテレビの受像機を利用しはじめたような状態。この場合もやはり、映画は自然死をとげようとしていたのではなく、新たな探究と新たな創造に向かう道の入口にさしかかったところだったのです。映画の死は非業の死でしかありえない。それは、たぶんこんなふうに実現するのでしょう。映像がその底の部分にかならずひとつの映像をもち、芸術が「自然と競合する」段階に達するかわりに、すべての映像がたったひとつの映像を送り届けてくる。しかもそれが自然ならざるものに接触して空虚になった目の映像であり、管理された観客は舞台裏におしゃられ、映像に接触して映像のなかに取り込まれる。最近のアンケート結果によると、もっとも世評の高い見世物のひとつは、スタジオにおもむいてテレビ番組に参加することだそうです。これは美とも思考とも無関係なことで、技術と接触をたもち、技術の一端に触れているにすぎない。ズーム・インはロッセリーニの手をはなれて全世界のテレビが常用する手段になりさがってしまった。自然を美化し、自然を精神化し、やがては自然との競合をはかるべく芸術で用いられた〈つなぎ〉の技法はテレビに同化してしまった。撮影所におもむいて、その厳しい規律にしたがうことが見世物の理想となったし（番組がどうやってつくられるのか見たいというのです）、「豊かにする」という形容が究極の美学的価値だとされるようになったのです（「知識を豊かにする」と言いあらわすときのように）。世界のエンサイクロペディアと知覚の教育法が崩れ去り、職業に直結した目の養成と技術を賛嘆し、技術だけを重視する点で一致した、管理する者とされる者の世界が促進されていく。どこへ行ってもコンタクトレンズが顔をのぞかすわけです。ここでクリティカルなオプティミズムからクリティカルなペシミズムへの反転がおこる。

今回の本は『フットライト』の延長線上にあります。そして、この本で特にもとめておられるのは、映画とテレビの対決に立ち会い、異なったふたつのレベルを見極めることです。だからあなたは、たびたび映像表現に言及しながらも、映画固有の映像と新しい映像表現とにかかわる抽象的な比較論に問題を限定することを避けておられる。あなたの機能主義がさいわいしているのです。そして機能主義の観点に立っておられるからこそ、潜在的にはテレビにも他の表現手段にひけをとらない美学的機能があるということを、あなたはけっして無視しようとなさらないわけだし、またこれとは逆に映画が、なんらかの美学的合目的性に目覚めたとき、それをいちじるしく阻害するさまざまな権力と、みずからの内部で絶えず対決してきたということも、やはり無視しようとはなさらないのです。けれども、『映画＝日記』で特に面白いと思うのは、あなたがふたつの「事実」を見据えて、その条件を見極めようとしておられる点です。第一の事実は、テレビで重要なこころみがいくつもおこなわれ、しかもそれが偉大な映画作家の発案であったにもかかわらず、テレビはみずからの独自性を美学的機能にもとめたことがないし、むしろ管理と権力にもとづく社会的機能にこれをもとめたがためにミディアム・ショットの覇権が成り立ち、それが職業的な目の名において知覚の冒険をことごとく拒絶するということです。その結果、何か変革がおこりえたとしても、それは思ってもみなかったような場所で、まったく例外的な状況で実現するしかないことになる。あなたの説明によると、ジスカール＝デスタンがテレビにおけるエンプティ・ショットを発明し、生理用品の銘柄がアメリカン・コメディーを蘇生させたのがその具体例だということになりますね。第二の事実は、これとは正反対の地点で、映画が助長した（いや、それどころか映画によって樹立された）権力はたくさんあるにもかかわらず、映画そのものはあくまでも美学的でノエシス的機能をもつということです。この機能が脆弱だったり、じゆうぶんに理解されていなかったとしても、事情は変わりません。したがって、比較検討の対象になるのは映像のタイプではなく、映画の美学的機能とテレビの社会的機能を比較しなければならないのです。あなたの表現にしたがうなら、これは一方がもう一方の上に張り出したような比較であるばかりか、そのように張り出したかたちでおこなわれるべきだし、そうでなければ意味をなさない比較なのだということになります。

とはいえ、映画の美学的機能が成り立つための条件を見極めることは、やはりどうしても欠かせない作業です。私が思うに、映画批評家とは何か、と自問しながらあなたがとても興味深いことを述べておられるのも、やはりこの点に関係しています。あなたは『欲深き人間たち』のような娯楽映画を例にとって、これは試写会をまったく必要とせず、批評は無用の長物だとして批評を拒絶し、「社会的コンセンサス」として観客との直接的関係を要求する作品だとおっしゃる。まったくそのとおりです。なにしろこの種の映画は、劇場を満席にするのみならず、その社会的な役割をはたすにあたっても、まったく批評を必要としないわけですからね。だから、批評がなんらかの意味をもつとしたら、それは映画が〈代補〉を提供し、いまだに潜在したままの観客にたいしてズレを含むかぎりにおいてであり、その結果、時間をかせがなければならないし、とりあえずは痕跡を保持しなければならないことにもなるのです。〈代補〉という概念は単純なものではないだろうし、おそらくデリダから借用なさったのだろうと思いますが、あなたはこれを自己流に解釈しなおしておられます。つまり〈代補〉こそ映画の美学的機能にほかならないし、この機能はたとえ不安定だとしても、いくつかの場合に、いくつかの条件が満たされさえすれば、分離することができる。そこにいくばくかの芸術と思考があらわれてくる。だからこそ、あなたはアンリ・ラングロワとアンドレ・バザンを組み合わせて、これが最強の二人組なのだと主張しておられるわけです。ラングロワは「映画は保存するに値するということを証明しようという固定観念にとりつかれて」いたし、バザンは「同じ考えを、裏返しのかたちで」あたためていた、それは映画が保存をおこない、価値あるものをことごとく保存する、そして映画とは「その裏張りが映像をとどめておくようにつくられた特異な鏡」なのだということを証明しようとつとめる。これほどまでに脆い資材が保存をおこなうとはどういうことなのか。そしてまことにつつましやかな機能だと思われるこの「保存」は、いったい何を意味するのか。問題の核心は資材ではなく、映像そのものにあります。あなたが説明しておられるとおり、映画固有の映像は本来的に保存をおこなうものなのです。ひとりの男が涙を流したという一度きりの出来事が、ドライヤーの『ゲアトルーズ』に保存される。風を保存するなら、社会的な役割をはたす暴風雨ではなく、「キャメラが風とたわむれ、風を追い越し、また後戻りする」ありさまが、たとえばシェーストレームや、ストローブ＝ユイレの作品に跡をとどめることになる。映像は保存しうるものをすべて保存し、保管しておくこともある。だから子供たち、人のいない空っぽの家、プラタナスの木立が、アニエス・ヴァルダの『冬の旅』に保存されるのだし、小津の作品でも、いたるところに保存が見られるわけですが、この場合の保存はかならず時間の流れに逆らう保存になっているはずです。なぜなら映画の時間は流れるだけの時間ではなく、持続し、共存する時間だからです。そう考えてみれば保存も、けっして瑣末的なことではなくなる。保存とは創造であり、常に〈代補〉をつくりつづけることなのです（そしてこれが自然を美化することにも、自然を精神化することにもつながる）。〈代補〉の特徴は創造されなければ存在しないということであり、そこに生まれる美学的な、あるいはノエシス的な機能もまた、代補的な色合いを帯びているのです。これを理論に仕立てあげ、延々と理論的記述を続けることもできたかと思いますが、あなたは可能なかぎり御自分の批評体験に問題を引きつけ、できるだけ具体的に語る道を選ばれた。それもこれも、あなたがお考えになる批評家とは、まず〈代補〉を「見守る」者であり、〈代補〉への配慮によって映画の美学的機能を引き出す者であるという、ゆるぎない信念にもとづいた決断なのです。

では、映画と同じ〈代補〉の、あるいは創造と保存の力能を、どうしてテレビに認めてはならないのか。原則的にはそうしてはならないという理由はどこにもありません。映画とは別の手段を使うことによって美学的機能があらわれたとき、それを〈ゲームやニュースといった〉テレビの社会的機能によって押しつぶすことがなければ、テレビに〈代補〉の、あるいは保存と創造の力能を認めることはじゅうぶんに可能であるはずです。〈代補〉や保存を押しつぶす状態では、テレビはコンセンサスそのものとなる。テレビは無媒介的に社会性を帯びてしまう技術であり、しかもこの技術は社会的なものにたいするズレをいっさい許容しない。テレビとは純粋状態に置かれた社会性と技術性のことなのです。職業教育を受けた職業的な目が〈代補〉を見逃し、知覚の冒険を許容するようなことが、どうしてありうるでしょうか。だから、あなたの本に見られるすばらしい記述から、特にすぐれたところを選べと言われたら、私はつぎのような部分をとるでしょう。まずテレビでは「リプレー」の技術や、リプレーの瞬間が、事実上その正反対のものである〈代補〉や自己保存にとってかわるということを証明した部分。そして映画から伝達にとびうつる、あるいは映画と伝達のあいだで「引き継ぎ」をおこなう可能性を明確に否定した箇所。なにしろ引き継ぎをおこなうには、もう一方の当事者であるテレビが非伝達的な〈代補〉に恵まれていなければならないし、この〈代補〉はオーソン・ウェルズという固有名をもつわけですから。そしてテレビ特有の職業的な目、つまりそれによって視聴者自身が何かを見るよう促される、例の技術と社会を一体化させた目は、無媒介的で充足しきった完全無欠の状態を産み出し、この完全無欠がただちに管理可能なものとなり、実際に管理されてしまうのだということを説明した部分。この部分がすばらしいのは、テレビの欠陥の名においてテレビを批判するのではなく、テレビの完全無欠の名においてテレビの批判がおこなわれているからです。テレビは技術面での完全無欠にたどりつく手段を見出したけれども、その完全無欠と、美学的でノエシス的な面が完全に欠落した絶対の無価値性とが完璧に一致するということ（撮影所訪問が新手の見世物になった原因もそこにあるのです）。ベルイマンが、テレビによってさまざまな芸術分野にもたらされたであろう可能性について楽しそうに、また愛情をこめて語るうちに、「ダラス」は絶対的に無価値であり、技術と社会の面からすれば完璧だ、と述べていますが、これなどは完全にあなたの立場を追認する発言です。別のジャンルから例をとるなら、「アポストロフ」のような番組についても同じことがいえます。文学的（美学的、ノエシス的）にはゼロで、技術的には完璧だ、とね。テレビには心がないと述べることは、テレビには〈代補〉がない、もしあるとしたらそれはこちらがテレビに認めてやるものだけだと述べるのと同じことです。それは、疲れきった批評家がホテルの一室でもう一度テレビをつけ、現在も過去も未来も失った映像がどれも同じになってしまい、ただ流れ去る時間だけが優遇されているということを確認する様子を描いた箇所によくあらわれています。

もっとも根底的な情報批判は映画から生まれました。たとえばゴダールがそうだし、見方を変えるとジーバーベルクもそうです（彼らの発言にとどまらず、実際の作品にそれがあらわれている）。テレビからは新たに映画が死ぬ危険が生まれます。映画とテレビの対照は常に不均衡で、一方がもう一方の上に張り出しているわけですが、あなたはできるだけ近くからこれを「ながめて」みなければならないと考えておられる。映画は、ファシズムで頂点に達した独断的権力におびやかされたとき、第一の死に直面しました。では、第二の死が到来するとしたら、それは第一の死がラジオと関係していたように、今度はテレビに関係したものになると予測されますが、それはなぜか。それはテレビこそ、「管理」にもとづく新たな権力が、無媒介的で直接的なものになったときの形態にほかならないからです。映画とテレビが対決する戦場に飛び込んでいくことは、管理を転用して、権力と対立する〈代補〉の機能に奉仕させる可能性をさぐるのとほとんど同じことだといえるでしょう。つまり管理の技法を考えだし、これを新たな抵抗にするということ。映画の核心部分に闘争をもちこみ、外部で闘争の問題に遭遇するのではなく、映画がこの闘争を映画特有の問題につくりかえるようしむけること。これはバロウズが管理と管理者の視点を作者と権威の視点に置きかえたとき、文学の世界でなしとげられたことでもあります。ところでこれは、あなたが示唆しておられるとおり、映画についてはコッポラが受け継いだこころみであり、そこにはためらいと曖昧さがありながらも、それでもやはり真の戦いがたたかわれているのではないか。映画を管理し、映画を「補充」しようとするシステムに対抗するために映画がよりどころにした、ひきつり、痙攣した状態に、あなたは「マニエリスム」という美しい呼称を与えておられます。『フットライト』で映画の第三の状態を規定した時点で、あなたはすでに「マニエリスム」の視点に立っておられた。映像の背後には見るべきものがなくなり、映像の表層にも映像の内側にもたいして見るべきものがない、しかし、あらかじめ存在し、前提された映像の上を映像がすべり、「映像の基底は常に映像になっている」、しかもこれが際限なくつづく、そして見るべきはまさにこれだ、そんな事態にいたったとき、マニエリスムがあらわれるということですね。

これは、芸術が自然を美化したり、自然を精神化することをやめて、自然と競合するようになった段階です。つまり世界の消滅。世界がみずから「映画の様相を帯び」、ありふれた映画をつくりはじめたのです。世界が映画の様相を帯びるようになり、この本であなたが説明しておられるとおり、「人間にはもはや何もおこらず、すべては映像に生起する」ようになったとき、テレビの基本線がととのうことになる。こんなふうに説明することもできるでしょう。自然と身体の対、あるいは風景と人間の対が都市と脳髄の対に席をゆずったのだ、とね。スクリーンはもはや（その背後に何かがひそんだ）窓でも、（その内部に何かを秘めた）フレーム＝ショットでもなく、その上を映像が「データ」のようにすべっていく情報端末になった。しかしほかでもない、世界が「自前の」映画をつくり、それがテレビによって直接の管理をうけ、瞬時に処理される、しかもテレビは〈代補〉の機能をことごとく排除するとなれば、芸術という言葉を使うことが、はたしていまでも可能だといえるのでしょうか。映画はそれをやめなければならない。映画らしきものをつくるのをやめ、ヴィデオ、エレクトロニクス、ディジタルの映像を相手に独自の関係を張りめぐらすことによって、新しい抵抗運動を考案し、テレビがもつ監視と管理の機能に対抗できるようにならなければならない。テレビを短絡させようというのではありません。テレビを短絡させるのはまず不可能だからです。そうではなくて新しい映像表現における映画の発展を、テレビが裏切り、短絡させるのをさまたげることが必要だと言いたいのです。あなたも指摘しておられるではありませんか。

「テレビがヴィデオへの生成変化を軽視し、これをマイナーなものに変えて抑圧してしまった。ところがヴィデオへの生成変化こそ、テレビが戦後の現代映画を継承する唯一の手段なのだし、解体され組みかえられた映像への嗜好、演劇との断絶、従来とは別の人体的知覚、そして映像と音声にひたされた人体など、こうしたものすべてを受け継ぐにはヴィデオへの生成変化しかないのだ。ヴィデオ・アートの発達がテレビをおびやかすようになることを期待しよう。」おっしゃるとおりです。都市と脳髄をつなぐ新しい技法、あるいは自然と競合するための新しい技法が芽生える場所はそこにある。そしてこのマニエリスムは、はやくも種々雑多な道や小道を提供し、そのうちのあるものは断罪され、別のものは手探りの状態にあるとはいえ、それでも希望に満ちている。あなたはそう説明しておられます。ヴィデオを利用したコッポラの「予備映像化」では、映像がキャメラの外で事前につくられています。けれども、厳格であるだけになおさら簡素な技法を用いた別種のマニエリスムが、ジーバーベルクにはある。そこでは操り人形やフラットな照明によって、映像が背景となる映像の上を動きまわるように仕組まれている。これは、ヴィデオ・クリップや特殊効果や宇宙ものの映画と同じ世界でしょうか。おそらくヴィデオ・クリップも、夢をめぐるこころみと断絶している点まで含めて、ジーバーベルクが主張する「新しい連合」の探究に参加することができただろうし、未来の映画の新しい頭脳回路を素描することもできたでしょう。もっとも、これはヴィデオ・クリップが小脳の白痴性を冷酷に組織化し、癲癇の発作を入念に管理するような、流行歌の市場につかまらなかったらの話です（これは、ひとつ前の時期に、大がかりなプロパガンダという「当時のヒステリックな見世物」によって、映画がその内実を奪われたのと少し似ています）。そして宇宙ものの映画もまた、美学的でノエシス的な創造に参加することができるかもしれないのです。バロウズが望んだように、旅というものにいまひとつの存在理由を与えることができ、「月面に立ちながら祈禱書は忘れずにもってきた模範青年」による管理と袂を分かち、映像の上を映像が、芸術の上を粗野な自然が巡回し、映画を純粋な内包空間にまで高めるための最高度に簡素な技術を発明した『中央地帯』のマイケル・スノーによる、汲めども尽きぬ教えをもっとよく理解していたらの話ですけどね。それにアラン・レネやゴダールやストローブ＝ユイレ、そしてデュラスの作品で、いま始まったばかりの、映像と音声と音楽をめぐる探究がこれから先どうなっていくのか、先走った判断ができるでしょうか。そして身体の姿勢をあつかうマニエリスムもあるわけだし、そこからはいったいどのようなコメディーが生まれてくるのでしょう。マニエリスムの種類はどれだけ多く、どれだけ多様であるか、そしてマニエリスムは不等質そのものであるのみならず、特に価値の面でいかなる共通尺度ももたないということを理解していれば、あなたのおっしゃるマニエリスムの概念はしっかりした根拠をもつことになるのです。なにしろマニエリスムというのは、芸術と思想が映画とともに新しい境位に飛び込んでいくときの戦いの現場を示す柔軟な言葉なのだし、もう一方、別のところでは、管理型の権力が芸術と思想と映画からこの境位を奪い、これをあらかじめ占拠して新たな社会的＝技術的臨床医学に仕立てあげるべく努力をつづけているわけですから。マニエリスムとは、こうした相反するすべての意味において、映画とテレビの関係が激動の時代をむかえているという事態を指しており、そこでは最悪の事態と希望とが隣り合わせになっているのです。

あなたには「現地におもむいてこの目で確かめる」ことが必要になった。そこであなたは「リベラシオン」の記者に転身されたわけですが、だからといって「カイエ・デュ・シネマ」との親和関係が断たれたわけではない。そしてジャーナリストになる理由があったとしたら、そのなかでいちばん興味深いもののひとつは旅をしたいという願望だろうし、だからこそあなたは新たな批評記事の連作にとりかかり、これを一連の実地調査、ルポ、取材旅行の記事と組み合わせることにもなったわけです。しかし、くりかえしになりますが、この本が誠実な本になりえたのは、『フットライト』の末尾に、ややもすれば憂鬱そうな面持ちで記しておられた、全身が引きつるほど険しい問題を引き継ぎ、それを中心に据えるかたちで、すべてがからみあっているからです。旅をめぐる考察は、どうやら四つの考え方をたどっていくもののようです。その一番目はフィッツジェラルドに、二番目はトインビーに見出され、三番目はベケットに、四番目はプルーストにあらわれています。一番目の考え方が認めているのは、たとえ南の島に行ったり、広く開けた空間を体験したりしたとしても、いつもの聖書を持参し、自分の幼年時記憶やふだんの言説をたずさえているかぎり、旅はけっして真の「断絶」にはならないということです。第二の考え方によると、旅はノマドの理想を追求しているけれども、この理想は無益な願望として生きられるということです。ノマドとは、旅人とちがってじっと動かない者のことであり、旅立つことを嫌い、自然条件にめぐまれない土地、中央地帯にしがみついた者のことだからです（あなたもここで、ファン・デル・コイケンの映画をとりあげ、南に向かうとかならず、いまいる場所にとどまることを望む人たちとすれちがうものだ、と書いておられる）。なぜそうなるかというと、ここで第三の特にうがった考え方、つまりベケットの考え方が出てくるわけですが、要するに「私たちは旅する楽しみのために旅をするのではない。私の知るかぎりではね。私たちは愚か者だとはいえ、旅を楽しむほど愚かではない」からです……。すると、つまるところ確かめる以外には旅をする道理を見出すことはできないのではないか。何かを確かめに行くこと。心の奥底から、あるいは夢や悪夢から流れ出してくる筆舌につくしがたいものを確かめること。たとえそれが中国人は俗に言われるほど黄色い肌をしているのか、あるいは緑の光線や、青と真紅の色に染まった大気のように、とてもありそうもない色彩が本当に存在するのかどうか、調べるだけでもかまわないのです。真の夢想家とは何かを確かめに行く人のことだ、とプルーストが述べているではありませんか……。では、あなたはどうかというと、旅をすることによってあなたが確かめようとしておられるのは、世界はたしかに映画らしきものをつくっているし、休みなくそうしている、そしてテレビとは全世界が映画になった状態なのだということです。したがって旅をするとは、都市一般、あるいは特定の都市が「メディアの歴史でどの時点に」位置しているのか、自分の目で確かめてみることにほかならない。われとわが身をむさぼり食う脳髄＝都市だというサンパウロの描写はその一例です。あなたは黒澤に会い、日本の風はどのように『乱』の旗をふくらませるのか知りたくて、これを確かめるために、わざわざ日本まで足をのばしておられる。ところがその日は風がなく、風の代役をつとめる貧弱なエアモーターが見えるばかりだと思っていると、不思議なこともあるもので、このエアモーターが映像に内在する不滅の〈代補〉をもたらすのです。要するに〈代補〉とは映像によって保存される美や思考のことであるわけですが、なぜ保存がおこなわれるかといえば、そうした美や思考は映像のなかにしか存在せず、それらの生じるそもそものきっかけが映像だったからにほかならないのです。

となれば、あなたの旅には二つの意味があったということになるでしょう。まず一方であなたは、どこに行っても世界が自前の映画をつくっていること、それこそがテレビの社会的機能であり、ここに管理の主たる機能があることを確認しておられる。そこから批評家のペシミズムだけでなく、批評家の絶望も生まれるわけです。ところがもう一方で、映画全体がまだこれからつくられる段階にあるし、映画こそ絶対の旅である、それにひきかえ映画以外の旅はすべてテレビの現状を確認する旅であるにすぎないということを確認しておられる。そこから批評家のオプティミズムが生まれるわけです。そしてこのふたつの道が交差する地点では痙攣がおこり、あなた独自の循環気質があらわれて眩暈をおこし、芸術の本質としての、しかしそれと同時に戦いの現場としてのマニエリスムという考えが顔をのぞかせる。そしてテレビと映画のあいだでは、時として何かの交換がおこなわれているように思えてくるのです。なぜなら、テレビからテレビへと渡り歩くうちに、旅人は、ゲーム番組やニュース番組から映画に帰属するものをもぎ取って、それを映画に返してやらざるをえなくなるからです。これは「爆縮」がおこったような状態であり、あなたが自己流に組み合わせたテレビの連続もののなかで、なにがしかの映画が解放される。たとえば三つの都市をつないだ記事や、一流のテニス・プレーヤーを三人ならべた記事がそうです。逆に、批評家として映画のほうに戻ってくると、あなたはつぎのようなことを、これまで以上にはっきりと認識するようになる。すなわち、もっとも平面的な映像でも、知らず知らずのうちに襞を刻まれ、地層を形成し、厚みのある帯域をつくりあげる。その結果、批評家は映像のなかを旅することを余儀なくされるものの、その旅はついに〈代補〉の力を獲得し、管理とは無関係な旅になりおおせているということ。こうして見えるようになったのは、ワイダにおける三つの速度だし、それにもまして溝口における三つの運動、あるいは今村の作品から読みとれる三つのシナリオです。さらに『ファニーとアレクサンデル』に描かれた三つの環境のなかに、あなたはベルイマンにおける映画の三様態と、映画の三つの機能を認めておられる。三つの機能とは、美化をおこなう人生の劇、精神的な意味をもつ顔貌の反＝演劇、そして魔術にそなわった競合の作用のことです。あなたの本でおこなわれた分析では、いたるところに三という数字があらわれるけれども、それはどうしてなのか。たぶん、三がすべてを閉じて二を一に切り下げることもあるし、逆に二を誘導して一体性から遠くはなれたところに向かう逃走をうながしつつ、二を切開し、二を救うこともあるからなのでしょう。三あるいはヴィデオ、そして批評家のオプティミズムとペシミズム――このあたりを次の本であつかってくださるのでしょうか。戦いに数えきれないほどの変種が生まれたいま、どこでどのような事態がもちあがろうと戦いそのものをつづけることは可能です。たとえば、アメリカ映画が絶えず増大させていく運動の速度と、ソビエト映画が計測し、保存している物資のゆるやかさのあいだで、戦いがつづけられるわけです。みごとな記事のなかで、あなたはこう書いておられる。「アメリカの作家が持続的運動の研究を、速度および逃走線の探究を、そして映像から重力と物資を抜きとる運動の探究を、さらに無重力状態に置かれた身体の探究をとことん突き詰めていったのにたいし、ヨーロッパでは、いやソ連においてすら、マージナルになって死滅する危険をおかしつつ、ある種の作家が微速度と不連続というもうひとつの面において運動を検討している。パラジャーノフとタルコフスキーが、しかし彼ら以前にもエイゼンシュテインやドヴジエンコやバルネットが、物資が集積し、満ちあふれていく様子に目をこらし、汚物と宝物をないまぜにした、さまざまな要素の地質学が微速度的に実践される情景を見つめていた。彼らはソ連の防御帯という、この不動の帝国を映画にしているのだ……。」そしてアメリカの作家がさらに速度を増していくために（また、高速運動を管理するために）ヴィデオを使ったといえるならば、管理の手をのがれ、保存をおこなうゆるやかさにヴィデオを返してやるにはどうしたらいいのか。そしてゴダールがコッポラに与えた「忠告」にしたがって、ゆっくりと歩むことをヴィデオに習得させるにはどうしたらいいのか。あなたはそう問いかけておられるのです。

セルジュ・ダネ著『映画＝日記』の序文、カイエ・デュ・シネマ刊

Ⅲ　ミシェル・フーコー

物を切り裂き、言葉を切り裂く

――いつ、どのような機会に、あなたはミシェル・フーコーと知り合いになられたのですか。

ドゥルーズ――人間は日付よりも動作や笑い声を鮮明に記憶しているものです。私がフーコーと知り合ったのは一九六二年前後、彼が『レーモン・ルーセル』と『臨床医学の誕生』を書き上げようとしていたときのことでした。そして六八年の後、フーコーとダニエル・ドゥフェールが始めた監獄情報グループで、フーコーたちに合流したのです。フーコーには何度も会ったことがあるし、その思い出もたくさん残っているのですが、追憶をたどる楽しみと、彼が死んでしまったというつらい気持ちがないまぜになったいま、思い出は無意志的記憶さながらに背後から襲ってくるのです。残念ながら晩年のフーコーには会う機会がありませんでした。『知への意志』を書いてから、フーコーは政治、生、思想など、あらゆる次元の危機を経験した。偉大な思想家の例にもれず、フーコーの思考は危機を経験し、さまざまに揺れながら前進し、それが創造の条件にも、究極の一貫性を獲得するための条件にもなっていたのです。フーコーはひとりきりになって、ごく一部の親友以外には誰もついていけないところにおもむこうとしている、私はそんな印象を受けました。そしてフーコーにとって私が必要だったというよりも、私のほうがフーコーを必要としていたのです。

——生前のミシェル・フーコーは、あなたのことをとりあげた雑誌論文をいくつも書いています。あなたも、くりかえしフーコーについて書いておられます。しかし、フーコーが亡くなったいま、あなたが一冊のフーコー論を世に問うという事実には、どこかしら象徴的なところがあるように思えてなりません。数かぎりない憶測が頭をよぎります。今回のフーコー論には「喪の仕事」を見てとるべきなのでしょうか。それとも、フーコーの主張は反人間主義だという批判がこのところ右からも左からも寄せられているので、「二人分の」反論をこころみておられるのでしょうか。問題を一巡して、ある「哲学の時代」が終焉をむかえたということを、正式に認めておられるのでしょうか。あるいは辛抱強く仕事をつづけていくよう呼びかけておられるのでしょうか。あるいはまた、そんなことはいっさい関係ないのでしょうか。

ドゥルーズ——この本を書くことは、まず私にとって必然でした。雑誌論文で特定の概念を論じるのとはまったく違うのです。今度の本ではフーコーの思考の総体をさぐっています。「総体」とは、ある水準から別の水準に移るようしむけるものという意味ですが、たとえば〈知〉の背後に〈権力〉を見出すようフーコーにはたらきかけるものは何か、権力の支配がおよばないところに「主体化の様態」を見出すようはたらきかけるものは何か、といった問いにその総体があらわれているのです。思考の論理とは、その思考が経験する危機の総体のことであり、これには均衡状態に近いおだやかなシステムよりも、むしろ火山脈に通じるところがある。そうしたフーコーの移行や衝動や論理が誤解されているという印象をもつことがなかったら、私はこの本を書く必要を感じなかったかもしれません。言表のような概念についても、じゅうぶんに具体的な理解がなされたとは思えない。しかし、だからといって他の読解よりも私の解釈のほうが正しいという確信をもっているわけでもないのです。いま目につく反論はどうかといえば、それはけっして読者から寄せられたものではなく、したがっていかなる価値もないと断言できる。そのような反論は、フーコーの回答を漫然と理解したうえで、それが前提とする問題を完全に度外視することによって成り立っているにすぎないのです。たとえば「人間の死」にたいする反論がそうですが、これはごくありふれた現象だと思う。偉大な思想家が死ぬたびごとに、安心した愚か者たちがうるさく騒ぎたてるというのは一種の恒例行事ですからね。だとすると私の本は、現在ひろくいきわたった退行の意志にあらがうかたちで、作業の続行を呼びかけていることになるのか。そう解釈してもいいかもしれませんが、すでにフーコー研究センターが設立されているし、フーコーの指針にしたがって、またフーコーに近い方法によって作業をおこなう人たちが集まっている。最近出た本で、エヴァルドの『福祉国家』などは、(ついに新しい法哲学が生まれえたという意味で)非常に独創的であると同時に、フーコーなくしては生まれえなかった本です。これは喪の仕事ではないし、喪とは無縁の作業のほうがはるかに骨が折れるのだということは是非とも強調しておかなければならないと思います。私の本がまたひとつ別ののになりうるとしたら、私としてはフーコーがくりかえしとりあげた分身の概念に助けを求めるでしょう。フーコーは分身というものにとりつかれていたし、分身特有の他者性にも強い魅力を感じていた。私はフーコーが分身という語に与えた意味で、つまり「反復、裏地、同一物の回帰、かぎ裂き、あるかなきかの差異、分裂、宿命的な裂傷」として、フーコーの分身を抽出しようとこころみたのです。

――六〇年代から七〇年代にかけて、ミシェル・フーコーとあなたは、どちらもそう望んだわけではないし、それを避けるために全力をつくされたにもかかわらず、特に数世代にわたる学生たちにとって「思想的指導者」でした。そのせいでおふたりのあいだにライバル意識が芽生えたこともあるのではないかと思いますが、いかがでしょうか。フーコー-ドゥルーズの関係は、個人として、職業人として、あるいはまた知識人として見た場合、ドゥルーズ-ガタリ型の関係だったのでしょうか、それともサルトル-アロン、あるいはサルトル-メルロ=ポンティ型の関係だったのでしょうか。

フーコードゥルーズ――フーコーの分身たらんとしているのはこの本であって、残念ながら私個人ではありません。フェリックス・ガタリとの関係がまったく違うものだとしても、それは当然でしょう。私には長期にわたる共同作業があるのに、私がフーコーと一緒に作業をおこなったことは一度もないのですから。とはいえ、私とガタリの共同作業とフーコーの仕事とのあいだには対応しあう点がたくさんあると思います。ただその共通点は、方法と、さらには目的の面における大きな違いによって遠くへだてられている。だからかえってフーコーとの共通点が私にとって貴重で、かけがえのないものになるのです。目的どころか、私たちは共通の立場に立っていたことになるわけですからね。これだけは言っておかなければならない。フーコーが、あの強烈で謎めいた人格をもって存在するということ、そしてあれだけの文体を駆使してあれほど美しい本を書いたということについて、私は喜び以外の感情をおぼえたことがないのです。会話を活字にしただけなのに並外れた内容をもつ文章で、フーコーは愛情と熱情を対比しています。そしてフーコーが定義したとおりの意味で、私はフーコーにたいして熱情をいだく立場にあったのでした（「力が強まる時期と弱まる時期がある。白熱して燃えあがる時期があるかと思えば、おそらく惰性からでしょう、とにかく理由もはっきりしないまま、不安定な状態がつづくこともあるのです……」）。フーコーに心酔していた私が、いったいどうしてライバル意識や嫉妬の感情に苦しむことがありえたでしょうか。誰かに心酔すると、選別などしてはいられない。たしかにある本が他の本よりも好ましく思えることはあるでしょうが、しかし、やはりどうしてもすべてを受け入れるしかないのです。すべてを受け入れるなら、力が弱まると思われた時期は、実験と創造的純化をつづけるもうひとつの時期にとって絶対に必要なのだということに気がつくだろうし、あれこれ回り道をしたのはなぜなのか、傍から見てもすぐにはその理由がわからない、そんな道をたどっているのでなければ、力が強まる時期は新たな啓示にたどりつくことができないということも理解できるからです。だから生涯の仕事について「ここまではいいが、その先がまずいな。もっとも後でまた面白くなるか」などと公言する人はどうしても好きになれない。仕事全体をとりあげ、注意深く見守るべきであって、けっして評価をくだしてはならないのです。その仕事が枝分かれをおこし、一箇所に停滞したかと思えばやがて進展をみせ、突破口を切り開いていくのを見守り、仕事全体を受け入れ、受けとめなければならないのです。さもなければ何ひとつ理解することができないでしょう。フーコーが挑んだ問題と、フーコーにとって必要だった断絶や回り道を追うかたちでフーコーの足跡をたどり、フーコーの提示した回答については性急な判断を避けたからといって、いったいどうしてフーコーを「思想的指導者」あつかいすることになるでしょうか。あなたは「思想的指導者」という観念は自明のもので、しかも証明済みであるかのような口ぶりで話をしておられますね。しかし、「思想的指導者」なるものは怪しげで幼稚な観念にすぎないと思う。フーコーの足跡をたどり、フーコーにたいして熱情をいだく人がいるのは、彼らには自分の仕事において、さらに自立した生活のなかで、フーコーとともになすべきことがあるからなのです。それはただ単に知的理解とか知的合意の問題ではなく、強度と共振と音楽的協和の問題でもある。よく考えてみれば、みごとな授業は説教よりもコンサートに似ているし、独唱に他の人たちが「伴奏する」ようなかたちをとってしまうものなのです。じっさい、フーコーの授業はすばらしいものでした。

――『失われた思想の年代記』で、フランソワ・シャトレはあなたとの、そしてガタリやシェレールやリオタールとの古い友情を語りつつ、あなたがたは「同じ仲間」だ――そしてこれは現に申し合わせがある証拠だと思いますが――、「同じ敵」なのだ、と書いています。ミシェル・フーコーについても同じことがいえるでしょうか。フーコーとあなたは「同じ仲間」なのでしょうか。

ドゥルーズ――ええ、そうだと思います。シャトレはこういうことを敏感に嗅ぎつける男でしたからね。ところで、同じ仲間であるということは、同じことを嘲弄したり、同じように口をつぐんだりする、そして「見解を披露」しなくてもすむということにもつながります。見解を披露しなくてもすむというのは、じつに気持ちのいいことなのです。私たちは哲学についても、たぶん共通の考え方をもっていたと思います。〈一〉とか〈全体〉、あるいは〈理性〉とか〈主体〉といった抽象は私たちの好むところではありませんでしたからね。私たちは混合の状態を分析することが自分たちの使命だと考えていたわけですが、それが私にとってはアレンジメントであり、同じものがフーコーの用語では装置と呼ばれていた。定点にさかのぼるのではなく、線にしたがい、線をときほぐさなければならなかったのです。これは地図作成の作業であり、その前提にはミクロの分析がある(それをフーコーは権力のミクロ物理学と呼び、ガタリは欲望のミクロ政治学と呼んだわけです)。統一化の焦点、全体化の結節点、そして主体化のプロセスはアレンジメントのなかに見出される。これらは常に相対的であり、さらに遠くまで、ひしめく線を追いたければ常に乗り越えてしかるべき障害なのです。起源をもとめるのではありません。たとえそれが失われ、消去された起源であっても、けっして起源をもとめてはならないのです。そうではなくて、事物が芽をふくところで、その「ただなか」から事物をとらえようというのです。物を切り裂き、言葉を切り裂くこと。永遠不変のものをもとめるのではありません。たとえそれが時間の永遠性であっても、けっして永遠をもとめてはならないのです。そうではなくて、新しいものが形成されるところをとらえ、創発とか、フーコーが「現在性」と呼んだものをとらえなければならないのです。現在のもの、あるいは新しいもの、それはたぶん「エネルゲイア」なのです。アリストテレスに近い、しかしそれよりもニーチェに近い「エネルゲイア」(もっともニーチェはこれを非＝現在と呼んでいますが)。

——それは「表層」の技芸にも相当するのではないでしょうか。あなたは「もっとも深いものは表

皮である」というヴァレリーの言葉がお好きでしたね……。

ドゥルーズ——ええ、じつにみごとな表現です。皮膚科の先生は、これを玄関先に書き込んでおくべきだと思いますよ。一般皮膚科学としての、あるいは表層の技芸としての哲学（私としては『意味の論理学』でそうした表層の描写をこころみたつもりです）。新たなイメージがあればこそ問題にもはずみがつく。そしてフーコーにおいては、表層は何よりもまず銘文を書き込む表面となる。「不＝可視的であり、非＝隠蔽的な」言表の主題は、この問題を集約しているのです。フーコーの考古学は、銘文が刻まれる表層をつくる作業なのです。そうした表層をつくることができなければ、非＝隠蔽的なものは不＝可視の状態にとどまるしかない。表層は深層と対立するのではなく（表層は表層につながるものだから）、解釈と対立するのです。フーコーの方法は一貫してあらゆる解釈法に対立するものでした。どんなことがあっても解釈するな、ひたすら実験せよ、というわけです……。フーコーにおいてあれほど重要な主題だった襞とその折りかえしは表皮につながっているのです。

——あなたはミシェル・フーコーに向かって、こんな発言をしておられます。「あなた（＝フーコー）は、『他人にかわって語るのは下劣だ』という、とても重要なことを教えてくれた最初の人間だ」、と。これは一九七二年の出来事ですが、あの頃はまだ六八年五月の余熱をとどめた時代でし

た（六八年五月について、あなたは今度の本のなかで「一部の分析を読むと、六八年はパリに住む知識人の頭のなかでおこったことにすぎないと思われるかもしれない」と書いておられる）。他人にかわって語るのではない、ということの尊厳こそ、知識人の態度であるべきだ——あなたの発言は、そういう意味だったのではないかと思います。知識人は口をつぐんでしまったと新聞が書きたてている今日このごろですが、いまでもなお、同じ表現で知識人のあり方を定義されますか。

ドゥルーズ——ええ、表象＝代理の批判を徹底させた現代哲学であってみれば、他人を代弁することを拒絶するのも当然でしょう。「なんぴとたりとも否定できない」とか、「万人が認めざるをえない」といった言葉にはかならず虚偽かスローガンがつづくということを、私たちは熟知しているのです。六八年を体験した後でも、たとえば監獄をとりあげたテレビ番組であらゆる人の話を聞く、判事、看守、面会に来た女性、一般人など、あらゆる人に話してもらうというのに、肝心の囚人や監獄生活の経験者にはしゃべらせないというのは、ごくふつうにおこなわれたことです。さすがにそんなこともやりにくくなりましたが、それは六八年によって獲得された、人びとが自分のために語るという態度のおかげなのです。これは知識人にも当てはまる。フーコーはこう述べています。知識人は普遍的であることをやめ、特殊になった、つまり普遍的価値の名において語るのではなく、みずからの能力と立場に応じて語るようになったのだ、とね（フーコーによると、この変化は物理学者たちが原爆反対に立ち上がったところに端を発しているとのことです）。医師が患者を代弁する権利をもたず、医師は医師の立場から、政治問題、法律や産業の問題、そして環境問題などについて語る義務をもつということは、六八年がもとめていたような、たとえば医師と患者と看護人を団結させる集団が必要になる状況と同じです。つまり多声的な集団ですね。フーコーとドゥフェールが編成した監獄情報グループも、やはりそうした集団のひとつでした。この種のグループを、他人の名において語ることを強いてくる階層秩序型の集団と区別するために、ガタリが「横断性」という呼び名を使ったわけです。ちなみにエイズ問題にかんして、ドゥフェールが受け入れと情報提供と闘争をかねたグループを組織しています。さて、それでは他人を代弁するのではなく自分のために語るということは、いったいどんな意味をもつのでしょうか。もちろん、これは誰にでも真実を語る瞬間があるということでもないし、回想録を著したり、精神分析を受ける可能性があるということでもありません。一人称の奨励とは違うのです。そうではなくて、心身両面の非人称的な諸力を名ざし、それに挑み、それと戦うということなのです。なんらかの目標を達成しようとこころみても、目的を自覚するには戦いのなかに身を置くしかない。だから、ほかにどうしようもないのです。その意味では、存在自体が政治の色合いを帯びてくるわけです。私が今度の本でこころみたのは、フーコーにかわって語ることではなく、横断線を引き、フーコーから私のほうに延びる対角線をつくってみることでした（私としてはほかにどうすることもできませんからね）。そうすれば、私の目に映ったフーコーの目的と戦いについて、なにがしかのことが語られるのではないかと思ったのです。

――「**ひとつの閃光が走った。それはドゥルーズという名をもつだろう。ひとつの新しい思考が可能になった。ふたたび思考が可能になったのだ。その思考が、いま、ドゥルーズの文章に息づいている。私たちの目の前で、私たちとともに、跳躍し、軽やかに舞っている……。いつの日か、世紀はドゥルーズのものとなるだろう。**」ミシェル・フーコーの文章です。あなたがこれについてコメントなさったことはないと思いますが、いかがでしょうか。

ドゥルーズ――フーコーが何を言いたかったのか、私にはわかりません。一度もたずねてみたことがありませんので。それにフーコーは悪魔的なユーモアの持ち主でしたからね……。たぶん、こんなことが言いたかったのでしょう。つまり同世代の哲学者のなかでは、私がいちばんナイーヴな哲学者だ、とね。私たち全員に、多様体、差異、反復など、共通の主題を見ることができます。しかし、そうした主題を、他の人たちが慎重にあつかっているのにたいし、私はほとんど素材に手を加えない、荒削りの概念を提示しているのです。形而上学の超克とか哲学の死に動揺をおぼえたことがないし、〈全体〉や〈一〉や〈主体〉の放棄を深刻に受けとめたこともない。私は概念の直接的な提示をおこなう経験論を捨ててはいないのです。構造にこだわったこともないし、言語学や精神分析とも、科学や歴史とも無縁でした。哲学には哲学独自の素材があって、それが哲学以外の諸学を相手に、外在的であるだけになおさら必然性の高い関係を結ぶことを可能にしてくれる、そう信じているからです。フーコーが言いたかったのは、たぶんそういうことなのでしょう。つまり私は最良の哲学者ではないけれども、最高にナイーヴな哲学者であり、いわば素朴芸術をやっているのだということ。もっとも深遠な哲学者ではないけれども、（「哲学らしきことをする」という罪とはおよそ無縁だという意味で）もっとも罪のない哲学者。そんなことが言いたかったのではないでしょうか。

——この場でフーコーの哲学とあなたの哲学の類似点（反ヘーゲル主義からミクロ物理学やミクロ論理学まで、その数は多いわけですが）と相違点を網羅的にリストアップすることはできません。この問題についてはすでにいくつも論文が書かれていますし、ほかにもいろいろな研究が準備されているようですから、詳細な比較はそちらにまかせることにして、近道をたどらせていただこうと思います。あなたは、本紙のこの欄で、哲学に固有の務めは概念をこしらえることだと言明なさったことがありますね。そこでうかがいたいのですが、フーコーがつくりあげた概念のうち、あなたの哲学体系を構築するにあたっていちばん役にたったのはどれでしょうか。そしてフーコーの概念のうち、あなたにとってもっとも縁遠いのはどれでしょうか。逆に、フーコーがあなたの哲学から引き出しえた概念は、主としてどのようなものなのでしょうか。

ドゥルーズ——『差異と反復』ならフーコーに影響をおよぼしたかもしれません。しかし『差異と反復』以前に、フーコーは『レーモン・ルーセル』のなかで同じ主題をものみごとに分析している。また、私とフェリックスが提案したアレンジメントの概念は、フーコーが「装置」を分析するにあたって、なんらかの手助けになったかもしれません。しかし、フーコーは自分の手に触れたものをひとつ残らず、しかもその根底から変形させるような男だったのです。彼がつくりあげた言表の概念は、私にとってもきわめて印象深いものでした。この概念には言語学を刷新する力を秘めた言語のプラグマティクスがあったからです。それに、バルトとフーコーが、前者はエピクロス的な方向で、後者はストア派的な方向で、それぞれプラグマティクスを拡大し、重視するようになったのは、やはりとても興味深いことだと思います。それから、たんなる暴力を超えた力の関係という考え方ですね。こちらはニーチェに由来する考え方であるわけですが、フーコーはこの主題を引き継いで、さらに徹底させている。フーコーの全著作には形態と力の関係があらわれていて、これが私にも影響をおよぼしたといえます。そしてこの考え方は、政治だけでなく、認識論と美学を考えるうえで、フーコーにとって欠くことのできないものだったわけです。また、「ささやかな」概念が大きな共振を呼ぶこともある。汚名に塗《まみ》れた人という概念は、ニーチェのいう最低の人間に勝るとも劣らないほど美しく、哲学的分析がどこまで楽しいものになりうるのかということを教えてくれます。「汚名に塗れた人」をとりあげた論文はまぎれもない傑作です。フーコー当人にとってはどうということのない文章だったかもしれませんが、汲めども尽きぬ内容をもち、活発で効率的なうえ、フーコーの思考の効力を実感させてくれる点で、何度読みなおしても飽きることがありません。

――ひところ、それも特にイタリアで「ニーチェの復権」がとりざたされたことがありますが、その仕掛人はフーコーとあなたであるらしいということになっています。それに直接結びつくかたちで、差異とニヒリズムの問題もからんできます（「能動的」ニヒリズムとその「肯定的」価値転換）。また、「あなたの」ニーチェ観と、フーコーのニーチェ観との差異と類似を考えてみることも必要でしょう。しかし、ここでは質問はひとつにしぼらせていただこうと思います。すなわち、きわめてニーチェ的な「人間の死」をあつかったフーコーの命題があれほどの誤解を招き、その結果、フーコーは人間と人権をないがしろにしているとの非難がわきおこるにいたったのはどうしてなのか。そしてフーコーに「哲学的オプティミズム」や生の諸力への信頼を認める人がこれほどまでに少ないのはどうしてなのか。一般には哲学的オプティミズムと生の諸力への信頼はあなたの哲学を特徴づける要素だと指摘されているだけに、なおさらこの点をうかがっておきたいのです。

ドゥルーズ――誤解というものは、愚かな憎しみから生まれることが多い。偉大な思想家に「矛盾」を見出さないかぎり自分は聡明だと感じられない、そんな人がいますからね。そういう人たちは、フーコーが、いま現在生きている人間の死を宣告したかのような受けとめ方をしたり（そして「やりすぎだ」と騒ぎたてるわけです）、人間という概念の変化を指摘しているにすぎないとでもいわんばかりの態度をとるのです（そして「なんだ、その程度か」と高をくくるわけです）。けれども、これはどちらも的外れです。フーコーが考えていたのは、諸力の関係と、そこから生まれる支配的形態なのですから。たとえば、想像する、着想を得る、意志するといった人間の力があるとします。こうした力は、ある時代において、他のどのような力と関係を結び、どのような形態を構成するのか。人間の諸力が形態の構成に参加するとき、その形態は人間的なものではなく、動物的な、あるいは神的なものになることもあります。たとえば古典主義時代、人間の諸力は、無限の力とか、「無限の序列」と関係を結び、その結果、人間は神の姿に似せて形成され、人間の有限性は無限を制限する契機にすぎなくなる。いわゆる「人間」の形態が生まれたのは、人間の諸力が人間以外の有限の力、つまり生や労働や言語における発見と組み合わせられるようになった十九世紀のことです。そしていま、人間はまた新たな力に直面するようになったという意見がよく聞かれる。炭素ではなく珪素、世界ではなく宇宙……。そんな複合的形態が、どうして「人間」でありつづけることができるでしょうか。どうして人権を語りつづけることができるでしょうか。エヴァルドが証明してくれたように、こうした形態の変化を表面化させるのは、法権利の変容にほかならない。フーコーは人間の死という問題を刷新することによって、ニーチェと同じ路線に足を踏みいれたのです。従来の「人間」が生を封じこめる手段だったとしたら、生が人間のなかで解放されるようにするには、どうしても別の形態が必要になるのではないか。この点にかんして、あなたは私がフーコーの著作にはほとんどあらわれてこない生気論のほうへ、フーコーを引き寄せているのではないかと疑っておられるわけですね。しかし、すくなくともふたつの重要な点において、フーコーにはいかなる「オプティミズム」とも無縁な生気論があることはたしかなのです。まず一方では、力の関係が生と死の線上で展開され、襞を刻まれ、折りかえされながら、ほかならぬ思考のリミットをなぞっていく。フーコーがビシャは偉大な書き手だと考えたのは、たぶん、ビシャが死について近代では最初の重要な書物を著し、死を複数化して多数の部分的な死を認め、生と共通の外延をもつ力として死をとらえたからだろうと思います。「死を背景にした生気論」、とフーコーは述べています。もう一方で、フーコーが「主体化」という最後の主題にたどりついたとき、主体化の内実は、ニーチェがいうように、主として生の新たな可能性をつくりだすところに、そして真正な生の様式をつくりあげるところにもとめられる。こちらは美学を背景にした生気論ですね。

――この本であなたがフーコーによる権力の分析に重要な位置を与えておられることに驚く者はいないでしょう。あなたは『監獄の誕生』にあらわれるダイアグラムの概念を特に重視しておられます。もはや『知の考古学』のアーカイヴ（古文書）ではなく、地図としての、地図作成の作業としての、そして権力を構成する力関係の提示としてのダイアグラム。ところがフーコーは、ドレイファスとラビノウの本に付録として収められたエッセイで（『ミシェル・フーコー――構造主義と解釈

学を超えて』はあなたも頻繁に引いておられる好著です)、自分の探究を総括する主題は権力ではなく主体だ、人間存在が主体化する様態だ、と述べているのです。すると地図作成者フーコーは、地図(carte)というよりも、同一性を保証する証明書(carte d'identité)を作成したことになるのでしょうか。この「地図」について、あなたは「同一性を保証するのではなく、完全に同一性を欠いたものだ」と説明しておられます……。別の言い方をするなら、フーコーを理解するということは、『監獄の誕生』から『自己への配慮』への、そして「私は誰なのか」という問いへの「移行」を理解するのと同じことになるのではないかと思うのですが、いかがでしょうか。

ドゥルーズ――フーコーの哲学は主体の哲学だと主張するのはいくらなんでも無理だと思いますよ。フーコーが第三の次元としての主体化を発見したのであれば、そのときは「主体の哲学になりえたかもしれない」と推測する以上のことはできないのではないでしょうか。フーコーの思考は創造の必要に応じてさまざまな次元を順繰りに描き、それを探究することによって成り立っているわけですが、これらの次元が重複することはない。フーコーの思考は屈曲線のような動きを示し、そのさまざまな方向づけが予想外の、まったく思いがけない事件をあらわしていたのでした(フーコーは常に読者の「意表をついた」のです)。〈権力〉と〈知〉が具体的な分割を受けつけない混合体をなしているにもかかわらず、すでに〈権力〉からして、〈知〉の次元には還元できない第二の次元を描いていたのです。知は形態によって構成され、それが〈可視的なもの〉と〈言表可能なもの〉を介して、結局はアーカイヴになるかと思えば、もう一方の権力は、複数の力や力の関係によって構成され、結局はダイアグラムになるわけです。フーコーはなぜ知から権力に移行したのかという問いに答えることはできるでしょう。しかし、それには条件がある。つまりフーコーはひとつの広範な主題を捨てて別の広範な主題におもむくようなかたちで移行をおこなっているのではなく、自分が知についてもっていた独創的な考え方から、権力について新しい考え方をする作業に移行したのだ、ということをおさえておかなければならないのです。相手が「主体」ともなれば、なおさら慎重を期する必要があります。最後の二冊の本で第三の次元にたどりつくために、フーコーは何年間にもわたる沈黙を必要としたわけですからね。あなたが、理解すべきは「移行」である、とおっしゃるのはごもっともです。フーコーにとって第三の次元が必要だったのは、自分は権力関係のなかに閉じ込められてしまった、線が行き詰まっている、あるいは自分にはもはや線を「横切る」ことができない、自分には逃走線がない、そんな印象をもったからでしょう。これは、フーコー自身、『汚名に塗れた人びとの生活』でみごとに言いきっていることです。抵抗の拠点に頼ったところで何の役にもたたない。その拠点がどこから生まれるのかわからないからです。だから解決を見出すまでに長い時間が必要だったわけですが、それはフーコーが自力で解決法を考えださなければならなかったからにほかならない。では、この新たな次元は主体の次元なのだ、と決めつけていいのでしょうか。フーコーは人称の意味で「主体」という言葉を使わないし、同一性の形態という意味で「主体」を語っているわけでもない。実際にフーコーが使っている言葉はプロセスとしての「主体化」であり、関係としての「自己」（つまり自己との関係）なのです。ここでは何が問題になっているのか。それは、力と自己との関係であり（それにたいして権力とは力と他の諸力との関係でした）、力の「襞」なのです。諸力の線の折り曲げ方に応じて、生存の様態を成り立たせたり、生の可能性をつくったりしながら、それが死にも、私たち人間と死との関係にもかかわっていくようにすること。生存を主体のかたちで考えるのではなく、芸術作品としてとらえること。生存の様態を考えださなければならない。そして生存の様態をつくる際に準拠すべき任意の規則が、たとえ知がそこに入り込み、権力がそれを奪いとろうとしても、やはり権力に抵抗し、知を回避できるものであるようにしなければならないのです。ところが、生存の様態や生の可能性は絶えずつくりなおされるばかりか、常に新しいものが生まれてくる。この次元は古代ギリシア人によって考案されたものではあるでしょう。しかし、いま浮きあがってきた生存の様態や生の可能性はどのようなものであり、知にも権力にも還元できない審美的意志とは何なのか、そういったことを考えたからといって、私たちはギリシアへの回帰をおこなっているわけではないのです。ギリシアへの回帰がないのと同じく、フーコーには主体への回帰がないのです。フーコーはまず主体性を否定しておきながら、それを再発見し、取り戻したのだ、と解釈することは、「人間の死」をめぐる誤解と同様、じつに根本的な誤解なのです。主体化と主体はほとんど無関係だとすらいえる。主体化とは、むしろ電界とか磁場のようなものであり、(高いものも低いものも含めた)強度によって作用する個体化なのです。それは個体化をとげた場であって、人称や同一性ではないのです。フーコーは、別の機会に、これを熱情と呼んでいます。フーコーにおける主体化の考え方は、権力の考え方と知の考え方に勝るとも劣らないほど独創的なものなのです。主体化と知と権力。この三つの考え方によって、ひとつの生き方と、奇妙な三次元の形象が成立するだけでなく、それこそ現代最高の哲学が生まれたわけです(これは諧謔ではなくて本音です)。

「リベラシオン」一九八六年九月二日～三日
聞き手――ロベール・マジオリ

芸術作品としての生

I

——あなたはこれまでにもたびたびフーコーの著作を解説しておられます。フーコーの死後二年になるいま、なぜこの本が必要なのでしょうか。

ドゥルーズ——私にとって必要だったということもあるし、私がフーコーに心酔していたということもある、さらにフーコーが死んでしまった、フーコーの仕事が中断されてしまったという事実を前にした心の動揺もあるでしょう。たしかに、私はこれまでにも特定の論点（言表、権力）をとりあげて論文を書いたことがあります。しかし、今度の本では、私が現代最高の哲学のひとつだと思っているフーコーの思考をとりあげ、その論理をさぐっているのです。思考の論理とは平衡のとれた合理的システムのことではありません。言語学者とは正反対の立場をとったフーコーの目から見ると、言語ですら平衡とはほど遠いシステムだったわけですからね。思考の論理とは、私たちの背中に吹きつける風のようなものであり、突風や動揺がつらなったような状態なのです。ライプニッツの表現を借りるなら、まだ港にいると思っているうちに、いつの間にか沖に投げ出されていた、ということになるでしょうか。フーコーの場合は特にそうでした。フーコーの思考は絶えず次元数を増していきながら、けっして個々の次元が前の次元に含まれることはなかった。では、急にある方向に進みはじめ、予想外の道を切り開くようフーコーに圧力をかけたのは何だったのかという問題が出てきますが、いくつもの危機を経験することなくして大思想家は存在しえないのです。そして危機は彼の思考がたどった時期をあらわしているわけです。

Ⅱ

――あなたは、フーコーは何よりもまず哲学者だと考えておられます。一般にはフーコーの歴史研究を重視する人が多いと思うのですが……。

ドゥルーズ――歴史がフーコー的方法の一部だったのはたしかです。しかしフーコーはけっして歴史家にはならなかった。フーコーは、歴史哲学者とはまったく違う対歴史的関係を築いた哲学者なのです。フーコーの考えた歴史は私たちを包囲し、私たちの境界を定めるわけですが、しかしそれは私たちが何者であるのかを告げるためではなく、私たちが何と違うものになろうとしているのかということを教えてくれるのです。私たちの同一性を見定めるのではなく、同一性を完全に排除して、私たちの本性である他者をきわだたせるのです。だからこそ、フーコーは近代の短い歴史系列（十七世紀から十九世紀まで）に取り組むのです。それに、最後の二冊の本でフーコーが古代ギリシアとキリスト教世界に端を発する長い歴史系列に取り組んだとしても、それは私たちがギリシア世界の人間でも、キリスト教世界の人間でもないのはなぜか、その理由はどこにあるのか、そしてどのような点で私たちは過去の人間と違うものになるのかということをはっきりさせたかったからにほかなりません。要するに、歴史とは私たちを私たち自身から引き離すものであり、私たちが自己を思考するために乗り越え、突き抜けなければならないものが、この歴史にほかならない。ポール・ヴェーヌがいうように、時間とも永遠とも対立するものとして、私たちの現在があるのです。フーコーは現代の哲学者のなかでもっとも現在的な哲学者であり、もっとも根源的なところで十九世紀と袂を分かった哲学者なのです（だからこそ、彼は十九世紀を思考することができる）。現在はフーコーの重大関心事でしたが、これはニーチェが非＝現在とも反時代とも呼んだものと同じであり、これこそ「現実有」の状態に置かれた、思考の行為としての哲学なのです。

――フーコーにとって重要なのは思考するとはどういうことなのかという問いなのだ、とあなたがおっしゃったのは、そういう意味なのですか。

ドゥルーズ――そうです。思考するということは危険に満ちた行為なのだ、とフーコー当人も明言しています。確信をもっていえるのは、フーコーはハイデガーとともに、しかしハイデガーとはまったく違うかたちで、もっとも根底的なところで思考のイメージを刷新した思想家だということです。そしてこのイメージは、フーコーの哲学が進展をみせ、その地層や活動の場が入れかわるにしたがって、さまざまな水準にまたがることになります。思考するとは、まず〈見ること〉であり、〈語ること〉であるわけですが、ただしそれには条件がある。つまり目が物に拘泥するのをやめて「可視性」に達し、言語が単語や文に拘泥するのをやめて言表に達していなければならないのです。これがアーカイヴとしての思考です。つぎに、思考するということは能動的になることです。つまり力の関係を張りめぐらすこと。そのためには力の関係が単なる暴力に還元されるのではなく、行動をめぐる行動、つまり「示唆する、帰納する、転用する、むずかしく、あるいはやさしくする、拡大したり制限をもうけたりする、ある程度まで可能にする」といった行為を構成するということを理解していなければならない。これが戦略としての思考です。そして、最後の二冊の本では、「主体化のプロセス」としての思考が発見される。ここに主体への回帰を見るのは愚劣です。実際には生存の様態を成り立たせること、あるいはニーチェのいう生の新たな可能性を考案することが問題になっているわけですから。主体として生存するのではなく、芸術作品として生存すること。この最後の段階が審美的思考です。もちろん、重要なのは、こうした限定のひとつから別の限定へと進む移行が必然的におこるのはどうしてなのか、それを明らかにすることです。移行はあらかじめ準備されたものではなく、フーコーが示す道筋と符合し、フーコーが登ったものであり、フーコー以前には存在しなかった段階と、さらにフーコーがみずから感じとると同時にフーコーによって生まれた衝撃とに符合するものだからです。

Ⅳ

――その段階を順番に検討してみましょう。まず、「アーカイヴ」とは何か。フーコーにとってアーカイヴは「視聴覚的な」ものだと書いておられますが……。

ドゥルーズ――考古学や系譜学は、一種の地質学でもあります。考古学が過去をあつかうとはかぎりません。現在の考古学も存在するのだし、ある面からすると考古学は常に現在時にセットされているともいえるのです。考古学はアーカイヴであり、アーカイヴは視覚の部分と聴覚の部分をもつ。だから視聴覚的だと言ったのです。言葉の教育と物の教育。言葉と物というのではありませんよ（フーコーの本が『言葉と物』と題されていたとしても、それはアイロニー以外のなにものでもないのです）。物をとりあげるのは、そこから可視性を抽出しなければならないからです。ひとつの時代の可視性とは光の体制のことであり、そこでは光と物が接触して、輝きときらめきと稲妻が生まれる。同様にして、単語や文を切り裂くのは、そこから言表を抽出しなければならないからです。ある時代における〈言表可能なもの〉とは言語の体制のことであり、この体制がさまざまな内属的変化によってひとつの均質システムから別の均質システムへと飛躍的な移行をとげる（体系言語は常に不均衡の状態にある）。フーコーが考えた歴史の基本原理は、あらゆる歴史的形成が自分の言いうることをすべて言いつくし、見うるものをすべて見るというところにあります。たとえば十七世紀の狂気を規定するためにつぎのような問いを立てるわけです。狂気はどのような光のもとで見られ、どのような言表のなかで語られるのか。そして私たち現代人の場合、問題はつぎのように表明される。いま、私たちは何を語ることができるのか、何を見ることができるのか。一般的にいうと、哲学者にとってはみずからの哲学が無意志的人格となり、それが三人称のかたちをとるものです。フーコーに会ったことのある人たちに感銘を与えたのはフーコーの目であり、その声だったわけですが、目と声の中間に位置する直立の姿勢も、なかなか印象深いものでした。稲妻ときらめき、そして単語から引きはがされる言表。フーコーの場合はその笑い声ですら一個の言表だったのです。そして、〈見ること〉と〈言うこと〉が分離され、〈見ること〉と〈言うこと〉が隔たりと還元不可能な距離によって引き離されているという事実は、ごく単純につぎのような意味をもっているのです。つまり、認識の（というよりもむしろ「知」の）問題は、照応関係に訴えたところで解決できるものではないし、符合関係をもちだしてもどうにもならないということ。〈見ること〉と〈言うこと〉を交錯させ、織り合わせる理由は別のところにもとめなければならないのです。アーカイヴが大規模な断層につらぬかれ、断層の片側には〈可視的なもの〉の形態を、反対側には〈言表可能なもの〉の形態を配分し、この両者は還元不可能である、そう表現すればいいでしょうか。〈可視的なもの〉と〈言表可能なもの〉を縫い合わせ、両者の溝を埋める糸は、形態の外の、もうひとつ別の次元にあるからです。

V

――いま説明してくださったことには、モーリス・ブランショに通じる面がありませんか。それどころかブランショの影響を認めることすらできるのではないでしょうか。

ドゥルーズ――フーコーはブランショにたいする負債を認めていました。それは三つの論点に集約されるだろうと思います。まず、「話すことは見ることではない」という問題。つまり、見ることができないものを述べることによって、言語をその極限までつきつめ、〈言いえぬもの〉の力にまで高めていく、あの差異。それから一人称と二人称にたいする、「彼」にも中性にも相当する三人称、つまり「誰か」の優位。これは言語学的な人称論をすべて拒絶する立場です。そして最後は「外」の主題。つまり、いかなる外界よりも遠く、またそれ故にいかなる内界よりも近い〈外〉を対象にした関係と「非＝関係」ですね。こうした主題をフーコーが独自のかたちに発展させたということを強調しても、それはけっしてブランショとの出会いを過小評価することにはならないでしょう。フーコーの考え方はあくまでもブランショに接近しているからです。フーコーが考えたのはつぎのようなことでした。まず、レーモン・ルーセル論とマグリットをあつかった一文で頂点に達した〈見ること〉と〈話すこと〉の分離が、〈可視的なもの〉と〈言表可能なもの〉に新たな基準をもたらすということ。それから、「誰かが話す」という考え方が、言表理論を活性化するということ。さらに〈外〉の線上における〈近いもの〉と〈遠いもの〉の反転が、生と死の吟味として処理され、これが（ハイデガーとはまったく違うかたちで）襞を折り畳んだり拡げたりする、フーコー独自の思考行為を産み、最終的には主体化のプロセスにその基盤を与えたということ。

Ⅵ

――アーカイヴ、あるいは知の分析のあと、フーコーは権力を発見し、やがて主体性にたどりつき

ます。知と権力のあいだにはどのような関係があり、権力と主体性のあいだにはどのような関係があるのでしょうか。

ドゥルーズ――権力は知の諸形態の間隙をすりぬける、あるいはその下をくぐりぬける無形の要素にほかなりません。権力のミクロ物理学といわれるゆえんです。権力とは力であり、力の関係であって、形態ではない。フーコーによる力の関係という考え方はニーチェの延長線上に位置するわけですが、これがフーコーの思想でも特に重要なポイントのひとつになっています。知と権力が具体的に分離することのできない混合体をなしているのはたしかだとはいえ、権力そのものは知とは別の次元にあるのです。けれども、最大の問題は、フーコーにはなぜもうひとつの次元が必要なのかというところにある。フーコーが知とも権力とも異なる主体化を発見するにいたるのはどうしてなのか。問題はそこに集約されるわけです。こんな非難の声も聞こえてくる。フーコーは主体に回帰した、みずから一貫して否定してきた主体の概念を再発見している、とね。しかし、これはまったく見当違いな意見です。フーコーはあらゆる面にわたる危機を経験したわけですが、それは創造的な危機であり、けっして後悔などではなかった。『知への意志』を書いてから、フーコーが次第に強く感じるようになったのは、自分は権力関係に閉じ込められつつあるということでした。そして権力の焦点に「対峙する」抵抗の拠点に訴えようにも、肝心の抵抗は何に由来するのかわからない。そこでフーコーは考える。一線を越え、さらには力の関係を乗り越えていくにはどうしたらいいのか、と。あるいは、権力を握っていても、権力に服従する立場にあっても、とにかく権力と顔をつきあわせていくしかないのか。フーコーはそう自問する。この問いを表明したのは、フーコーの作品中でもっとも荒々しく、同時にもっとも楽しい文章のひとつでもある「汚名に塗れた人」をめぐる一文です。フーコーは答えを出すまでにじっくり時間をかけました。力の線をまたぎ、権力を乗り越えること。それは力をたわめるのにも似た操作であり、ある特定の力が他の諸力を触発するかわりに、力自体が触発を受けるようにしむける操作です。つまり「襞」。これがフーコーのいう力と自己の関係なのです。つまり抵抗し、すがたを消し、生や死を逆用して権力に対抗すべく、自己との関係によって力の関係を「二重化する」こと。フーコーによると、この操作を考案したのは古代ギリシア人でした。問題となるのは、知におけるような限定つきの形態でも、権力におけるような厳しい規則でもない。芸術作品としての生をもたらす「任意の規則」が前面に出て、それが生存の様態や生の様式を構成するような、倫理と美学の双方にまたがる規則となるのです（そこには自殺も含まれる）。これは、ニーチェが力への意志の審美的行使、あるいは新たなる「生の可能性」の発明という名のもとに見出したものと同じです。理由はいろいろありますが、とにかく主体への回帰という言い方だけは絶対に避けなければなりません。主体化のプロセスは時代によって大きく変化するし、主体化のプロセスを支配する規則にもさまざまなタイプがあるからです。主体化がおこなわれるごとに、権力が主体化のプロセスを回収し、力の関係に服従させようとつとめたとしても、主体化のプロセス自体は常に息をふきかえし、かぎりなく新たな様態を産みつづけるわけだから、このプロセスはなおさら可変的なものになるのです。したがって古代ギリシアへの回帰もないことになる。主体から内面と同一性をひとつ残らず除去するのでもないかぎり、主体化のプロセス、つまり生存の様態を生産する操作と、主体そのものは混同されようがないのです。主体化は「人称」ともいっさい関係をもたない。主体化とは、個人にも集団にもかかわるし、（一日のうちのある時間、大河の流れ、そよ風、生命といった）〈事件〉を性格づけることもある個体化なのです。それは強度の様態であって人称的主体ではない。それなくしては知を超えることも、権力に抵抗することもできないような特殊性の次元。フーコーはギリシアとキリスト教世界における生存の様態を分析し、それがどのようにして知のなかに入り込み、どのようにして権力と妥協の関係を結ぶのか、明らかにしています。しかし、生存の様態それ自体は知や権力とは異なる性質をもっているのです。たとえば、司祭的権力としてのカトリック教会は、常にキリスト教的な生存の様態を勝ちとろうと望んできたわけですが、そうした生存の様態は常に教会権力をあやうくする方向性をもっていた。宗教改革以前の時代でも、すでにそうだったのです。そして、みずからの方法にそむくことなく、フーコーが最大の関心をよせた対象はギリシア人への回帰ではなく、「いまの私たち」なのです。私たちの生存の様態はどのようなものなのか、そして私たちにとって生の可能性とは、主体化のプロセスとは何であるのか。私たちにはみずからを「自己」として成立させる手段があるのか、そして、ニーチェふうにいうなら、知と権力を超えた、じゅうぶんに「審美的」な方法があるのだろうか。ある意味では生と死がかかわってくるいま、はたして私たちはそうした手段を用いることができるのだろうか。フーコーの関心はこの点で一貫していたのです。

Ⅷ

――以前、フーコーは「人間の死」という主題を展開し、物議をかもしました。「人間の死」は人間の創造的生存という考え方と両立しうるのでしょうか。

ドゥルーズ――人間の死は主体の問題よりもさらに厄介だし、フーコーの思想が数々の誤解をまねいたのも、この点に関係しています。しかし、誤解には悪意がつきものです。愚劣さと敵意がないまぜになったものが誤解にほかならないからです。思想家を理解するよりも、思想家の矛盾をあげつらって楽しむような人が多いですからね。だから、こんな意見も出てくるのです。フーコーは人間を信じていない。つまり人権を信じていない。そんな男がいったいどうして政治にかかわる闘争をおこなうことができるのか……。ところが、人間の死というのは非常に簡潔で厳密な主題なのであり、フーコーはこれをニーチェから受けついで、じつに独創的なかたちに発展させたのです。人間の死は形態と力の問題です。複数の力が常に他の諸力と関係している。人間の諸力を例にとるなら（たとえば悟性をもつとか、意志をもつといったこと）、それが他のどのような諸力と関係し、そこから生じる「複合体」の形態はどのようなものになるのか。『言葉と物』でフーコーが明らかにしているのは、古典主義時代の人間は人間そのものとして思考されたのではなく、神の「姿に似せて」思考されたということです。それは人間の諸力が無限の諸力と組み合わせられるからにほかならないというのです。逆に、十九世紀になると、人間の諸力が、生命、生産、言語といった有限の諸力に立ち向かうため、そこから生まれる複合体も、いきおい人間の形態をとることになる。そしてこの形態がはじめから存在したのではないのと同様に、人間の諸力がさらに別の諸力と関係づけられるならば、人間の形態が生き残る理由も見あたらないわけです。そこにあらわれる新たな複合体は神でも人間でもなく、またひとつ新しいタイプの形態になるだろうことが予測されます。たとえば、十九世紀の人間は生命に立ち向かい、炭素の力としてあらわれた生と組み合わせられる。けれども人間の諸力が珪素の力と組み合わせられるようになると、いったい何がおこるのか、そしてこの組み合わせからは、新たにどのような形態が生まれようとしているのでしょうか。フーコーにはランボーとニーチェという二人の先達がいたわけですが、彼はそこに自分なりの、じつにすばらしい解釈をつけ加えるのです。つまり私たちは生と言語にたいして、どのような新しい関係をもつのかという問題ですね。権力に対抗する新たな闘争はどのようなものになるのかという問題も忘れてはなりません。そしてフーコーが主体化の様態にたどりついたのも、彼なりに一貫した問題を追究していたからにほかならないのです。

Ⅷ

――あなたが「生存の様態」と呼び、フーコーが「生の様式」と呼んだものには生の美学が含まれている、これこそ「芸術作品としての生」なのだ、とあなたは指摘しておられます。しかし、生の問題には倫理も含まれると思うのですが……。

ドゥルーズ――ええ、生存の様態、あるいは生の様式をつくりあげる作業には、美学的なものばかりではなく、フーコーが道徳と対立させて「倫理」と呼んだものも含まれています。倫理と道徳の違いはこうです。つまり、道徳は特別なタイプの厳しい規則を集大成したものであり、（善や悪のような）超越的価値に照らして行動や意図を裁くところにその特性がある。これにたいして倫理のほうは、任意の規則を集めたものであり、私たちのなすこと、私たちが語ることを、その前提となる生存の様態をもとにして評価するところにその特性がある。つまり、こんなことを言った、あんなことをしたという事実があったなら、その前提となる生存の様態はどのようなものであるのか、考えてみるわけです。よほど心が卑しい、憎しみに満ちた生活をおくっている、あるいは生にたいする復讐心をいだいているのでもなければ、けっしておこないえない、また言いえないようなものごとがあります。たったひとつの動作や、たったひとつの言葉でこと足りる場合もある。常に前提としてひかえている生の様式が、私たちをそれぞれの人間につくりあげるからです。スピノザにおける「様態」の思想には、すでにこの考え方があらわれていた。それに、私たちはどんなことを見て、(言表の意味で)どんなことを言う「能力」をもつのか考えているところをみると、初期フーコーの哲学にも、やはりこれと同じことがあらわれていたといえるのではないか。しかし、そこに倫理があったとしても、これは美学の問題でもあるのです。偉大な書き手においては、文体はかならず生の様式になりえている。文体とは断じて個人的なものではなく、生の可能性を、生存の様態を考えだすことなのです。哲学者には文体がないとか、哲学者は文章がまずいといった苦情を耳にすることがありますが、これはなかなか興味深い問題です。たぶん哲学者が書いたものを読まないから、そんな意見も出てくるのでしょう。フランスだけにかぎってみても、デカルトもマールブランシュも、メーヌ・ド・ビランもベルクソンも、また、そのバルザック的な面を考慮すればオーギュスト・コントですら、れっきとした文章家であるわけです。そしてフーコーもまた、この系譜につらなる優れた文章家だった。フーコーの手にかかると、概念がリズムの価値を獲得するし、何冊かの本を締めくくるときにフーコーが用いた風変わりな自己との対話を読むと、概念が対位法の価値を獲得していることがわかります。フーコーのシンタクスは〈可視的なもの〉が放つ輝きやきらめきを受けとめるにとどまらず、革紐のようによじれ、折り畳まれたかと思うと、今度は畳んだものを拡げながら、言表に合わせて何かが折れるような音をひびかせることもある。それから、最後の二冊の本になると、この文体が一種の鎮静を志向するようになり、しだいに簡素と純粋の度合いを増した線をもとめるようになるのです。

「ヌーヴェル・オプセルヴァトゥール」一九八六年八月二十三日
聞き手——ディディエ・エリボン

フーコーの肖像

――この本の意図はどこにあるのでしょうか。ミシェル・フーコーへのオマージュですか。フーコーの思想はきちんと理解されていないとお考えになったのでしょうか。あなたとフーコーとで似ている点と違っている点をはっきりさせ、フーコーのおかげであなたが手に入れたとお考えになっているものを分析しておられるのでしょうか。それともフーコーの精神の肖像を描こうとなさったのでしょうか。

ドゥルーズ――この本だけはどうしても書いておきたかったのです。愛情と尊敬の対象だった人物が亡くなると、その姿を素描しておきたいという気持ちが頭をもたげてくることがありますからね。その人を賛美するためではないし、まして弁護するためなどではない。死後の名声を保証しようというのでもない。そうではなくて、その人が死んではじめてあらわれる、そして「たしかに彼だ」と言わしめるような、究極の似姿を描こうと思ったのです。それは仮面であり、あるいはフーコー本人の表現にしたがうなら、分身や裏地であるわけです。誰もが自分の好きなように似姿や裏地を引き出すことができる。しかし、私たちとは似ても似つかないものになることによって、結局、フーコーはフーコーその人に似てくるのです。私がフーコーとどのような共通点をもち、どのような相違点をもつと思っていたかということは問題にならない。当然のことながら、私とフーコーの共通点は無形のものでしかありえなかったし、それがいわばフーコーと対話することを可能にする背景として横たわっていたのです。私にとってフーコーがもっとも偉大な「現在」の思想家であることに変わりはない。そして人間の肖像を描くように思考の肖像を描くこともできるのです。だから私はフーコーの哲学を肖像に描こうとした。肖像をかたどる輪郭線や描線は、もちろん私が選ぶわけですが、できあがった素描にフーコーが乗り移っているのでなければ、描線が成功したとはいえません。

——あなたは『対話』（邦訳題『ドゥルーズの思想』）でも、すでにこう書いておられました。「フーコーについて語ることはできる。彼がかくかくしかじかのことを私に語ったと伝え、私はフーコーのことをどう思っているのか、こと細かに説明することはできるだろう。しかしそんなことをして何になる。鉄槌で打ちすえるような音、決然とした動作、いつ火がついて燃えあがるかもしれないような着想、たぐいまれな注意力、あまりにも唐突な結論、こちらがその優しさを感じるまさにその瞬間、危険なものとなるあの笑い声と微笑など、実際にこうしたものに出会った経験がないとしたら、フーコーを語ることは無益である……。」ということはつまり、フーコーの思考にはどこかしら「**危険な**」ところがあって、だからこそフーコーは**熱情**をかきたててやまないのだ、ということになるのでしょうか。

ドゥルーズ――ええ、危険だといえるでしょうね。フーコーには暴力的な荒々しさがありましたから。フーコーはその荒々しさを抑制し、制御して、勇気につくりかえていたのです。デモに参加したときなどは、荒々しさが嵩じて体を震わせるほどでした。フーコーには許しがたいことを見抜く力があった。これはジュネと共通する資質かもしれません。フーコーは熱情の人だったし、「熱情」という言葉に厳密な意味づけを与えていた。フーコーの死は非業の死だったとしか思えません。死によって仕事が中断されてしまったからです。そして文体にも、最後の二冊の本で一種の静謐を獲得する以前は、笞にも似た、革紐がよじれ、ゆるんでいく動きに通じるところがあったのです。ポール・ヴェーヌはフーコーを戦士の姿に描いています。フーコー本人も戦闘の土煙と喧騒を引き合いに出すことが多かったし、彼にとっては思考すること自体が戦争機械の相貌を呈していたのです。すでに思考されたことから一歩踏み出し、識別もできるし、安心をもたらしてもくれる事柄の外に出ていく危険に身をゆだね、前人未到の地をあらわす概念を考案するとなれば、方法と道徳はことごとく崩れ落ち、思考することはフーコーのいうとおり「危険に満ちた行為」となり、まず自分自身にたいして行使すべき暴力となる。他人から寄せられる反論も、いや質問ですら、すべてはかならず岸辺からやってくるものだし、それは助けてくれるというよりも、こちらを打ちのめし、前進をさまたげるために投じられた救命具に近いわけです。反論というものはかならず凡人や怠惰な人間から寄せられるものだし、フーコーはそのことを誰よりもよく知っていた。メルヴィルがこう述べています。「論証の都合上、ある人間が狂人だとされるならば、私は賢明であるよりも狂人でありたいと思う……。私は水に潜る人たちが好きだ。水面下すれすれを泳ぐくらいのことならどんな魚にでもできるが、五マイル、あるいはそれ以上の深さに潜るともなれば巨大な鯨でなければ駄目だ……。思考に潜る者とは世界開闢以来の知恵で目を充血させて水面にもどってきた人たちのことである。」過激な肉体の運動には危険がつきものだということは誰もが認めるでしょうが、思考もまた、息が詰まるほど過激な運動であることに変わりはないのです。思考がはじまると、生と死が、そして理性と狂気がせめぎあう線との対決が不可避となり、この線が思考する者を引きずっていくのです。思考するためにはそうした危うい線の上に腰を据えるしかないとはいえ、思考する者はかならず敗北するわけではないし、かならず狂気や死を運命づけられているわけでもない。フーコーは常にこのような危険に魅惑されていました。〈近いもの〉と〈遠いもの〉が死と狂気のなかで反転し、転倒するありさまに魅力を感じていたのです。

――すると、『狂気の歴史』の段階ですべてが出そろっていたことになるのでしょうか。それとも

相次いで圧力が加わり、危機がいくつも重なって方向転換をくりかえしたと考えるべきなのでしょ

うか。

ドゥルーズ――狂気の問題はフーコーの全著作に一貫しています。フーコーがみずから『狂気の歴史』を批判したのは、この本には「狂気の体験」を信頼する傾向が、まだ根強く残っていたからだろうと思います。フーコーにとっては現象学よりも認識論のほうが好ましいわけですが、それは、個々の歴史的形成に応じて変化する「知」のなかに狂気がとらえられる、そんな認識論なのです。フーコーがいつもこんなふうに歴史を利用したのは、狂人にならないための手段を歴史に見たからにほかなりません。しかし、思考の体験のほうは、さまざまな知の形象をたどる屈曲線から、絶対に切り離すことができない。狂気の思考は狂気の体験とは違って、あくまでも思考の体験なのです。狂気の思考が狂気そのものと一致するのは、崩壊がおこるときにかぎられているのです。では、『狂気の歴史』で原理上すべてが出そろっていたでしょうか。たとえば後年のフーコーが言説や知や権力についておこなう概念形成が含まれていたでしょうか。とてもそうは思えません。偉大な書き手は不測の事態にたちいたることが多いからです。つまりある著作を賞賛し、この本はすばらしいと言ってくれる人がいるのに、書いた当人は満足していないということですね。なぜそうなるかというと、自分が本当に望んでいることからどれだけ遠いか、自分がもとめているもの、現時点では漠然と思い描いているにすぎないものとどれだけかけ離れているのか、書いた当人がはっきり自覚しているからです。

だから、彼らには論争や反論や議論に費やすような時間がほとんどないことにもなる。フーコーの思考は順調な進歩をとげたものではなく、「危機をいくつも経験しながら進む」思考なのだと思います。思想家が危機を経験せずにすむとは思えない。思想家には激しい地震のような一面があるからです。ライプニッツに、みごとな言葉があります。「これらのことを確定したあと、私は港に入ったつもりでいたのだが、魂と肉体の結合について思索をはじめると、体が沖に投げ出されたような状態になった。」これこそ、思想家に高次元の整合性をあたえ、線を断ち切り、針路を変え、沖に身を投げ出す能力、つまり発見し、創始する能力をもたらすものだと考えていい。『狂気の歴史』は、それ自体がすでに危機からの出口だったのでしょう。そして危機からの脱出を起点にして、フーコーは綿密な知の概念形成をおこない、それが『知の考古学』（一九六九年）の言表理論に結実するわけですが、しかしそれは同時に六八年という名の新たな危機に突きあたることでもあった。六八年はフーコーにとって力と歓喜に、そして創造の悦びに満ちあふれた高揚の時期でした。その痕跡をとどめた本が『監獄の誕生』であるわけですが、フーコーはこの本ではじめて知から権力への移行をはたしたのです。ここでフーコーが踏み込んでいった新たな領域は、以前から予告され、目安もついていながら、まだ踏査するにはいたらなかった領域でした。つまり問題を先鋭化したわけです。六八年は、権力関係がおよぶあらゆる場面において、ということはつまりすべての場所において、権力関係をあますところなく剔き出しにした事件だったからこそ、それが可能になったのです。それまでフーコーは形態の分析に主力をそそいでいたわけですが、今度は形態の基底に横たわる力の関係に目を向ける。フーコーは不定形の世界に飛び込み、みずから「ミクロ物理学」と呼んだ境位に切りこんでいく。そしてこれが『知への意志』まで続くわけです。ところが『知への意志』の後、また新たな危機が待ちうけていた。それは従来とはまったく別の、より内面的な、そしておそらくは抑鬱型で心の奥底に隠された危機だったろうと思います。そしてこの危機の内実は、自分が行き詰まったという意識だったのではないでしょうか。たくさんの理由がからみあっていたはずです。この点についてはまた後で触れることになるかと思いますが、とにかくフーコーはそっとしておいてもらいたい、一部の友人は別として、他の人たちから離れてひとりきりになりたい、その場にいながらにして遠くに行きたい、断絶のおこる地点にたどりつきたいと思っていた。私はそんな印象を受けたものです。もっとも、これは私の印象を述べているだけで、完全な思い違いかもしれませんよ。

傍から見るかぎり、フーコーは従来どおり性の歴史に取り組んでいました。しかしその作業はそれまでとはまったく違う線の上で続けられていたのです。従来はもっぱら短期間の歴史的形成（十七世紀から十九世紀まで）をあつかっていたのにたいし、今度は（古代ギリシアに端を発する）長期間の歴史的形成を見出していったのです。そして、みずから主体化の様態と呼んだものに合わせて、全面的な軌道修正にとりかかっていたのです。主体化の様態は断じて主体への回帰ではなく、新たな創造をうながす断絶の線だった。つまり主体化の様態とは、知と権力を対象としたこれまでの関係に変化をもたらす新たな探究だったのです。さらに問題が先鋭化したと考えてもいいでしょう。文体にも変化があらわれました。フーコーの文章はそれまでの輝きときらめきを捨て、簡素と純粋の度合いを高め、やがてほとんど静謐ともいえる線状性を獲得していったのです。これはただ単に理論上の問題にとどまることではありません。フーコーにとって思考はけっして理論の問題ではなかった。思考は生の問題でした。生そのものだったと言ってもいい。その生が、フーコーの場合、新たな危機を切り抜ける方法にあらわれた。つまり、フーコーは危機からの脱出と、知と権力にたいする新たな関係の導入を可能にするような線を引いたわけです。たとえそれがもとで命を落とすことになっても、ほかにどうしようもなかった。馬鹿げた話に聞こえるかもしれませんね。主体化の発見がフーコーの命を奪ったわけではないのですから。とはいっても、「なんとかしなければ、さもないと息が詰まる」という悲痛な叫びも聞こえてくるわけで……。フーコーの著作には、どこをとってもきわだった特徴があります。それは、フーコーが一貫して歴史的形成（はじめは短期間の、晩年になってからは長期間のもの）に取り組んだのはたしかだが、その歴史的形成は常に私たち現代人の状況に関係づけられていたということです。著作のなかでわざわざこの点を強調する必要はなかった。明白すぎるほど明白なことだったからです。そこでフーコーとしては、現代人につながる問題は新聞に出す対談で解説することにしていたのです。フーコーの対談が完全に作品の一部をなすゆえんです。『監獄の誕生』が依拠しているのは十八世紀と十九世紀ですが、しかしこの本は現在の監獄や、フーコーとドゥフェールが始めた情報グループから、絶対に切り離すことができない。歴史的形成がフーコーの関心をひいたとしても、それは、私たちは何から脱却しようとしているのか、何が私たちを包囲しているのか、そして私たち自身の表現となる新たな関係を見出すために私たちは何を断ち切ろうとしているのかということを、歴史的形成が教えてくれるからにすぎないのです。フーコーにとって本当に重要なのは、私たち現代人と狂気との関係、私たちと懲罰との関係、あるいは権力や性にたいする私たちの関係だったのです。ギリシア人そのものが重要なわけではなく、私たちと主体化との関係、そして私たちがみずからを主体として成立させるときの方法が重要なのです。いつの時代でも思考することは実験することと同じです。思考とは解釈ではなく、実験なのです。そして実験は常に今日的な、いま現在生まれつつある新しいものをとりあげ、結局、現時点でなされつつあることを対象にしておこなわれるのです。歴史は実験ではない。歴史とは、歴史ではとらえきれないことの実験を可能にする、ほとんど否定的ともいえる条件の寄せ集めにすぎないのです。歴史がなければ、実験は限定と条件づけを欠いた状態にとどまるだろうとはいえ、しかし実験そのものは歴史に属する事柄ではなく、あくまでも哲学の領分なのです。フーコーはもっとも十全な意味で二十世紀の哲学者です。唯一の二十世紀的哲学者だと言ってもいいでしょう。フーコーは十九世紀から完全に分離している。だからこそ、あれほど的確に十九世紀を語ることができたのです。

フーコーがみずからの生を思考に注ぎこんだというのはそういう意味です。権力との関係、そして自己との関係など、すべては生死にかかわる、狂気をとるか新しい理性をとるかという切迫した問題だったのです。フーコーにとって、主体化とは理論のうえで主体に回帰することではなく、従来とは違う生の様態や新たな様式をもとめる実践的探究だったのです。これは頭のなかだけでできることではありません。新たな生存の様態は、共同体のものであれ、個人にかかわるものであれ、いま、どこに芽をふこうとしているのか。そしてこの私にもそのような芽があるのだろうか。ギリシア人を検討しなければならないのはもちろんですが、それはフーコーのいうように、生の様態という概念とその実践を考案したのがギリシア人であるからにすぎないのです……。たしかにギリシア世界の実験というものがあったし、キリスト教世界でもさまざまな実験がなされたにはちがいありませんが、かといってギリシア人やキリスト教世界の人たちが私たちにかわって実験をおこなってくれるわけではないのです。

——フーコーの思想はそれほどまでに悲痛なのでしょうか。ユーモアに満ちた思想だともいえるのではありませんか。

ドゥルーズ——優れた文章家には、かならずユーモアの水準や滑稽の水準を見出すことができます。そしてこのユーモアと滑稽の水準は、真摯な態度のみならず残忍性すら含んだ、他のあらゆる水準と共存しているのです。フーコーには誰にでも通じる滑稽がある。『監獄の誕生』に見られる良質の喜劇さながらの記述を産んだ懲罰の滑稽だけでなく、物自体の滑稽と言葉の滑稽もあるのです。フーコーは実生活でも著作でもおおいに笑った人だということになるでしょうね。フーコーが特に好んだのは、十九世紀の末に単語や文を処理する奇抜な「方式」を考案したルーセルとブリッセでした。そしてフーコーのルーセル論（一九六三年）は、後に『知の考古学』（一九六九年）で構築される言表理論を念頭に置いてみると、この理論の詩的で、滑稽味も加えた先取りになりえていることがわかります。ルーセルは、完全に意味を異にする、しかし字面はほとんど変わらないふたつの文をとりあげ（「年老いた略奪者の一党［les bandes du vieux pillard］」、「古びたビリヤード台の帯［les bandes du vieux billard］」）、目に見えるような場面や、常識では考えられないような光景を呼びさまし、一方の文がもう一方の文に合流したり、もう一方の文の上に折り畳まれたりするように工夫する。そしてブリッセは、ルーセルとは別の手法を使い、狂気と化した語源学をもとにして、単語の解体に照応する光景を呼びさます。フーコーは、こうしたことから、はやくも〈可視的なもの〉と〈言表可能なもの〉をめぐる綿密な概念形成をおこなっていたのです。そこで読者としては、フーコーがハイデガーやメルロ＝ポンティに近い主題に遭遇するように見えるので、完全に意表をつかれるわけです。「視線の外にある可視性……。目は、物がその存在の効力によって見られるにまかせておく……。」はっきりそう述べているわけではありませんが、フーコーは、ルーセルにハイデガーの祖先を見ていたようです。ハイデガーにも、狂気すれすれの語源学的方式があるのはたしかですからね。私はフーコーがルーセルを論じた文章が好きでした。かなり漠然としているとはいえ、ハイデガーと、いくつかの面でルーセルに近いもうひとりの作家とのあいだに、どこかしら似通ったものがあるという印象を受けたからです。もうひとりの作家というのはジャリのことです。じっさい、ジャリは、語源学の見地から、超形而上学《パタフィジック》を形而上学《メタフィジック》の彼岸への遡行と規定し、その基盤となるのは〈可視的なもの〉、あるいは現象の存在性だ、とはっきり述べているではありませんか。では、ハイデガーからルーセルへの（あるいはジャリへの）移行は何の役にたつのか。そう、この移行は、「方式」をつうじてあらわれてくる〈可視的なもの〉と〈言表可能なもの〉の関係を、フーコーが完全に変質させる際の手助けとなったのです。つまり調和や相同性（協和音）にかわって、〈誰かが見るもの〉と〈誰かが語ること〉のあいだに絶え間ない戦いがくりひろげられ、短時間の締めつけや接近戦、そして捕獲がおこなわれるようになる。なぜなら、〈誰かが見るもの〉が語られることは絶対にありえないし、〈誰かが語ること〉が見られることも絶対にありえないからです。ふたつの物のあいだで言表が発生するように、〈可視的なもの〉はふたつの命題の中間で生まれるのです。志向性が劇場に席をあけわたし、〈可視的なもの〉と〈言表可能なもの〉がたわむれる一連のゲームがそこに出現する。そして一方が他方を切り裂くわけです。フーコーによる現象学批判は、このようにして『レーモン・ルーセル』で表明されたわけですが、フーコー当人はわざわざそう述べる必要を感じていなかった。

それから、ブランショの場合と同様、フーコーでも「誰か（on）」の分析が促進されます。つまり三人称ですが、分析の対象にすべきなのはまさにこの三人称だということ。〈誰か〉が語り、〈誰か〉が見て、〈誰か〉が死んでいく。つまり複数の主体が存在するのです。主体とは〈可視的なもの〉の塵のなかを舞う微粒子であり、匿名性のつぶやきのなかに置かれた可動性の場のことです。主体はいつも微分の様相を呈する。主体は誰かが語り、誰かが見る行為の密度のなかで生まれ、そこで消滅していく。このような主体観から、フーコーは「汚名に塗れた人」という奇抜な考え方を導き出してくるのです。しかもこの考え方にはさりげない快活さがただよっている。これは、いわばジョルジュ・バタイユと正反対の考え方で、汚名に塗れた人を規定するのは悪における過剰ではなく、語源学の観点から見てふつうの人やありふれた人が、隣人の苦情とか警察の出頭命令、あるいは訴訟沙汰といった三面記事的な事情によってふいに日の当たる場所に引き出されたとき、汚名に塗れた人になるという……。つまり権力との対決を強いられ、何かを語り、みずからの姿を人目にさらすことを命じられた人間。だから汚名に塗れた人は、カフカよりもチェーホフと、はるかに強い類縁性をもつことになる。チェーホフには、幾晩も眠れなかったので赤ん坊の首を絞めた子守の少女とか、釣り竿の錘にするために線路の釘を抜いて裁判にかけられた農夫の話がありますよね。汚名に塗れた人とは、光の束と音響の波動にとらえられた微粒子のことなのです。それに汚名とは逆の

「名声」も、汚名と別のあらわれ方をするとはかぎらない。権力にとらえられ、私たちに〈見ること〉と〈話すこと〉を強いてくる権力の審級によってとらえられるところに名声があるわけですから。ある時期、フーコーは自分が著名人であることに耐えられなくなりました。何を語っても、かならず誰かが待ちかまえていたからです。賞賛されようと、批判されようと、まったく同じだった。誰もフーコーを理解しようとしなかったのです。では、「待たれざる状態」をとりもどすにはどうしたらいいのか。なにしろ「待たれざる状態」とは仕事をするための必要条件にほかならないわけですからね。汚名に塗れた人になること。これがフーコーの夢だった。滑稽な夢でもあれば、いかにもフーコーらしい笑いだともいえる夢。私は汚名に塗れた人なのか。『汚名に塗れた人びとの生活』というフーコーの文章はまぎれもない傑作です。

――『汚名に塗れた人びとの生活』は危機のあらわれだといえるでしょうか。

ドゥルーズ――そのとおりです。この論文にはさまざまな水準がある。ここで注目しておきたいのは、『知への意志』(一九七六年)のあと、フーコーが八年ものあいだ本を出していないという事実です。完璧な計画を立てていたにもかかわらず、フーコーは『性の歴史』の続編を中断してしまう。この仕事は「少年十字軍」などを含んだ、興味津々の展開を予想させるものだったし、資料調査もかなり進んでいたはずなのに、それでも中断してしてしまう。『性の歴史』を中断したとき、そして前後数年のあいだに、いったい何があったのか。本当に危機が待ちうけていたとすれば、種々雑多な要因が、いくつも、しかも同時にはたらいたにちがいありません。まず、仕事そのものからは遠いところに原因をもつ失望があっただろうと思います。たとえば監獄運動の最終的な挫折ですね。別の尺度から見るなら、イランやポーランドなど、生まれたばかりの希望が瓦解したということもあるでしょう。フランスの社会生活と文化生活が、フーコーにとって耐えがたいものになってきたということもあるにちがいありません。そしてフーコー自身の仕事では、『知への意志』について、さらには『性の歴史』の計画全体について、誤解がどんどん大きくなっていったという事情もある。それから、おそらくもっとも個人的なレベルで、自分は袋小路にはまった、思考だけでなく生にもかかわる窮地からの出口を見出すためには孤独と力が必要なのだ、そんなふうに感じていたのではないか。では、本当に袋小路にはまったのだとしたら、その内実はどうなっていたのでしょうか。それまでのフーコーは知の形成と権力の装置を分析してきました。そして、そのなかで私たちが生き、語る場としての、権力と知の混合体にたどりついていました。『知への意志』でもこの視点が守られています。『知への意志』は、十九世紀と二十世紀における性愛の言表をコーパスにまとめ、それが規格化をめざすものであれ、あるいは逆に異議を唱えるものであれ、とにかく性愛の言表が成り立つとき、その中心に位置するはずの権力はどのようなものになるのかということを探っていたわけですからね。この点からすると、『知への意志』はかつてのフーコーが構築しえた方法の範囲内におさまることになります。しかし、私が思うにフーコーはひとつの問題にぶつかった。権力を「超えるもの」は何もないのか。自分は権力関係に閉じこもって袋小路にはまりつつあるのではないか。こうしてフーコーは何かに呪縛されたようになり、本来なら憎悪の対象であるはずのもののなかに投げかえされたような状態になる。そして、権力と衝突することは現代人（つまり汚名に塗れた人）の宿命であり、私たちが見たり話したりするよう圧力をかけてくるのは、ほかでもない権力なのだ、と自分に言い聞かせるわけです。しかしそんなことをしてもどうにもならない。それではとても納得がいかないし、フーコーにはやはり「なんとかする」ことが必要なのです……。フーコーは自分の発見に閉じこもっていることができない。『知への意志』は権力にたいする抵抗の拠点を引き出していたかもしれませんが、しかしほかでもない、この拠点自体の規定と起源と生成過程が曖昧なまま残されていた。たぶんフーコーはなんとしてもこの一線を越えて線の向こうまで足をのばし、知と権力の複合体よりもさらに遠いところに行かなければならないと感じていたのでしょう。たとえ『性の歴史』の計画を全面的に検討しなおす必要が出てきたとしても、ほかにどうしようもなかったのです。あまりにも美しい『汚名に塗れた人びと』の文章でフーコーが自分に言い聞かせているのはそのことにほかならない。「一線を越え、線の向こう側に行くことができないままだ……相変わらず権力の側に、権力が語ったり、語らせたりすることの側に選択が向けられている……。」フーコーは過去の仕事を放棄しているのではありません。それどころか、以前の仕事があればこそ、フーコーは新たな対決に向けて突き進むことができたのです。このあたりの事情を理解できるのは、フーコーの探究の旅に「同行した」読者にかぎられる。だから、あいつは自分の誤りに気がついたんだ、だから主体を再導入したんだ、といった意見は愚劣でしかありえないわけです。フーコーはけっして主体の再導入をおこなったのではありません。フーコーに必要なのは仕事を続けるにあたってどうしても避けてとおれないものだけだったからです。フーコーは知と権力の混合体に決着をつけ、最後の線に踏み込んでいこうとした。ライプニッツと同じように、「沖に投げ出された」わけです。新たな発見をおこなうのでなければ書くことをやめるしかないとなれば、そこには選択の余地などありえなかったはずです。

——いま説明していただいた「線」、つまり権力関係とは異なる関係というのは、いったい何のことなのでしょうか。従来のフーコーにも、それを予感させるものがあったのではないかと思いますが、いかがでしょうか。

ドゥルーズ——これはそう簡単に説明できることではありません。なにしろ、いま問題になっているのは、まったく輪郭をもたないとはいえ、けっして抽象的にはならない線なのです。この線は思考のなかにあるわけでも、物のなかにあるわけでもない。しかし思考が狂気に類するものと対決し、生が死に類するものと対決するところには、かならずこの線があるのです。ヘンリー・ミラーはどんな分子のなかにも線がある、すべての神経線維に、そして蜘蛛の巣を織りなす糸にも線を見出すことができる、と述べています。メルヴィルが『白鯨』で語った、繰り出されたが最後、私たちを引きずり、私たちの首を絞めずにはおかないあの恐るべき鯨の線もそうでしょう。ミショーの場合だと、これがドラッグの線にあらわれて、「線状のクイックモーション」とか、「怒り狂った馬方が振りおろす笞の革紐」と表現されています。ひとりの画家の線にそれがあらわれることもある。たとえばカンディンスキーの線とか、ゴッホの死を招いた線などがそうです。じゅうぶんな眩暈にとらえられた状態で思考し、じゅうぶんな力をもって生きるとき、私たちはかならず危険な線の上に身を置いているはずなのです。知を超えたところにあるのはこのような線なのだし（「認識」することのできない線だから）、権力関係を超えたところには、こうした線と私たちとの関係がある（ニーチェも指摘しているとおり、これをあえて「支配への意志」と呼ぶような者はいないでしょう）。いま説明した線は、すでにフーコーの著作全体にあらわれている、あなたの質問はそういう意味でしょうか。たしかにそのとおりです。これは〈外〉の線なのです。〈外〉は、フーコーの場合でも、フーコーにこの用語を提供したブランショの場合でも、いかなる外界よりも遠いものを指しています。となれば、〈外〉はいかなる内界よりも近いものだということにもなる。そしてそこから〈近いもの〉と〈遠いもの〉が絶えず反転しあう関係が生まれるのです。思考は内部から到来するわけではありませんが、かといって外界が出現する可能性を拡張するわけでもない。思考は〈外〉から到来し、〈外〉に帰っていく。思考は〈外〉に挑むことによって成立する。〈外〉の線は私たちの分身であり、分身の他者性をともなっている。フーコーは『レーモン・ルーセル』でも、ブランショを讃えた論文でも、また『言葉と物』でも、常にこの線のことを語ってきました。『臨床医学の誕生』にはビシャをめぐる長い記述がありますが、これがフーコーの方法や手法を端的にあらわしていると思います。フーコーはビシャにおける死の考え方について認識論的分析をおこなっている。そしてこれが考えうるかぎりでもっとも手堅く、もっとも華やかな分析にもなりえている。ところが、それだけではビシャについての文章を語りつくすことはできないという印象が残るのです。なにしろフーコーの文章は、すでに過去の人となった著述家を紹介する作業をはるかに超えた熱情をたたえているのです。なぜそうなったかというと、おそらく、激烈で、多元的で、生と共通の外延をもつものとして死を描くことにより、死について最初の近代的概念形成をおこなったのがビシャだったからでしょう。古典派の医師のように死を定点にするのではなく、ビシャは死を線に変えた。そして、私たちは休みなく死の線に挑みつづけ、死の線を二方向に越えながら、線が尽きるところまで行くのだということを明らかにしているのです。〈外〉の線に挑むとはそういうことなのです。熱情の人は、鯨を追うエイハブ船長のように、いや、それよりもピークォド号のように、追跡のさなかに死んでいく。つまり線を越えていく。

フーコーの死には、いくぶんこれと似たところがあります。知と権力を超えたところに、「システム」の第三の側面があり、第三の要素があるということ……。これが極限に達すると、そこでは死と自殺の区別すらつかないような加速が実現することになるのです。

——その線が「恐ろしい」ものだとすれば、線を生きるにはどうすればいいのでしょうか。この問題は、線を折り畳む必要を語るはずの『襞』の主題を予告しているのでしょうか。

ドゥルーズ——そうですね。いま説明した線は死に直結しているし、激しすぎるばかりか、速度も大きすぎる。これは、呼吸もままならないほど希薄な大気のなかに私たちを引きずっていく線なのです。この線は、ミショーが放棄したドラッグのように、思考をあとかたもなく破壊してしまう。エイハブ船長の「モノマニー」と同じように、もはや狂気や錯乱以外のなにものでもなくなる。だからこそ、線を越えることと、線を生き、活用し、思考することが、同時に必要となるのです。可能なかぎり、そしてできるだけ遠くまで見越して、線を生の技芸につくりかえること。線に挑みながら、もう一方では逃走し、わが身の保全をはかるにはどうすればいいのか。この問いが立てられたとき、フーコーが頻繁にとりあげた主題が表面に出てきます。つまり、線を折り畳めるようになり、生きうる帯域を成立させてそこに住まい、挑み、支えを見出し、息をつく必要がある、要するに思考を可能にしなければならないという切迫した問題。線の上で、線とともに生きられるようにするため、線を折り曲げること。これは生死にかかわる重要問題です。線のほうは、いったん畳まれても、並はずれた速度でふたたび拡がっていこうとするし、私たちとしては線を折り畳んで「私たちがそれであるところの緩やかな存在」をつくりあげ、ミショーのいう「台風の目」に到達しようとこころみる。そして、このふたつが同時に必要なのです。折り畳みの操作によって襞をつくる（そして襞を拡げる）ということは、フーコーにとってどうしても頭から離れない考え方でした。襞への折り畳みと、襞を拡げる運動は、フーコーの文体やシンタクスを成り立たせるばかりでなく、ルーセル論では言語の操作そのものとなり（「語を折り畳む」）、『言葉と物』では思考の操作になっている。そして、特に最後の二冊の本でフーコーが発見した、生の技芸を対象とした操作（主体化）も、折り畳みと押し拡げの運動にほかならないのです。

襞への折り畳みと襞の押し拡げは、ハイデガーの読者にはなじみの深い主題です。襞はおそらくハイデガー哲学の全体像を解く鍵でもあるわけですからね（「思考への接近は存在と存在者の襞に向かう途上にある」）。ハイデガーには〈開かれたもの〉があり、現象が可視性となるための条件として存在と存在者の襞があって、さらに〈遠いもの〉の存在としての人間的現実がある。フーコーには〈外〉があり、〈外〉の線を折り畳んだ襞があって、さらに〈外〉の存在としての人間的現実がある。晩年のインタビューで、フーコーがハイデガーと自分を関連づけているのは、おそらくこのあたりに原因があるのでしょう。しかし、両者の思考は全体としてはあまりにも相違しているし、提起された問題にも大きな違いがありますから、類似は表面的なものにとどまると考えるべきだと思います。フーコーには現象学的意味での「経験」がなく、常に複数の知と複数の権力があらかじめ存在し、これが〈外〉の線にみずからの限界を見出し、〈外〉の線上で消えていくことになっている。私の印象では、フーコーはハイデガーよりもミショーに近く、場合によってはコクトーにも似ていると思います。フーコーは生の問題、呼吸の問題を介してミショーとコクトーに合流するのです（ハイデガー的主題をルーセルに振り向けて、さらなる変形を加えたのと同じように）。コクトーは、いみじくも『存在困難』と題された遺作で、夢は驚異的な速度をもち、「私たちが永遠を生きられるよう仲介してくれる折り目」を拡げる、しかし覚醒状態で世界を生きるには世界を折り畳まなければならない、そしてすべてが一度に与えられるわけではない、と説明しています。さらに的確な表現をしているのはミショーですが、ミショーの場合は作品の題や副題ですら、フーコーにとって着想の源になりえたのです。『内側の空間』、『内なる遠方』、『襞のなかの生』、『差し錠に向かって』（それに『なしうるためのポエジー』とか『知の薄片』といった副題がつけられている……）。『内側の空間』で、ミショーはこう書いています。「子供は二十二の襞を刻まれた状態で生まれてくる。その襞をひとつ残らず拡げなければならない。そうすれば人間の生は完全なものになる。そのようにして人間は死んでいく。もはや拡げるべき襞がひとつも残されていないからだ。拡げるべき襞をいくつか手に入れる前に人間が死ぬことは、まずありえない。しかし、これが現実のこととなった。」この文章はかぎりなくフーコーに接近していると思います。フーコーの場合も、襞への折り畳みと、襞の押し拡げが、ミショーの文章で見たのと同じように共振しているからです。違うのは、ミショーでは二十二個もあった襞が、代表的な四つの襞に切りつめられていることでしょう。四つの襞を列挙するなら、まず、私たちの身体によってできあがる襞がある（私たちがギリシア人なら身体だし、キリスト教世界の人間ならそれが肉体に変わる。だからそれぞれの襞が数多くの変種をもつのです）。つぎは、なんらかの力が自分以外の諸力に作用をおよぼすのではなく、自己にたいして作用するとき、その力によってできる襞。それから私たちと真理との関係において真理によってつくられる折り目。そして最後に究極の折り曲げとして出てくるのが〈外〉の線自体の襞であり、これが「待機の内在性」を成立させるわけです。そして、いつも同じ問いがルーセルからミショーへと向かい、詩と哲学の複合体をつくりあげる。つまり、息が詰まるような空白や死におちいることなく、折り畳んだ線をどこまで拡げることができるか、線との接触を失うことなく、〈外〉にも同時に現存し、〈外〉に適応できる〈内〉をつくりあげることによって線を折り畳むにはどうしたらいいか、という問いですね。これは「実践」の問題です。ほとんど表面にあらわれることのないハイデガーからフーコーへの影響を語るよりも、一方にはヘルダーリンとハイデガーのつながりが、そしてもう一方にはルーセルやミショーとフーコーのつながりがあって、両者のあいだに収斂が認められると考えたほうがいいだろうと思います。とはいえ、フーコーとハイデガーのたどった道がまったく違うものであることに変わりはありません。

――それが「主体化」なのでしょうか。なぜ「主体化」という言葉を使わなければならないのでしょうか。

ドゥルーズ――ええ、いま説明した線の折り畳みは、フーコーが線の折り畳み自体の考察に着手したとき、はじめて「主体化のプロセス」と呼ばれるようになったものにほかなりません。最後の二冊の本でフーコーが古代ギリシア人を礼賛しているのはなぜなのかということをおさえておけば、この点もずっと理解しやすくなるでしょう。フーコーのギリシア人礼賛は、ハイデガーよりもニーチェに近いものであり、特筆すべきはこれが古代ギリシア人をめぐるじつに明晰で独創的な見解にもなりえているということです。ギリシア人は政治において（そして政治以外の分野でも）自由人相互の権力関係を考案した。それは、自由人を統率するのは自由人だという点に集約される関係です。となれば、力が他の諸力にたいして行使されたり、他の諸力の効力を被るだけでは不十分で、力は自己にたいしても行使されなければならないことになる。つまり他人を統率する資格をもつのは十全な自己抑制に達した者にかぎられるのです。自己にかぶせるかたちで力を折り畳むことにより、そして力を自己との関係のなかに注ぎ込むことによって、ギリシア人は主体化を創始したのです。それはもはや体系的な知の規則が充満した領域

（形態間の関係）でも、拘束力が強い権力の規則が充満した領域（力と諸力の関係）でもなく、いわば「任意の」規則（自己との関係）なのです。だから、もっともすぐれた人間は自分自身に向けて権力を行使する者だということにもなります。ギリシア人は美学的な生存の様態を創始した。それが主体化なのです。つまり線を湾曲させ、線は線自体にもどり、力は力自体を触発するようにしむけること。そうすれば、私たちは他の方法では生きられないものを生きるための手段を手に入れることができる。フーコーが主張しているのは、生存を「様態」や「芸術」に変えないかぎり、私たちは死や狂気を回避できないということです。いったん主体を否定しておきながら、フーコーは隠された主体を発見したとか、再導入したのだとか述べるのはあまりにも馬鹿げている。主体などありはせず、主体性の生産が存在するにすぎないわけですからね。主体性とは、機が熟したとき、まさに主体がないからこそ生産しなければならないものなのです。そして私たちが知と権力の段階を乗り越えていれば、すでに主体性の生産に向けて機は熟したことになる。新たな問いを提起するよう私たちに圧力をかけるのは、そうした知と権力にほかならないわけですからね。それ以前には新たな問いを立てることは不可能だった。主体性は、従来のフーコーには見えなかった新たな知の形成でも、新たな権力の機能でもありません。主体化は、知からも権力からも区別される審美的操作であり、この操作は知にも権力にも回収されないのです。この点からすると、フーコーはやはりニーチェに近いことになるし、じっさい、最後の線上で審美的意欲を発見しているではありませんか。主体化、つまり〈外〉の線を折り畳む操作は、ただ保身にはげみ、難を避ける方法だと考えてはならない。それどころか、主体化こそ、線に挑み、線をまたぐ唯一の方法なのです。その結果、死や自殺に向かって歩むことになるかもしれませんが、シュレーターとの風変わりな対談でフーコーが述べているように、その場合の自殺は生に満ちあふれた芸術になりおおせているのです。

——そうはおっしゃいますが、あれはやはりギリシア人への回帰なのではありませんか。そして「主体化」という言葉は、主体の再導入につながる曖昧な表現ではないでしょうか。

ドゥルーズ——ちがいます。ギリシア人への回帰などありはしません。フーコーは回帰というものが大嫌いでしたからね。自分で体験したこと以外を語ろうとはしなかったし、自己の抑制、いや、もっと正確にいうと自己の生産は、フーコーにおいては自明の事柄だったのです。フーコーが主張しているのは、ギリシア人は主体化を「創始」した、自由人の競合関係（競技会、雄弁術、恋愛など）という体制がそれを可能にしたのだということです。けれども、主体化のプロセスは並外れた多様性をもっています。キリスト教世界の様態はギリシアの様態とはまったく別のものだし、しかも主体性の生産は、宗教改革を待つまでもなく、すでに原始キリスト教の時代から、個人と集団の別を問わず、さまざまな道をたどってきたのです。キリスト教徒における新しい生存の美学を論じたルナンの文章を思い出すべきでしょう。ルナンが問題にしているのは、皇帝ネロもそれなりに助長してしまった、そしてアッシジのフランチェスコに最高度の表現を見出すことになる美学的な生存の様態です。狂気との、そして死との対決。フーコーにとって重要なのは、主体化はいかなる道徳からも、そしていかなる道徳的コードからも区別されるということです。主体化は倫理と美学にまたがるものであり、この点で知と権力の性格を帯びた道徳と対立するのです。したがってキリスト教の道徳が存在し、もう一方にはキリスト教的倫理とキリスト教的美学の複合体が存在する。そして両者のあいだであらゆる種類の闘争が戦われ、あらゆる種類の妥協がおこなわれることになるのです。いまの時代についても同じことがいえるでしょう。私たちの倫理とは何か、私たちの審美的生存を産み出すにはどうしたらいいか、現行の道徳的コードには還元できない私たちの主体化のプロセスはどのようなものになるのか。どのような場所で、そしてどのようにして新たな主体化はあらわれてくるのか。いまの共同体には何を期待すればいいのか。ですから、フーコーがギリシアまでさかのぼったところで、『快楽の活用』やそれ以外の本で彼が関心をよせるのは、いま現在おこっていることであり、いまの私たちが何者であり、何をしているのかということなのです。現代に近いものであれ、遠いものであれ、歴史的形成は私たちとの差異において分析され、この差異を点検するために分析されるにすぎないのです。私たちはみずからに身体を与えるけれども、それはギリシア的身体やキリスト教的肉体とどう違うのか。主体化とは、生存の様態を、あるいは生の様式を生産することなのです。

ならば、「人間の死」という主題と、審美的主体化という主題のあいだに、どうして矛盾を見ることができるでしょうか。道徳の拒絶と倫理の発見のあいだに、どうして矛盾を見ることができるでしょうか。問題に変化がおこり、新たな創造がおこなわれているのです。それに、主体化は生産されるものであり、「様態」なのだという事実をおさえておくだけでも、「主体化」という言葉のあつかいには相当の用心が必要だということはじゅうぶん理解できるはずです。フーコーは「自己そのものと正反対であるような自己の技芸」という言い方をしています。もし主体があるとすれば、それは自己同一性なき主体なのです。プロセスとしての主体化は一種の個体化であり、個体化は個人的であっても集団的であってもいいし、一個人についておこなわれても、多数についておこなわれてもいい。そして個体化にはさまざまなタイプがあるのです。「主体」タイプの（それはきみ、これはぼく、といった）個体化もあれば、〈事件〉タイプの、たとえばそよぐ風、気圧、一日のうちのある時間、戦いといった、主体なき個体化もあるのです。ひとつの生や一個の芸術作品が主体として個体化されているかどうかは、まったくもって定かではない。フーコー当人からして、すでに正確な意味で人称とはいえないような人物だったわけですからね。日常卑近な状況でも、すでにそうでした。たとえばフーコーが部屋に入ってくるとします。そのときのフーコーは、人間というよりも、むしろ気圧の変化とか、一種の〈事件〉、あるいは電界か磁場など、人間ならざるものに見えたのです。かといって優しさや充足感がなかったわけでもありません。しかし、それは人称の世界に属するものではなかったのです。強度がいくつも集まったような状態。そんなふうであるとか、そんなふうに見られるということがフーコーを苛立たせたこともあります。しかし、フーコーの全作品がそうした強度の束によって培われていたというのも、やはり否定しようのない事実なのです。〈可視的なもの〉も、フーコーの場合には輝きやきらめき、あるいは稲妻のような、光の効果だった。言語は巨大な「ある（il ya）」が三人称に置かれたものにほかならないし、要するにこれが人称の対極に位置するわけです。フーコーの文体を成り立たせる強度の言語。これもシュレーターとの対談に出てくることですが、フーコーは「愛情」と「熱情」の対比を敷衍してみせ、自分は熱情の人であって愛情の人ではないと述べています。この文章のすばらしさは、即興の対話ということもあって、フーコーが愛情と熱情の区別に哲学的な意味合いをもたせようとはしていないところにあります。無媒介的な、生のレベルで語っているからです。愛情と熱情の区別は恒常性と非恒常性の方向でなされているのではない。いちおう同性愛と異性愛を話題にしてはいますが、かといって同性愛と異性愛の対比をおこなっているわけでもない。フーコーが述べているのは、むしろ、個体化はふたつのタイプに分かれるということなのです。一方の愛情は人称にしたがって個体化をとげ、もう一方の熱情は強度によって個体化をとげる。あたかも熱情が人称を溶解させたかのように。しかしそうすることによって未分化の状態に陥るのではなく、いつも相互に相手を包みあった、可変的で連続した強度の場に浸されるようになるのです（「それは絶えず動いている状態でしたが、かといって特定の点に向かうのではなく、力が強まる時期と弱まる時期がある。白熱して燃えあがる時期があるかと思えば、おそらく惰性からでしょう、とにかく理由もはっきりしないまま、不安定な状態がつづくこともあるのです。極端な場合にはしばらく自己を保ち、やがて消えていこうとする……自分自身であるということはもはや意味をもたないのです……」）。愛情はひとつの状態であり、人称や主体の関係です。これにたいして、熱情のほうは人の一生にも匹敵する長さをもつ人称以前の〈事件〉であり（「私はここ十八年来、誰かにたいする、そして誰かのための熱情の状態を生きているのです」）、主体なき個体化をおこなう強度の場なのです。トリスタンとイゾルデの関係は、たぶん愛情でしょう。けれども、いま話題にしているフーコーの文章にふれて、こんな感想を述べた人もいるのです。『嵐が丘』のキャサリンとヒースクリフは熱情だ、純粋な熱情であって、愛情ではない、とね。じっさい、『嵐が丘』は恐るべき魂の兄妹関係であり、もはや人間とは言いきれないものを表現している（彼は誰？――狼さ……）。情動のさまざまな状態を新たに区別してこれを表現し、それぞれに異なる情動を感じ取ってもらうのは並大抵のことではない。フーコーの仕事が中途でとぎれているという事実も関係しているでしょう。フーコーが生きていたならば、生の場合と同じような哲学的射程を、熱情と愛情の区別に与えていたかもしれないのです。ともあれ、フーコーが「主体化の様態」と呼んだものについて、大いに用心してかかるべきだということだけは、きちんと理解しておかなければなりません。フーコーのいう様態には、たしかに主体なき個体化が含まれている。これが問題の核心でしょう。それに熱情も、熱情の状態も、おそらく主体化の場合と同じで、〈外〉の線を折り畳み、生きうる線につくりかえ、呼吸する手段を身につけるという意味なのではないか。フーコーの死に直面したつらい気持ちをいだきつづけている人たちは、あの卓越した作品が熱情に呼びかけたところでとぎれているということで、悦びをおぼえてもいいのではないかと思います。

――フーコーにもニーチェにも、真理の批判を見ることができます。フーコーにとっても、ニーチェにとっても、真理とは捕獲と締めつけと闘争の世界です。けれども、フーコーの場合、すべてがはるかに冷たく、金属的なものになっているのではないか。たとえば、あの鮮烈な医学的＝絵画的描写にそれがあらわれていると思うのですが……。

ドゥルーズ――フーコーにはニーチェから着想を得た考え方があります。たとえば、これは瑣末的なことかもしれませんが、ニーチェは、余人に先駆けて司祭の心理学をうちたて、司祭権力の性質を分析したのは自分であると自負しています（司祭は共同体を「家畜の群れ」としてあつかい、怨念と良心の呵責を植えつけることによってこれを統御するという考え方）。そしてフーコーがこの「司祭的」権力の主題を再発見する。しかしフーコーの分析は別の方向に差し向けられているのです。フーコーの定義によると、司祭的権力は「個体化をおこなう」権力です。つまり群れの構成員にそなわった個体化のメカニズムを奪おうとするのが、司祭的権力だというのです。『監獄の誕生』で、フーコーは十八世紀の政治権力が「規律」によって個体化をおこなうものになりえたのはどうしてなのかということを明らかにしていますが、結局、そうした動きの起源は司祭的権力にもとめられるわけです。あなたのおっしゃるとおり、フーコーとニーチェをつなぐもっとも重要な要素は真理に向けられた批判です。これはつぎのように理解されるべきでしょう。つまり「真」の言説にとって前提となり、真の言説としては隠しておくしかない真理への「意志」があるとしたら、それはどのような意志なのか。別の言葉でいうなら、真理の前提となるのは真理を発見するための方法ではなく、真理を欲するための方式と手続きとプロセスなのではないか、ということです。知の方式（それも特に言語学的方式）と権力の手続きによって、さらに私たちの手元にある主体化や個体化のプロセスを介して、私たちは自分にふさわしい真理をいつでも手に入れることができる。ですから、真理への意志を無媒介的に発見するためには、真ならざる言説を想定し、この言説は独自の方式と一体化するのだと考えなければならない。たとえばルーセルやブリッセの方式がそうですが、彼らの言説に特有の非゠真理は野性的な真理にもなりえているのです。

フーコーとニーチェには三つの重大な接点がある。第一の接点は力をめぐる考え方です。フーコーのいう権力もニーチェのいう力も、暴力に還元できるものではない。つまり権力はなんらかの人間や事物にたいする力の関係に還元されるのではなく、力と、その力が触発し、またその力を触発するような他の諸力との関係によって成り立つわけです（示唆する、刺激する、誘い込む、誘惑する、といった行為は触発する情動に相当する）。二番目にあげることができるのは、諸力と形態の関係です。つまりあらゆる形態は諸力の複合体だということですね。これはフーコーの絵画的描写にもすでにあらわれていたことです。しかし、もっとはっきりしているのは、フーコーにおける人間の死という主題であり、この主題とニーチェ的超人とのつながりでしょう。なぜなら、人間の諸力だけでは、人間がそのなかに住まう支配的形態をつくりあげることはできないからです。人間の諸力（悟性をもつ、意志を、想像力をもつ、といった力）は他の諸力と結びつかなければならない。そうすれば、この結合からひとつの中心的な形態が生まれるわけですが、それでもなお、すべては人間の諸力が連合関係を結ぶ相手となる別の諸力によって左右されるのです。したがって、そこに由来する形態は、かならずしも人間的形態をとるとはかぎらない。それは人間がその化身であるにすぎないような動物的形態かもしれないし、人間がその反映であるような神的形態かもしれない、さらに人間がその制限となるにすぎない唯一神の形態かもしれない（たとえば十七世紀には、人間の悟性は無限の悟性を制限するものだと考えられていた）。つまり〈人間〉という形態はきわめて特殊な一時的条件のもとにあらわれたにすぎないのです。それは、フーコーが

『言葉と物』で、十九世紀当時に人間の諸力と結びついた新しい諸力を考慮しつつ、十九世紀の冒険として分析してみせたとおりです。ところが、よく言われるように、今日では人間が、またあらためて、さまざまな力と関係づけられるようになりました（空間ではコスモス、物質では微粒子、そして機械では珪素……）。そこから新たな形態が生まれ、それはもはや人間の形態ではなくなっている……。フーコーでもニーチェでも、これほど簡潔で、しかも厳密をきわめた、そして壮大ですらある主題が、あれほど愚劣な反応をひきおこしたというのは驚くべきことです。最後に、第三の接点は主体化のプロセスにかかわるものです。くどいようですが、主体化とは、けっして主体の成立などではなく、生存の様態を創造することなのです。ニーチェは、これを新たな生の可能性の発明と呼び、その起源をギリシア人に見ていた。ニーチェはギリシア人に力への意志の究極の次元を見出し、それが審美的意欲なのだと考えたのです。フーコーは、力がみずからを触発したり、みずからを折り畳んだりする操作を介して、この次元を重視するようになります。この道に方向づけることによって、フーコーはギリシア人の歴史やキリスト教世界の歴史をあつかうことができるようになったのです。これだけは、問題の核心として強調しておかなければなりません。ニーチェにこんな言葉があります。ひとりの思想家が虚空をめがけて一本の矢を射る、すると今度は別の思想家がその矢をひろって別の方向に投げかえすのだ。フーコーの場合がまさにこのとおりでした。フーコーは受け取ったものを根底からつくりなおしてしまうのです。フーコーは休みなく創造をおこなう。フーコーはニーチェよりも金属的だとおっしゃいましたが、フーコーの手にかかると矢の材質すら変わってしまうのかもしれませんね。フーコーとニーチェを比べたいなら、それは音楽的に、ふたりがそれぞれ使った楽器（方式と手続きとプロセス）のレベルで考えなければならない。ニーチェにはワーグナー体験がありますが、それはワーグナーから脱け出すための体験だった。フーコーにはヴェーベルン体験がありますが、しかし、フーコーにいちばん近いのは、たぶんヴァレーズでしょう。金属的で鋭い、私たちの「現在」をあらわす楽器への呼びかけが、フーコーにはふさわしいのです。

聞き手――クレール・パルネ、一九八六年

Ⅳ　哲学

仲介者

いま、思想の状況が思わしくないのは、モダニズムの名のもとに抽象的思弁への回帰をおこない、あらためて起源の問題をとりあげているからです……。これでは運動やベクトルをもとにした分析がひとつ残らず遮断されてしまう。つまり軟弱な、反動の時代が来たわけです。しかし、哲学としては起源の問題にはけりがついたものと信じていた。出発することも、到着することも、もはや問題にはならなかった。問うべきは、「ただなか」では何がおこるのかということだったからです。そしてこれとまったく同じことが物理的な運動にも当てはまる。

運動は、スポーツや生活習慣のレベルで、明らかに変わろうとしています。私たちは長いあいだエネルギー論的な運動観をよりどころにして生きてきました。つまり、支点があるとか、自分こそ運動の源泉であるといった考え方をしてきたわけです。スプリントや砲丸投げなどは、筋力と持久力の問題だし、そこにはどうしても起点やてこが関係してくる。ところが、昨今の状況を見ればわかるように、てこの支点への同化をもとにした運動の定義は次第にまれなことになってきたのです。新しいスポーツ（波乗り、ウインドサーフィン、ハンググライダーなど）は、すべて、もとからあった波に同化していくタイプのスポーツです。出発点としての起源はすたれ、いかにして軌道に乗るかということが問題になってくるのです。高波や上昇気流の柱が織りなす運動に自分を同化させるにはどうしたらいいか、筋力の起源となるのではなく、「ただなかに達する」にはどうしたらいいか。問題の核心はそこにあるのです。

にもかかわらず、哲学では永遠不変の価値にたちもどり、知識人とは永遠不変の価値を擁護する者だという主張をくりかえす。これが、ジュリアン・バンダによるベルクソン批判の趣旨でした。つまりベルクソンは運動の思考をこころみることによって、自分が帰属する聖職者の階級を裏切ったというのがバンダの主張だったわけです。そしていま、永遠不変の価値の代役をつとめているのが人権です。つまり法治国家をはじめ、誰が見ても抽象的としか思えない観念が幅をきかせているのです。そして抽象的な観念の名において、あらゆる思考が阻害され、運動にもとづく分析がことごとく遮断されてしまうわけです。けれども、抑圧が恐ろしいものになるのは、それが運動をさまたげるからであって、永遠不変のものを傷つけるからではないということは肝に銘じておくべきでしょう。そして不毛の時代が来ると、哲学は「……について」の反省に逃避していく……。自分では何も創造できないとなれば、「……について」反省する以外に何ができるでしょうか。そこで哲学は永遠不変のものや歴史的なものについて反省し、自分から運動をおこす能力を失ってしまうのです。

哲学者は反省するのではなく創造する人間だ

じっさい、重要なのは哲学者から「……について」反省する権利を奪うことなのです。哲学者は創造をおこなうのであって、反省するのではないのです。

私はベルクソンの分析を受け継いだといって非難されました。ところが実際には、ベルクソンのように知覚、情動、そして行動を区別し、この三つをもって運動の三様態とみなす分け方は、きわめて斬新な発想から生まれたのです。それがいまだに新しさを失わないのは、ベルクソンの分け方をきちんと自分のものにした人が誰もいなかったからだと思うし、また運動をめぐる考え方こそ、ベルクソンの思想のなかでも特に難しく、特に美しい部分に相当するともいえるのです。ところがもう一方で、ベルクソンの分析を映画に当てはめてみるのは、ごく自然な流れでした。映画の発明と、ベルクソンの思想形成は、同時期の出来事なのですから。概念に運動が導入されたのとまったく同じ時代に、映像にも運動が導入された。ベルクソンは思考の自己運動にとりくんだ先駆者のひとりです。概念が運動すると主張しただけではじゅうぶんとはいえない。知性の運動を受けとめる概念の構築作業が手つかずのまま残されているからです。映画の場合も同じで、影絵をつくるだけではじゅうぶんとはいえず、自己運動を受けとめる映像の構築に着手しなければならないのです。

映画論の第一巻で私が考えてみたのも、映画固有の映像は自己運動を獲得していく映像であるということでした。第二巻では、映画固有の映像に見られる自己時間性の獲得を考えています。だから私が映画を選んだのは「……について」反省するという意味ではなく、私にとって興味深いことが実際におこなわれている分野を選んだというのが本当のところなのです。どのような条件のもとで映像の自己運動と自己時間化は実現するのか、また、これらふたつの要因は十九世紀末以来どのような進化をとげてきたのか。そんなことを考えてみたわけです。なにしろ運動とのつながりを弱め、時間に基礎を置いた映画がつくられるようになると、第一期の映画とのあいだに質的な変化がおこることは明らかですからね。実験の現場となり、いま説明したような変化を実感させてくれるのはひとり映画だけですが、それは運動と時間が映像それ自体の構成要素になったからにほかなりません。

映画の第一段階は映像の自己運動にある。それがたまたま物語体の映画で実現する。しかし絶対にそうなるとはかぎらなかったのです。ノエル・バーチに、この点を理解するために欠かすことのできない未発表論文がありますが、それによると物語は最初から映画に含まれていたわけではない。〈運動イメージ〉、つまり映像の自己運動が物語を産み出すための契機となったのは、ほかでもない感覚運動の図式です。映画は本来的に物語を語るわけではなく、感覚運動の図式を対象に選んだとき、ようやく物語を語りはじめるにすぎません。感覚運動の図式とは、つまりスクリーン上の人物が知覚し、何かを感じ、その感覚にたいして反応するという図式です。その前提となるのは抜きがたい思い込みでしょう。主人公がなんらかの状況に置かれ、その状況に反応する、そして主人公は、いついかなる場合でも常に正しく反応するのだと信じていなければ感覚運動の図式は成り立たないのです。その前提となるのは、ある特定の映画観です。では、感覚運動の図式が、なぜアメリカの、ハリウッド映画になったのか。理由は簡単で、要は感覚運動的図式の所有権を握っていたのがアメリカだったのです。そして第二次世界大戦とともにすべてが終末をむかえる。突然、人びとは状況に反応する可能性があるという考え方をあまり信用しなくなる。戦後の世界が感覚運動の状況を超えていたからです。そしてイタリアのネオ・レアリズモが生まれるわけですが、そこで新たに登場した人物は、もはや反応や行動につなげようのない状況に置かれている。では、反応しようがないということは、すべてが中和されるという意味でしょうか。いや、まったくそうではない。今度は純粋に光学的で音声的な状況があらわれて、そこにまったく新しいタイプの理解と抵抗の様態が成り立つからです。そしてネオ・レアリズモやヌーヴェル・ヴァーグが生まれ、ハリウッドと訣別した新しいアメリカ映画が生まれるわけです。

むろん、運動そのものはひきつづき映像に現前するわけですが、それでも純粋に光学的で音声的な状況が出現し、〈時間イメージ〉を解き放つと、重要なのはもはや運動ではなく、運動は何かの手がかりとしてあらわれるにすぎなくなるのです。〈時間イメージ〉とは、前と後がつながった、いわゆる継起を意味する言葉ではありません。継起なら最初から物語の法則として存在していた。〈時間イメージ〉を時間のなかでおこることと混同してはなりません。〈時間イメージ〉とは共存の、系列化の、さらには変換の新しいあり方なのですから……。

パイこね変換

私にとって興味深いのは、芸術と科学と哲学の関係です。どれかひとつの分野が他の分野を支配するような特権をにぎることは絶対にありえない。それぞれの分野にそれぞれの創造があるからです。科学の真の目標は関数を創造することだし、芸術の真の目標は感覚世界の集合体を創造すること、そして哲学は概念の創造をめざす。そこを起点にして、概略的なものであってもかまわないから、とにかく大まかな項目を三つもうければ（関数、集合体、概念）、項目相互間の反響と共振の問題を定式化することができます。まったく違う線の上に置かれ、しかもまったく違うリズムと生産の運動にしたがっているにもかかわらず、概念と集合体と関数の出会いが成り立つのはどうしてなのか。

まず、ひとつ例をあげましょう。数学にはリーマン空間と呼ばれる空間のタイプがあります。厳密な数学的定義づけをもち、しかも複数の関数と関連づけられたこの空間タイプは、近傍域の微小部分が成立し、その接続には無数の手法があることを前提にしています。そしてリーマン空間のおかげで生まれたとりわけ重要な考え方が相対性理論だったわけです。さて、今度は現代の映画に目を向けると、戦後になって近傍の関係にもとづく空間のタイプがあらわれ、そこでは微小部分同士の接続に無数の手法があり、しかも接続は事前に決定づけられているわけではないということがわかります。接続をはずれた分離空間。これはリーマン空間そのものだ、と私が主張すると、安易に思われてしまうかもしれませんが、ある面からするとこの主張は正しいのです。リーマンがなしとげたことを今度は映画が実行しているというのではありませんよ。そうではなくて、空間の限定だけをとりあげ、無数の接続方法をもつ接空間と、触覚にもとづいて接続される視覚的で音声的な接空間に注目するならば、それがブレッソンの空間だということがわかる。いうまでもなく、ブレッソンはリーマンではないわけですが、それでもなお、ブレッソンは数学でおこったのと同じことを映画で実践し、そこに反響が生まれるのです。

　別の例をあげましょう。物理学には私にとってとても面白い発見があります。プリゴジンとスタンジェールが分析してみせた、「パイこね変換」の名で知られる操作がそれです。ひとつの正方形をとりあげ、それを引き延ばして長方形にする。そしてこの長方形をふたつの部分に切り分け、その一方をもう一方に重ねあわせる。こうして得られた正方形をふたたび引き延ばすことによって、どんどん正方形を変形していく。いわゆる混捏操作です。何回か変形をくりかえすうちに、最初の正方形ではきわめて近い位置にあったふたつの点が、半分に切り分けられた長方形ではかならず別々の部分に移っている。この変形が複雑な計算の対象となり、プリゴジンは自分の確率論的物理学との関係で、これを特に重視しているのです。

さて、ここで話題を変えてアラン・レネに登場してもらいます。『ジュ・テーム、ジュ・テーム』という映画を見ると、主人公は生涯のある瞬間に何度となく連れ戻される男で、しかもこの瞬間が一回ごとに異なる集合に組み込まれている。つまり複数の層が絶えず混ぜあわされ、修正を受け、配分しなおされるうちに、ある層ではすぐ近くにあったものが、別の層ではひどく遠いところに移っている。これはとても斬新な時間の考え方です。映画的に面白いし、「パイこね変換」とひびきあう面もある。だから、レネはプリゴジンに近く、また別の理由からゴダールはルネ・トムに近いのだ、と主張しても良識に背くことにはならないでしょう。レネがプリゴジンを模倣し、ゴダールはトムを模倣しているというのではありませんよ。そうではなくて関数の創造をおこなう科学者と、映像の創造にとりくむ映画作家のあいだに、じつは並々ならぬ類似点があることを認めようというのです。そして同じことが哲学概念にも当てはまる。哲学にも、いま説明した空間それぞれに対応する個別的な概念があるからです。

そこで哲学と芸術と科学は相互的な共振の関係と交換の関係をもつようになる。ただし、共振と交換は一回ごとに、各分野に固有の理由があってはじめて成り立つのだということを忘れてはなりません。それぞれの分野が独自の発展をとげるからこそ、分野同士の接触がおこるのです。だから、その意味でいうなら、哲学と芸術と科学はたがいに無関係でありながら、それでもなお休みなく干渉しあうメロディーラインだ、と考えざるをえなくなります。哲学に反省の面でなんらかの優越性があるわけではないし、したがって創造の面で劣等性があるわけでもない。概念の創造は視覚と音声の新たな配合を創造したり、科学の関数を創造したりするのに劣らず、じつに困難な作業なのです。ここで理解しておかなければならないのは、線と線のあいだの干渉は相互の監視や反省に属する事柄ではないということです。よそからやってきた創造の運動に追随することを使命とするような分野は、創造の役割をみずから放棄したことにもなる。隣人の運動に便乗することが重要だったためしはないのです。独自の運動をおこすことが重要なのです。誰も始める者がいなければ誰も動かない。また、干渉はたんなる交換とも違って、すべては贈与と捕獲によっておこなわれるのです。

とりわけ重要なのは仲介者です。創造とは仲介者のことなのです。仲介者がなければ作品はありえない。人間が仲介者になることもあるし（哲学者にとっては芸術家や科学者、科学者にとっては哲学者や芸術家）、物が仲介者になることもある。カスタネダの場合のように、植物が仲介者になることもあるし、動物ですら立派に仲介者たりうるのです。架空のものでも現実のものでも、あるいは生物でも無生物でもいいから、とにかく独自の仲介者をつくらなければならない。そして仲介者は系列をなす。純然たる空想の産物でもかまわないから、とにかくひとつの系列をつくることができなければおしまいです。私には自分を表現するために仲介者が必要だし、仲介者のほうも私がいなければけっして自分を表現することができない。仲介者がいるとは思えない場合でも、私たちはかならず大勢で作業をおこなっているのです。特定の仲介者がいる場合はなおさらです。たとえばフェリックス・ガタリと私は、たがいに相手の仲介者をつとめているのです。

ある共同体の内部で仲介者をつくるという問題は、カナダの映画作家であるピエール・ペローの仕事にはっきりとあらわれています。私は仲介者をとりつけた、だから言うべきことが言えるのだ——これがペローの立場です。ペローによると、ひとりで話しているかぎり、たとえ架空の物語を捏造したところで、かならず知識人の言説を語ることになり、どうしても「支配者か植民者の言説」を、つまりあらかじめ定められた言説を逃れることができない。そこで必要になるのは「作り話」を語りつつある他人を「作り話の現行犯」でとらえることです。そうすれば二人ないしはそれ以上の人数で語られるマイノリティの言説が形成される。ペローの考え方にはベルクソンのいう仮構作用のはたらきを認めることができますよね……。人びとを作り話の現行犯でとらえるということは、人民成立の運動を把握するのと同じことです。人民ははじめから存在するものではない。ある意味では、人民とは欠落しているもののことにほかならないのです。パウル・クレーもそう主張しているではありませんか。たとえばパレスチナ人民なるものは本当に存在したのでしょうか。イスラエルによるとそんなものは存在しなかった。もしかすると人民らしきものが存在したといえるのかもしれませんが、そんなことはべつに重要ではない。パレスチナ人は、自分の土地から退去させられたその瞬間から、抵抗運動をおこなうかぎりにおいて、人民成立のプロセスに入るのです。これはペローのいう作り話の現行犯にぴたりと一致する。あらゆる人民は常にこのようなかたちで成立するものなのです。だからこそ、いくらあがいたところで植民者の言説につながってしまう既存のフィクションに、仲介者があってはじめて可能となるマイノリティの言説を対置しなければならないのです。

つまり真理とは、はじめから存在するがゆえに発見すればことたりるというものではなく、個々の分野で創造されなければならないものであると考えるわけですが、これは自明なことです。たとえば科学にはそれがはっきりあらわれている。物理学の場合ですら、たとえば座標のように簡単なものでもかまわないから、とにかくなんらかの象徴体系を前提としないかぎり真理は存在しえないのです。既存の観念を「歪曲」しないような真理は存在しない。「真理は創造である」と主張することは、真理の生産がなんらかの素材を変容させる一連の操作と、文字どおりの歪曲をおこなう一連の作業によって実現するということを意味します。フェリックス・ガタリと私の共同作業を例にとるなら、私たちはたがいに相手を歪曲しあう偽作者になったといえる。つまり私たちのうちの一方が、相手の提案した概念を自己流に解釈しなおすのです。こうしてふたつの項をもつ相互反映の系列が形成される。むろん、三つ以上の項をもつ系列や、分岐点をともなう複雑な系列群が除外されるわけではありません。真なるものを産むにいたる〈偽なるものの力能〉。それが仲介者なのです……。

左派には仲介者が必要だ

余談として政治の話をひとつ。多くの人たちが、社会党政権に新しいタイプの言説を期待していた。あくまでも現実の運動に近く、この運動を味方につけ、これと両立可能なアレンジメントをつくることのできる言説を期待していた。たとえばニューカレドニア問題。「どちらにころんでも独立だろう」とピザニが明言したとき、そこにはすでに新しいタイプの言説があった。この発言が意味したのは、現に運動がおこなわれているのに見て見ぬふりをしていながら、まさにその運動を交渉の場にもちこむのとちがって、いきなり最終局面をとりあげ、あらかじめ最終局面を容認する観点から交渉をおこなうということです。様態と手段と速度について交渉をおこなおうというのです。だから右派から非難が寄せられたわけです。昔ながらの手順を尊重する右派にしてみれば、たとえ独立は不可避であることがわかっていたとしても、独立という言葉だけはけっして口にしてはならない。なにしろタフな交渉をつづけることで独立の問題を先送りするのが右派の戦術なのですから。かといって右派の人たちが幻想をいだいているわけでもないと思います。彼らが特別に愚鈍なわけではない。運動に反発するところに右派特有の技巧があるのだから、ほかにどうしようもないだけなのです。これは哲学の世界でベルクソンにたいする反発がおこったのと同じで、いずれも似たりよったりの反応です。運動に寄り添っていくのか、それとも運動をストップさせるのか――政治的にはこれがまったく異なるふたつの交渉テクニックとなるわけです。左派の側では、交渉のテクニックが新しい話し方をもたらす。説得することはそれほど重要ではなく、クリアな話し方をすることがもとめられるのです。クリアな話し方とは、状況のみならず問題自体の「与件」をつきつけるということです。別の条件のもとでは見えなかったものが見えるようにすること。ニューカレドニア問題では、私たちはこんな説明を聞かされてきました。つまり、この領土はある時点で植民地あつかいを受け、その結果、先住民のカナカ族がみずからの領土内でマイノリティになってしまった。これが従来型の解説です。しかし、それが始まったのはいつか。それはどれくらいの速度で進行したのか。誰のせいでそうなったのか。右派はこうした問いを受けつけないでしょう。もしこれらの問いにじゅうぶんな根拠があるとしたら、与件を明確に示すことによって、右派が隠蔽しようとする問題をあらわにすることができるのです。なぜなら、いったん問題が提起されてしまうと、問題の排除は不可能になるし、右派としても従来とは異なる言説を語るしかなくなるからです。したがって左派の役割は、政権を担当しようとそうでなかろうと、とにかく右派がなんとしても隠蔽しようとするタイプの問題をあらわにするところにあるわけです。

ただいかんせん、この点で左派には情報提供の能力が完全に欠けていると言わざるをえません。しかし左派にも無理からぬ事情がある。それは、フランスでは官僚集団と政府上層部が常に右派だったということです。だから、いくら善意にあふれ、フェアプレーの精神でのぞんだとしても、官僚や政府上層部は考え方を変えることも、みずからのあり方を変えることもできないのです。

社会党には、情報を伝える人間はおろか、独自の情報を集め、独自の問題提起をおこなうための方法をつくりあげる人間すら欠けていた。社会党は並行回路や隣接回路をつくっておくべきだったのです。仲介者としての知識人が必要だったはずなのです。ところがこの路線でおこなわれたことは、いずれも友好的なコンタクトにとどまり、釈然としないものばかりだった。私たちは、問題について最低限の現状報告すら受けていなかったのです。いろいろな分野から三つほど例をとってみましょう。ニューカレドニアの土地台帳は専門の雑誌には公表されていたかもしれませんが、それが一般の話題にのぼったことはない。教育問題にかんしていうなら、私立はカトリック系だという通念がそのまま流布している。私も私立の学校における非宗教系の比率を知ることができませんでした。別の例をあげましょう。多数の地方自治体を右派が奪還して以来、ありとあらゆる文化事業の予算が打ち切られてしまいました。そのなかには規模の大きいものも含まれていますが、むしろ小規模で、きわめて地方色の濃いものが多い。数が多く規模が小さいだけに、なおさら面白い事業があったはずなのです。ところがその詳細なリストを手に入れるすべがない。右派にとってこの種の問題は存在しないのです。できあいの、直接的で、すぐに服従してくれる仲介者をおさえているからです。しかし左派には、間接的で、自由な仲介者が必要です。そうした仲介者を可能にすることができれば、それだけで新しいスタイルが成り立つのです。共産党の手落ちで「旅の道連れ」という馬鹿げた名のもとに評判を落としたものを、左派は本当に必要としているのです。左派に必要なのは人びとにものを考えてもらうことだからです。

模倣者たちの陰謀

いま文学をおびやかしている危機をどう定義したらいいでしょうか。ベストセラーの制度というのは、速いテンポで商品を回転させることにほかならない。すでに多くの書店が、ヒットチャートやヒットパレードで紹介された製品しか置かないレコード屋に同調しはじめています。「アポストロフ」のような番組の意義はそこにある。速いテンポで商品を回転させていると、必然的に〈予期されたもの〉の市場ができあがります。「大胆なもの」ですら、あるいは「スキャンダラスなもの」、そして風変わりなものでさえ、市場で予想されたとおりの型におさまるようになる。しかし、文学創造の条件とは、〈予期されざるもの〉やスローテンポの回転や漸進的な普及がなければ生まれない、きわめて不安定な状態なのです。未来のベケットやカフカたちは、ベケットにもカフカにも似たところのない作家になるでしょうが、彼らには作品を出版してくれるところが見つからない恐れがあるし、彼らの存在に気づくような人はひとりもいないでしょう。ランドンのいうとおり「無名作家の不在には気づかない」のが世の常だからです。誰も気づかないうちに、ソ連は確実に自国の文学を失ってしまった。出版点数が増え、発行部数も伸びたことを喜ぶ向きもあるでしょう。しかし、若い作家たちは独創的な仕事をする可能性をまったく残さないような、おきまりの文学空間の型にはめられてしまうのです。そこから、模倣をもとにした、化け物のような、規格どおりの小説が生まれる。バルザックやスタンダールを模倣しても、セリーヌを、あるいはベケットやデュラスを模倣しても結果は同じです。いや、こう考えたほうがいいでしょう。バルザックですら模倣不可能な作家だし、セリーヌも模倣不可能だ、それは彼らが新しいシンタクスをつくり、「予期されざるもの」をつくったからだ、とね。模倣されるのはすでにコピーと化したものにかぎられるのです。模倣者は模倣者同士で模倣しあっている。だからこそ模倣者はひろく世に受け入れられるのだし、お手本よりもうまいという印象を与えるのです。なにしろ模倣者たちはどんな手法を使えばいいのか、どんな結末をもってくればいいのか、完璧に知りつくしているわけですから。

「アポストロフ」がやっていることは本当におぞましい。オーガナイズとか実際のフレーミングなど、技術面をみると「アポストロフ」もなかなかの力業です。しかし、それは文芸批評がゼロになった状態でもあるし、文学がバラエティーショーになりさがったものだともいえる。司会のベルナール・ピヴォは、自分が本当に好きなのはサッカーと料理だということをけっして隠そうとしなかった。こうして文学はテレビのゲーム番組になりさがるのです。テレビ番組で本当に問題なのはゲームの氾濫なのです。出演者がふたり、アルファベット九文字で一個の単語をつくるのを競う光景を見て、自分たちもいっぱしの文化事業に参加しているのだと思い込み、熱狂した視聴者がいるというのは、やはり憂慮すべきことだと思いますよ。こうしてなんとも奇怪なことがまかりとおっているわけですが、それについては映画作家のロッセリーニが言うべきことを言い尽くしています。ロッセリーニの言い分はこうです。「いまの社会はあまりにも空虚な残忍性に毒された社会である。残忍性とは、他人の人格を侵害しにいくことだ。情報で他人を操作して無用な全面自供に追い込むことだ。はっきりした目的のある自供なら、私も我慢しよう。しかし、実際に見られるのは覗き魔や変態の所業であり、これは要するに残忍性以外のなにものでもない。残忍性は幼児性のあらわれだ、と私は固く信じている。現代の芸術は日増しに幼児的なものになっていく。誰もができるかぎり幼児的になりたいというとんでもない欲求をいだいている。無邪気なのではない。まさに幼児的なのだ……。いま、芸術は愚痴をこぼすか残忍性を発揮するかのいずれかである。ほかにどうしようもないのだ。愚痴をこぼすか、あるいはまったく無根拠なまま、しみったれた残忍性を発揮するか、そのいずれかなのである。たとえばコミュニケーションの断絶とか、自己喪失を対象にした投機（はっきりそう呼んでおかねばなるまい）を考えてみたまえ。

そこには愛情のかけらもない。あるのは並外れた慢心だけだ……。そして、前にも述べたとおり、こうしたことがあるからこそ、私は映画作りをやめる決意を固めたのである。」そしてまずはインタビューをやめる決意を固めるべきでしょう。残忍性と幼児性は、それにうつつをぬかす者にとってもひとつの試練だし、それを逃れようとする者にとっても、やはり避けて通ることができない苦難の道なのです。

カップルもこれまでだ

こんな意見を耳にすることがあります。人びとは自分の考えを述べることができない、という意見です。しかし、実際には人びとは休みなく考えを述べているのです。呪われたカップルとは、「どうしたんだい？　思っていることを話してごらんよ」と男がうながさないかぎり、女の気が晴れたり、女が煩わされたりすることがないようなカップルのことです。男と女の役割が逆転しても事情は変わりません……。ラジオやテレビがカップルなるものを氾濫させ、いたるところにばらまいたので、私たちは無用の言葉によって、さらには途轍もない量の言葉と映像によって責めさいなまれている。愚劣さはけっして口をつぐもうとしなかったし、目をとじようともしなかったのです。そこで問題になってくるのは、もはや人びとに考えを述べてもらうことではなく、孤独と沈黙の気泡をととのえてやり、そこではじめて言うべきことが見つかるように手助けしてやることなのです。押さえつけようとする力は、人びとが考えを述べることをさまたげるのではなく、逆に考えを述べることを強要する。いまもとめられているのは、言うべきことが何もないという喜び、そして何も言わずにすませる権利です。これこそ、少しは言うに値する、もともと稀な、あるいは稀になったものが形成されるための条件なのですから。私たちを疲弊させているのは伝達の妨害ではなく、なんの興味もわかない文なのです。ところが、いわゆる意味というものは、文がよびさます興味のことにほかならない。それ以外に意味の定義はありえないし、この定義自体、文の新しさと一体をなしている。何時間もつづけて人の話を聞いてみても、まったく興味がもてない……。だからこそ議論をすることが困難になるわけだし、またけっして議論などしてはならないことにもなるのです。まさか相手に面と向かって「きみの話は面白くもなんともない」と決めつけるわけにはいきませんからね。「それは間違っている」と指摘するくらいなら許されるでしょう。しかし人の話はけっして間違っていないのです。間違っているのではなくて、愚劣であるか、なんの重要性ももたないだけなのです。重要性がないのはさんざん言い古されたものだからにほかならない。重要性や必要性、あるいは興味という観念は、真理の観念よりもはるかに決定的です。真理にとってかわるから決定的なのではなく、私たちが述べることの真理を測ってくれるから決定的なのです。これは数学にも当てはまる。ポアンカレは多くの数学理論がいかなる重要性ももたない、いかなる興味もかきたてない、と述べていますが、彼は数学理論が間違っていると主張したのではなく、それよりも深刻な事態を指摘していたのです。

植民地のオイディプス

文学の危機についていうなら、その責任の一端はジャーナリストにあるだろうと思います。当然ながら、ジャーナリストにも本を書いた人がいる。しかし本を書くとき、ジャーナリストも新聞報道とは違う形式を用いていたわけだし、書く以上は文章家になるのがあたりまえでした。ところがその状況が変わった。本の形式を用いるのは当然自分たちの権利だし、この形式に到達するにはなにも特別な労力をはらう必要はない、そんなふうにジャーナリストが思い込むようになったからです。こうして無媒介的に、しかもみずからの身体を押しつけるかたちで、ジャーナリストが文学を征服した。そこから規格型小説の代表的形態が生まれます。たとえば『植民地のオイディプス』とでも題をつけることができるような、女性を物色したり、父親をもとめたりした体験をもとに書かれたレポーターの旅行記。そしてこの状況があらゆる作家の身にはねかえっていき、作家は自分自身と自分の作品について取材するジャーナリストになりさがる。極端な場合には、作家としてのジャーナリストと批評家としてのジャーナリストのあいだですべてが演じられ、本そのものはこの両者をつなぐ橋渡しにすぎず、ほとんど存在する必要がないものになりさがってしまうのです。本は、本以外のところでくりひろげられた活動や体験や意図や目的の報告にすぎなくなる。つまり本自体がただの記録になってしまうわけです。すると、なんらかの仕事をもっているとか、あるいはただたんに家族がある、親族に病人がいる、職場に嫌な上司がいるというだけで、どんな人でも本を産み出せるような気がしてくるし、このケースに該当する当人も、自分は本を産み出せると思いはじめる。誰もが家庭や職場で小説をかかえている……。文学に手を染める以上、あらゆる人に特別な探究と修練がもとめられるということを忘れているのです。そして文学には、文学でしか実現できない独自の創造的意図がある、そもそも文学が、文学とはおよそ無縁の活動や意図から直接に生まれた残滓を受けとる必要はないということを忘れているのです。こうして本は「副次化」され、マーケティングの様相を帯びてくる。

文学の死があるとしたら、それは虐殺によるものだ

マクルーハンをきちんと読まず、理解もしなかった人はこう考えるでしょう。音声と映像が本にとってかわるのは理の当然だ。なにしろ音声と映像は過去の文学やその他の表現様態に負けない創造的可能性を秘めているのだから、とね。これは正しい考え方ではありません。音声と映像が本にとってかわるようになったとしても、それは音声と映像が本と競合する表現手段として登場したからではなく、音声と映像そのものの創造的可能性すら押しつぶすさまざまな組織が、音声と映像を独占するからにすぎないのです。

文学の死があるとしたら、それは必然的に非業の死だろうし、政治的な意味をもつ虐殺になるでしょう(誰も気づいていないかもしれませんが、ソ連ではまさにこのとおりのことがおこっている)。ここで問われているのはジャンル同士の比較ではありません。文字文学が一方にあり、もう一方に音声と映像があって、そのどちらかが選択されるわけではないのです。創造をおこなう力(これは音声と映像にも文学にも含まれている)と、家畜化を推進する権力のあいだで選択がおこなわれるのです。文学によって文学創造の条件が護られるのでなければ、音声と映像が創造の条件を手に入れることができるかどうかはなはだ疑わしい。創造の可能性はそれぞれの表現様態によって大きな違いを見せるとはいえ、市場と迎合の、つまり「市場向け生産」の文化空間の成立に一丸となって抵抗しなければならない点で、あらゆる創造の可能性はたがいに通じあう面をもっているのです。

テニス界のプロレタリア

スタイル(文体)とは、文学の概念で、シンタクスのことを指します。ところがシンタクスのない科学でも、スタイルという言い方がされることがある。スポーツでもスタイルが話題にのぼる。スポーツではかなり突っ込んだ研究があるようですが、くわしいことは知りません。要するにスタイルとは新しいものなのだということを証明しているのではないかと思いますが……。もちろん、スポーツは記録によって明確に示される数量的尺度を前面に出しているし、これがまたスパイクシューズやポールなど、用具面の改良に支えられているのも事実です。しかし、質的な変化や理念もあるわけで、こちらのほうはスタイルにかかわる問題になっている。たとえば、はさみ跳びからベリーロールへ、さらにフォスベリー・フロップへの移行はどのようにしておこったのか。ハードルが障害物の色合いをうすめ、ストライドが伸びたのはどうしてか。なぜ、はじめからそうすることができなかったのか。なぜ、数量的進歩に彩られた長い歴史をたどらなければならなかったのか。それは新しいスタイルが、新しい「離れ業」を意味するのではなく、姿勢の連鎖を意味するからです。そして姿勢の連鎖は、従来のスタイルをもとにして、しかも従来のスタイルと断絶するかたちで成り立つシンタクスに相当するからです。技術改良は、新しいスタイルに組み込まれ、そこで選別を受けないかぎり、その効力を発揮することができない。技術改良だけでスタイルを規定することはできないのです。だからスポーツでも「創始者」が重要になってくるわけだし、そうした人たちが質的変化をもたらす仲介者になりもするのです。テニスの例をとりましょう。ネット際に出てくる相手の足元にボールを落とすサービスリターンのタイプはいつあらわれたのか。あれは戦前に活躍したオーストラリアの名プレーヤー、ブロムウィッチだったと思いますが、どうでしたか。ボルグが、テニスを一種のプロレタリアに開く新しいスタイルを創始したということはまぎれもない事実です。テニスにも、その他の分野にも、創始者が存在するのです。マッケンローも創始者です。つまりスタイルをもっている。彼はエジプト美術のような姿勢（あのサーブ）と、ドストエフスキー的な反応（「わざと壁に頭をぶつけて時間をつぶしているようだと生きていけないぜ」）をテニスにとりいれた。こうした点でも、模倣者が創始者を凌駕し、創始者以上の成果をあげることはあるでしょう。それがスポーツにおけるベストセラーなのです。ボルグを真似て凡庸なプロレタリアが生まれたし、マッケンローも、数量型の優秀選手に負けるかもしれない。コピーに終始する人たちは、他人がつくった運動に乗じて創始者以上の力を発揮するといえるだろうし、スポーツ連盟は、自分たちが生きる糧にも、自分たちの繁栄のもとにもなった創始者にたいして、あからさまな忘恩の態度を示しています。しかし、そんなことはどうでもいい。スポーツの歴史は創始者の手でつくられるものであることに変わりはないからです。創始者が出現するたびに、〈予期されざるもの〉が、そして新たなシンタクスと変化が生まれるのだし、それがなければ、技術面だけの進歩は数量的なものにとどまるだろうし、そこにはいかなる重要性もなければ、いかなる興味もわいてこないのです。

エイズと世界戦略

医学にもとても重要な問題があります。疾患の変遷です。むろん、疾患が変容するにあたっては、新たな外的要因がはたらくだろうし、病原体の新たな形態や新たな社会的与件も関係してくるでしょう。しかし症候の群構成をおこなう症候学の存在を忘れてはなりません。ごく短い時系列で見ても、症候の群構成は一律ではなく、すこし前までは別の文脈に配分されていた疾患が、違ったかたちで分断されるようになることがわかります。パーキンソン病やロジェー病などは、症候の群構成にも大きな変化がおこることを教えてくれます（そしてこれが医学のシンタクスだと考えられるわけです）。医学の歴史は、こうした群構成と分断、そして群構成の組みかえによって成り立っている。群構成の変化は、科学技術によって可能になるとはいえ、しかし科学技術によって規定できるものではないのです。では、第二次世界大戦後になって、この方面で何がおこったのでしょうか。重要なのは、「ストレス性」の疾患が発見されたことです。ストレス性疾患の場合、病気はもはや外敵の侵入によって発生するのではなく、ひとつの疾患に特定できない防衛反応が過剰になったり、枯渇したりすることによって発現する。戦後の医学雑誌をにぎわしたのは、現代社会のストレスと、そこから引き出される疾患の新たな分類をめぐる議論でした。さらに最近になってからは自己免疫疾患が発見されたわけですが、こちらは「自己の病」と考えていい。つまり防衛機構が、本来ならば保護すべきはずの生体細胞を識別できなくなったり、外的要因によって生体細胞が弁別不可能な状態に追い込まれたりするわけです。エイズは、ストレスと自己免疫という二極の中間に位置づけられる。医学の現状を分析したダゴニエが指摘しているように、これからは医師も患者もいない疾患があらわれてくるのかもしれませんね。症候よりもイメージが優先され、患者よりもキャリアー（無症候性保菌者）が前面に出てくる疾患。これは社会保障にとって望ましい事態ではないし、別のさまざまな方面でも不安材料となるにちがいありません。驚くべきは、こうした新しい疾患のスタイルが、国際政治や世界戦略と符合しているということです。私たちはつぎのような説明を受けている。つまり戦争勃発の危険は、特定の外敵が侵略行為をおこす可能性から生じるとはかぎらない、自国の防衛反応が暴走したり、崩壊したりする場合にも戦争がおこりうるというのです（だからこそ核戦力の抑制が重要な課題となる）。このように、現代の疾患が政治や軍事の図式に対応しているし、あるいは逆に、核をめぐる政策が現代の疾患に符合しているともいえるのです。同性愛者がなんらかの生物学的侵略者の役割を演じてしまう恐れもありますが、これは少数民族や難民がなんらかのかたちで外敵の役割を演じるのとまったく同じです。だからこそ、いま説明した疾患と社会のイメージを拒む社会党体制を、なおさら大切にしなければならないわけです。

創造とはいくつもの不可能事のあいだをぬってみずからの道を切り開くことだと考えなければならない……。カフカはこう説明しています。ユダヤ人作家はドイツ語を話すことができないし、チェコ語を話すこともできない、かといって話さずにいることは不可能だ、とね。ピエール・ペローが直面する問題もカフカと同じだといえる。つまり話さずにいることは不可能だけれども、英語を話すことも、フランス語を話すこともできないという状況。創造は、創造のネックとなるものがあるところでおこなわれるものなのです。一定の国語のなかでも、たとえばフランス語を使う場合でも、新しいシンタクスはかならず国語内の外国語となるのです。ものを創る人間が一連の不可能事によって喉もとをつかまれていないとしたら、その人は創造者ではありません。創造者とは、独自の不可能事をつくりだし、それと同時に可能性もつくりだす人のことです。発見するためには、マッケンロー のように壁に頭をぶつけていなければならない。壁がすりへるほど頭をぶつけなければならないのは、一連の不可能事がなければ逃走線、あるいは創造という名の出口を、そして真理を成立させる〈偽なるものの力能〉を手に入れることができないからです。そして液体のように、あるいは気体のように書かなければならないのは、一般的な知覚と言論が、固体的で幾何学的なものであるからにほかならないのです。いま説明したのは、哲学ではベルクソンが、小説ではヴァージニア・ウルフやヘンリー・ジェイムズがおこなったことだし、これと同じことが映画ではジャン・ルノワールによって(そして物質の状態をつきつめて探究した実験映画によって)おこなわれています。大地を離脱しようというのではありません。そうではなくて、大地のあり方を左右する液体や気体の法則をつくりだすことによって、なおさら大地に密着していこうというのです。となれば、文体は、その場にいながらにして旋風をまきおこすために、多量の沈黙と労力を必要とする。そして子供が排水溝の水に流したマッチ棒のように、ふいに速度を増していくのです。単語を組み合わせたり、文を組み立てたり、出来あいの観念を使ってみたりしたところで、けっして文体にはなりません。ベクトルがいくつもあらわれて、それが大地のベクトルとなるようにするには、言葉を切開し、物を切り裂かなければならない。どんな作家も、どんな創造者も、ひとつの影なのです。プルーストやカフカの伝記が、いったいどうして書けるでしょうか。ためしに伝記を書いてみれば、肉体よりも影のほうを優先すべきであることが、すぐにわかるはずです。真理とは実際に生存を産み出すことです。真理は頭のなかにあるのではなく、現に存在するもののことなのです。作家は現実の肉体を送り出す。たとえばフェルナンド・ペソアの作品には、架空の人物らしからぬ架空の人物が登場します。なぜそうなるかといえば、それはペソアが登場人物に特定の文章表現と特定の機能とを与えているからです。けれどもペソア当人は登場人物がおこなうことだけは絶対におこなわない。まず作者が何かを実行し、つづいてそれを物語る「いろいろ見たし旅もした」式のシステムでは、たいした文学にはならないからです。作者のナルシシズムが醜悪なのは、影にはナルシシズムがありえないからです。だからこそ、インタビューもやめてしまわなければならないのです。深刻な問題がもちあがるのは、砂漠の横断をこころみる人の場合ではありません。砂漠の横断をこころみるくらいなら、じゅうぶんに成熟し、忍耐力もあるはずだからです。深刻なのは砂漠に生を受けた若い作家たちの状況です。彼らが何かを実行する以前に、彼らの計画が破棄される恐れがあるからです。とはいえ、新種の作家が生まれないということは絶対にありえない。彼らはすでに作業をおこない、文体をつくろうと身構えているのです。

「オートル・ジュルナル」第八号、一九八五年十月
聞き手――アントワーヌ・デュロール、クレール・パルネ

哲学について

——このたび、あなたは新しい本を出版されます。『襞——ライプニッツとバロック』です。ヒューム論（『経験論と主体性』一九五三年）から今回のライプニッツ論につながる道筋を、ここでふりかえっていただければと思います。あなたの著作を年代順に並べてみると、まず第一期は哲学史の仕事に費やされ、それが『ニーチェと哲学』（一九六二年）で頂点をきわめたのではないかと思いますが、つぎに『差異と反復』（一九六九年）で、続いてフェリックス・ガタリと共同でお書きになった『資本主義と分裂症』の二巻本（一九七二年、一九八〇年）でひとつの独自の哲学をつくりあげ、学究的とはいいがたい文体を駆使しておられます。そして、絵画について書き（ベーコン論）、映画についてお書きになったいま、哲学にたいする姿勢がひところにくらべてずっと古典的なものに回帰したように見受けられます。いま説明させていただいた思想の歩みは、ご自分でご覧になって、当たっていると思われますか。あなたの著作活動は全体をなすものであり、一体性があると考えるべきでしょうか。それとも逆に、断絶や変化があるとお考えでしょうか。

ドゥルーズ——三つの時期があるというだけでも、なかなかいいと思いますよ。たしかに、私は哲学史の本を書くことから仕事を始めたわけですが、私がとりあげた哲学者には、私にとって、どこかしら共通する面がありました。そして全体としてはスピノザとニーチェをひとつにまとめるという大きな目標があったのです。

哲学史は特別に反省的な学問ではありません。どちらかというと、絵画における肖像の技法に似ていますね。精神と概念の肖像。絵画の場合と同じように、似せるということが肝要ですが、使う手段は類似ではなく差異です。似ている、という事実はつくりだされるべきであって、複製の手段ではないのです（複製するのだったら、哲学者が述べたのと同じことをもう一度述べる以上のことはできないはずですからね）。すべての哲学者は新たな概念をもたらし、それを提示するわけですが、彼らは、そうした概念がどのような問題に対応するものなのか、その問題自体を語らない。というよりも、問題を語り尽くしてはいないのです。たとえば、ヒュームは信念という独自の概念を提示していますが、認識の問題が提起されることによって、認識が限定可能な信念の一様態になるのはどうしてなのか、そのあたりの事情は語っていません。哲学史は、ある特定の哲学者が述べたことをもう一度述べるのではなく、哲学者には、かならず言外にほのめかしているものがあるが、それは何か、哲学者本人は述べていないけれども彼の語ったことのなかにあらわれているものは何なのか、ということを語るべきなのです。

哲学の本領は常に概念を創造するところにある。私は、形而上学の超越とか哲学の死といった問題に頭を悩ましたことがありません。哲学には、概念を創造するという、申し分なく現在的な使命があるからです。この点で哲学者の代役がつとまる者はいません。むろん、プラトンの「対抗者」からツァラトゥストラの「道化」にいたるまで、いつの時代も哲学には対抗者がつきものでした。現在では、「概念《コンセプト》」や「創造的《クリエイティヴ》」という言葉を横取りした情報科学や通信や商業開発が哲学の対抗者となり、例の「企画担当者《コンセプター》」とかいう人たちが、物を売る行為こそ最高の資本主義的思想であると主張し、商品のコギトを表明してはばからない鉄面皮な種族を形成しているのです。そうした強い圧力を前にすると、哲学はわが身の微小さと孤独さを感じてしまうわけですが、しかし、たとえ哲学が死ぬことになったとしても、それはまず笑い死にでしょうね。

　哲学は伝達をおこなうことがないし、観想的でも、反省的でもない。常に新たな概念を創造しつづける点で、哲学はその本性からして創造的だし、革命的なものにもなりうるのです。唯一満たさなければならない条件は、概念が必然性だけでなく、ある種の異常性をもつということですが、問題と呼ぶに値する問題に対応しているかぎり、概念というものは必然性と異常性の色に染まるのです。概念とは、思考が単なる意見や見解に、あるいは議論や無駄話になりさがるのをさまたげるもののことを指す。したがってあらゆる概念が逆説となる。それで当然なのです。ひとつの哲学、という言い方をするなら、フェリックス・ガタリと私は、まず『アンチ・オイディプス』で、そして『千のプラトー』でその哲学をこころみたわけです。特に『千のプラトー』のほうですね、あの分厚い本は数多くの概念を提供していますから。私たちは協力して仕事をしたのではない。本をまず一冊、そしてもう一冊、というふうに書いていったわけですが、私たちはなんらかの一体性をもとめたのではなく、むしろ不定冠詞の方向をめざしていたのです。私たちの背後には、それぞれの過去と、それまでの仕事がありました。フェリックスのほうは精神医学や政治や哲学の領域で仕事をしてきたし、あの時点ですでに豊富な概念をもっていました。私にも、『差異と反復』、そして『意味の論理学』という過去の仕事があった。しかし、私たちはふたりの人間として協力しあったのではありません。むしろ、ふたつの小川のようになり、この小川が合流して三番目の小川を「ひとつ」つくりだす、そしてこの「ひとつ」が「私たち」になったはずだというかたちをとったのです。結局のところ、「フィロゾフィー（哲学）」という言葉における問題のひとつは、いつの時代でも、「フィロ（友愛）」をどのように解釈するかというところにあった。ですから、ひとつの哲学とは、私にとってフェリックスがいなければ始まることも、達成されることもありえなかった第二の時期だといえるでしょう。

それから、絵画と映画が問題になる、つまり一見したところではイメージをあつかったのが、私にとっての第三期だと仮定してみましょう。しかし第三期の著作も、やはり哲学書なのです。なぜなら、概念には、概念以外にもふたつの次元が含まれている、つまり被知覚態と情動の次元が含まれていると思うからです。私の関心をひくのはこのことであって、イメージそのものではありません。被知覚態とは知覚のことではない。それを経験した者が死んだ後も生き残るさまざまな感覚と、感覚相互のつながりを束ねたまとまりが被知覚態なのです。情動とは情緒のことではない。それに身をゆだねた者をはみだす生成変化が情動なのです（この場合、人間は人間ならざるものになる）。イギリスやアメリカの大作家が一般に被知覚態を生かすように書くかと思えば、クライストやカフカでは、むしろ情動が生きている。情動と被知覚態と概念は、不可分の関係にある三つの力能であり、それが芸術から哲学へ、また逆に哲学から芸術へと伝わるのです。いちばん難しいのは、いうまでもなく音楽であるわけですが、『千のプラトー』では音楽の分析にとりかかり、リトルネロがこれら三つの力能を引き出すという論を展開してみました。つまりリトルネロを主要概念のひとつに据えて、それを領土と大地に関連づけ、小さなリトルネロと大きなリトルネロの抽出をこころみたわけです。結局、三つの時期はたがいに相手の延長線となり混ざりあっているわけで、今回のライプニッツと襞についての本で、それが以前よりもはっきりわかるようになった次第です。私がこれから先やってみたいと思っていることをお話ししたほうがいいでしょうね。

――先を急がなくても結構です。まず、あなたの実生活について話してみてはいかがでしょうか。著作と人生のあいだには、なんらかのつながりがあるのではないでしょうか。

ドゥルーズ――教師の実生活が面白いということはまずありえません。もちろん、旅をすることはあります。ですが、教師は言葉や経験によって旅費をまかなうわけで、学術会議や討論会に出席し、いつも、ひっきりなしにしゃべっていなければならないのです。知識人は膨大な教養を身につけていて、どんなことについてでも見解を述べる。私は知識人ではありません。すぐに役立つような教養もないし、知識の蓄えももちあわせていませんからね。私が何かを知っているとすれば、それは当座の仕事の必要上知っているだけなのであって、何年もたってから過去の仕事にもどってみると、一切を学びなおさなければならなくなっているほどです。かくかくしかじかの点について見解も考えももたないというのはとても気持ちがいい。私たちはコミュニケーションの断絶に悩んでいるのではなく、逆に、たいして言うべきこともないのに意見を述べるよう強制する力がたくさんあるから悩んでいるのです。旅をするとは、出かけた先で何かを言ったかと思うと、また何かを言うために戻ってくることにすぎない。行ったきり帰ってこないか、旅先に小屋でも建てて住むのであれば話は別ですけどね。だから、私はとても旅をする気になれない。生成変化を乱したくなければ、動きすぎないようにこころがけなければならないのです。トインビーの言葉に感銘を受けたことがあります。「ノマドとは、動かない人たちのことである。旅立つことを拒むからこそ、彼らはノマドになるのだ」というのがそれです。

著作と人生という基準を当てはめてみると、私は最初の本を比較的早い時期に書いて、その後八年間は何も書いていないことがわかります。何も書かなかったとはいえ、自分が何をしていたのか、あの年月のあいだ自分はどこでどのようにして生きていたのか、私にはわかっています。しかし、わかっているといっても、それは抽象によって理解したにすぎない。これは、たとえば誰か他人が思い出話を聞かせてくれる、私もそれが本当だと信じている、しかし実際は私にはそんな思い出があるわけではない、そんな状態に似ていますね。あれは私の生涯における空白だったわけで、それが八年間も続いたのです。さまざまな人の生涯で面白いのは、そこに含まれた空白の数々、つまり劇的なこともあるし、場合によっては劇的ですらないこともある、欠落部分だと思います。何年間にもわたるカタレプシーとか、ある種の夢遊病のようなものなら、たいていの人の生涯に含まれている。運動が成り立つ場所は、こうした空白のなかにあるのではないでしょうか。いかにして運動を成り立たせるか、いかにして壁を突き抜けるか、と問うことこそ、難局を切り抜ける道だからです。だとしたら動きすぎることも、しゃべりすぎることもないように気をつけるべきではないか。偽の運動を避け、記憶が消えた場所にじっとしているべきなのではないのか。フィッツジェラルドがみごとな短編を残しています。十年間の空白をかかえて、ある人物が町を歩くという話です。これと正反対の問題がもちあがることもあります。空白ではなくて、定数外の流動的な追憶が過剰なまでに増殖し、それをどこに置き、どこに位置づけたらいいのかわからなくなる状態（そんなこともあったな。でも、あれはいつだったのだろう）。こうした追憶は、どうあつかったらいいのか見当もつかない。余分の追憶だからです。七歳のときだったのか、十四歳の、あるいは四十歳のときのことか。人間の生涯で面白いのは、いま説明したふたつの状態、つまり健忘症と記憶過剰なのです。

——いま「言論」についての批判を聞かせていただきましたが、あなたは特にテレビを批判しておられますね。この問題にかんしては、セルジュ・ダネの『映画＝日記』という本にお寄せになった序文で見解を述べておられます。では、哲学者はどのようにして伝達をおこなうのか、また、どのようにして伝達をおこなうべきなのか。哲学者は、プラトンの昔から、本を書き、書物によって意見を述べてきました。こうした事態は今日まで変わることなく続いたわけですが、それでも、いま、哲学者と呼ばれる人たちやみずから哲学者を名乗る人たちを見ると、それがふたつのタイプに分かれてきたように思います。教育にたずさわり、教育活動を続け、大学の講座を担当し、そのことが重要だと考えている人たち。そして、教育とかかわりをもたず、教育活動を拒みさえして、メディアのなかに地位を築こうとする、例の「ヌーヴォー・フィロゾフ」。あなたは第一のカテゴリーに属する人だと考えるべきでしょう。「ヌーヴォー・フィロゾフ」を批判する「ビラ」をお書きになったくらいですからね。そこで、あなたにとって、授業をするとはどういうことなのか、うかがいたい。授業という実践に、他のものではかえられないものがあるとしたら、それは何なのでしょうか。

ドゥルーズ——授業は私の半生でも重要な部分だったし、私なりに情熱をかたむけてきたつもりです。私の授業は講義とは似ても似つかないものでした。長い時間と比較的一定した聴衆、それも場合によっては何年も続けて来てくれる人たちを前提にしていましたから。探究のための実験室のようなもの。現に探しもとめていることについて授業をするのであって、すでに知っていることについての授業ではないのです。興に乗った状態をほんの数分続けるために、長い時間をかけて準備しなければならない。準備にかかる時間はますます長くなり、興に乗った状態そのものが苦しくなってきたこともわかったときに引退してよかったと思います。ついでながら、フランスの大学では探究をおこなうことがますます困難になってきましたから、将来の展望は暗いですね。

授業とは、一種のシュプレッヒゲザング（話すような歌）であって、演劇よりは音楽に近いといえるでしょう。というか、授業がいくぶんロックのコンサートに似てくることをさまたげる要因は、原則としてひとつもないのです。ヴァンセンヌが異例ともいえる条件を満たしてくれたことは、ここで是非とも強調しておかなければなりません（そしてサン＝ドニへの移転を強いられた後でも、それは続いたのです）。哲学科では「知識の累進性」という原則を拒否しました。同じひとつの授業が第一学年の学生とn学年の学生を集めておこなわれ、学生も学生でない者も、哲学の学生も哲学科以外の学生も、若い人も年配の人も、全員が同等のあつかいを受けたばかりか、学生の国籍もまちまちでした。いつも若い画家や音楽家、映画人や建築家など、じつに多様な聴衆がいて、思考することへの強い欲求をもって授業に臨んでくれました。毎回の授業が長かったこともあって、さすがに全部を聴いている者はありませんでしたが、各人が、自分の必要とするもの、自分の欲しいものを手に入れたし、自分の専門とかけはなれたものであっても、何かに使えるとなれば、それをつかみとっていったのです。ひところは学生が直接介入してきて、分裂病的な発言をくりかえしたこともありますし、次にカセット全盛の時代になると、今度はカセットの番人があらわれましたが、そうなってからも介入が途絶えることはなく、週一回の授業が終わって次の週になるとたくさんの寸評が届くし、匿名の覚書きを読ませてもらったこともあります。

そんな聴衆にたいして、彼らが私にとって何であり、私に何を与えてくれたのか、私から説明したことは一度もありません。あれほど議論とかけはなれた授業はほかになかったでしょうね。そもそも哲学は議論といっさい関係をもたないはずです。誰かが問題を提起するとき、その問題はどのようなものであり、どのようなかたちで提起されるのか。これを理解するだけで一苦労するわけですから、ただひとつ必要なのは提起された問題を充実させることなのです。問題の裏づけとなる条件に変化をもたせ、これを補足し、連結することがもとめられているのであって、議論している場合ではないのです。私にとって授業とは音がさまざまに反響する部屋、あるいはループのようなものであり、そこではひとつの着想が、何度もフィルターにかけられたように、すっかり純度を高めて戻ってきたのです。授業を続けるうちに私は、哲学には概念による、通常の哲学的理解が必要なだけでなく、被知覚態と情動によって成り立つ、いわゆる非＝哲学的理解も絶対に必要だということを理解した次第です。哲学的理解と非＝哲学的理解のどちらも欠かせない。哲学は哲学以外のものと本来的で肯定的な関係にある。哲学者以外の人たちに直接語りかけるからです。もっとも驚くべき事例として、スピノザのことを考えてみてください。スピノザは究極の哲学者であり、『エチカ』は高尚な概念の書物です。ところが同時に、もっとも純粋な哲学者が、文字どおり誰にでも語りかける哲学者になりおおせているのです。あの風、あの火をじゅうぶん身近に感じさえすれば、誰でも『エチカ』を読むことができるのです。この点はニーチェも同じですね。逆に知の過剰が、哲学に宿った生気を殺すこともある。非＝哲学的理解は不十分なものでも暫定的なものでもなく、ふたりそろってひとりである友人同士のうちの片方として、ふたつある翼のうちのひとつとして欠くことができないのです。

――『差異と反復』の前書きに、こう書いておられます。「久しい以前からなされているようなかたちで哲学書を書くことがほとんど不可能となる時代も間近である。」そして、ニーチェを端緒とする哲学上の新たな表現手段の探究は、演劇とか映画といった「ある種の芸術」の発達と関連づけて続けなければならないとも指摘しておられます。哲学史の処理における類比的モデルとして、ボルヘスを引いておられますね（『言葉と物』の序文で、すでにフーコーが自分の思考手続きとの関係でボルヘスを引いていました）。それから十二年後、『千のプラトー』を構成する十五の「プラトー」について、あなたはこう述べておられる。これらのプラトーは、それぞれ独立したものとして

読むことができる、ただし結論だけは最後に読まなければならない。そして、この結論部分には、激しい輪舞を踊っているかのように、先行するプラトン群の番号がちりばめられています。まるで秩序と無秩序を同時に引き受けて、そのいずれにおいても譲歩しないという意志があるかに見受けられます。そこで、哲学における文体の問題、哲学書の構造、構成という問題を、いま、どのように考えておられるのか、うかがいたい。そして、この視点から見た場合、ふたりで書くということはどのような意味をもつのか。ふたり、といっても、対話ではないわけですから、ふたりで書くということは、哲学史上まことに異例だといえます。いかにして、またなぜ、ふたりで書くのか。どのように作業を進めたのか。あなたをとらえていた欲求は何だったのか。そして、これらの本の著者は誰なのか。本当に著者を特定することができるのでしょうか。

ドゥルーズ――偉大な哲学者は、優れた文体をもった偉大な文章家でもあるのです。哲学における文体とは、ほかならぬ概念の運動のことです。もちろん、文がないところに概念は存在しません。しかし文には、概念に生気を与え、一個独立の生をもたらす以外に目的はないのです。文体とは、国語を変異させることであり、転調することであり、言語全体がひとつの〈外〉をめざして張りつめた状態を指します。哲学でも、基本は小説と同じで、「これから何がおこるのか」、「何がおこったのか」と自分に問わなければならないのです。ただ、登場人物のかわりに概念があり、境遇や風景のかわりに時空間があるところが、違いといえば違いでしょうか。文章を書く目的は生を与えること、そして生が閉じ込められていたら、そこから生を解き放つこと、あるいは逃走線を引くことなのです。そのためには、言語が等質の体系であることをやめ、不均衡と、恒常的な非等質の状態に置かれなければならない。文体は言語のなかに潜在性の差異を刻むわけですが、そうなれば差異と差異のあいだを何かが流れ、何かがおこるようになるばかりか、言語そのものから閃光が走り、語の周囲を満たす暗闇に沈んでいたため、それまでは存在することすらほとんど知られていなかったさまざまな実体を、私たちに見させたり、考えさせたりするのです。文体の成立をさまたげるものがふたつあります。体系言語の等質性がひとつ、そしてもうひとつは、逆に非等質性が大きすぎるため、せっかくの非等質性も差異の不在や無償性にすがたを変えてしまい、極と極のあいだをはっきりしたものが何ひとつ流れなくなる場合。主節と従属節のあいだには、文が完全な直線に見えるときですら、いやそう見えるときこそ、緊張と、ある種のジグザグ運動がなければならないのです。語と語がたがいに遠く離れていても、ある語から別の語へと波及する閃光を語そのものが産み出すとき、文体はあらわれるのです。

　だから、ふたりで書いたところで特に問題はないし、そもそも問題などおこりようがないのです。けれども、もし私たちがほかならぬ個人であり、各人が自分に固有の生活と固有の意見をもち、相手に協力して議論する気になったら、そのときは問題が発生する。フェリックスと私は、どちらかというと小川のようなものだったと申しあげたのは、個体化とは、かならずしも個人にかかわるものではないという意味だったのです。自分が個人であるのかどうか、私たちはまったく確信がもてない。空気の流れ、そよぐ風、一日の流れ、一日のうちのある時間、小川、場所、戦い、病などには非＝人格的な個体性がある。つまり固有名があるのです。こうした固有名を、私たちは「此性（haecceitas）」と呼びます。〈此性〉同士はふたつの小川、ふたつの川のように組み合わせることができます。言語のなかでみずからを表現し、言語に差異を刻み込むのは〈此性〉ですが、個体ならではの生を〈此性〉に与えて、〈此性〉と〈此性〉のはざまを何かが流れるようにするのは言語のほうなのです。意見を述べるときは誰でも同じような話し方をするもので、「私」を名乗り、自分はひとりの個人だと思い込んでいるようですが、これは「太陽が起きあがる（＝太陽が昇る）」という慣用表現に疑問を感じないのと同じことです。けれども私たちには、それで当然とは思えないし、個人というのはけっして正しい概念ではないはずです。フェリックスや私、そして私たち以外にも多くの人びとが、自分のことをかならずしも個人とは思っていないのです。むしろ私たちには〈事件〉の個体性があると考えたほうが正しいのですが、これはなにも大げさなことを言っているのではありません。〈此性〉というのは控え目で、場合によっては顕微鏡をのぞかなければ見えないほど小さなものなのですから。私はこれまでどの著作でも〈事件〉の性質を追究してきましたが、それは〈事件〉が哲学の概念であり、「ある（être）」という動詞と、属詞とを失効させることのできる概念は他にないからです。そう考えれば、ふたりで書くことは不思議でもなんでもない。何かが伝わり、何かが流れ、その一筋の流れだけが固有名をもつようになれば、それでじゅうぶんなのです。ひとりで書いているつもりでも、かならず誰か他人が関係しているものだし、しかもその他人は名前を特定できるとはかぎらない他人であるわけですから。

『意味の論理学』では一種の系列構成をためしてみました。しかし『千のプラトー』はさらに複雑です。「プラトー（高原）」は比喩ではなく、恒常的な変異にさらされた圏域である、あるいは塔が林立し、それぞれの塔がひとつの地域を監視したり、眺めやったりしながら、たがいに合図を送り合う世界に似ている、といえるでしょう。インドやジェノヴァの建築のように組み立てられているのです。私たちがひとつの文体、つまり多調性にもっとも接近した本は、やはり『千のプラトー』ではないかと思います。

——あなたのお仕事を拝見しますと、いたるところに文学が出てきて、ほとんど哲学とパラレルな関係になっています。『マゾッホとサド』、短くまとまったプルースト論（この本はどんどん膨張していきました）、『意味の論理学』の大部分、それも（ルイス・キャロルについての）本文と（クロソフスキー、ミシェル・トゥルニエ、ゾラについての）補遺の部分の両方、そして『アンチ・オイディプス』の延長線上で、ガタリとの共著になるカフカ論、さらにクレール・パルネとの『対話』のなかの一章（「英米文学の優位」についての部分です）、『千のプラトー』のかなりの部分。こうして数えあげてみると、かなり長いリストになります。とはいっても、映画論では長調で、そして、たったひとりの画家の作品群を素材にしていながら、『感覚の論理』という概論的な題名をつけた

本では短調でおこなわれていること、つまり、芸術の一形態、表現の一平面を秩序立てて合理的に描く作業に比べるならば、文学の比重はけっして大きいとはいえません。文学は哲学に近すぎる、そもそも表現自体が哲学とほとんど変わらない、だから文学には、あなたが先に進んだとき、変曲をくりかえす以外にあなたの跡を追うすべがない。そう理解してよろしいでしょうか。それとも他に理由があるのでしょうか。

ドゥルーズ――どうでしょうね。おっしゃるような違いがあるとは思いませんが。文学論に興味がなかったわけではないし、必要なだけ論文が仕上がればそれをひとつにまとめ、総題は『批評と臨床』にするつもりでした。大作家や、大芸術家は病人だという意味ではありませんよ。卓越した病人と呼べば褒め言葉に聞こえるかもしれませんが、それでも彼らが病人だということにはならないのです。作者の心に神経症や精神病の痕跡をさぐり、それを作品に隠された秘密とみなし、作品の謎を解く暗号の鍵にするのともちがいます。彼らは病人であるどころか、逆に医師であり、しかも医師としてのあり方がかなり特殊なのです。太古の時代から知られる倒錯がマゾッホの名で呼称されるのはなぜか。それは人間マゾッホが倒錯を「患っている」からではなく、作家マゾッホが契約を主導的な記号とみなすことによって、またマゾヒストのふるまいを少数民族が置かれた状況と、少数民族内部で女性が演じる役割に結びつけることによって、倒錯の全症候を斬新な視点からとらえなおし、これを独創的な一覧表にまとめたからです。こうしてマゾヒスムは、少数民族に特有のユーモアから切り離せない、具体的な抵抗の行為となる。マゾッホは偉大な症候学者なのです。プルーストの場合は、記憶の探索をおこなっているのではなく、ありとあらゆる種類の記号に目を向け、環境、記号の発信様態、記号の素材、記号の体制に照らして記号の性質を解明することが作家の責務となっている。『失われた時を求めて』はひとつの一般記号学であり、さまざまな階層に分かれた社交界を診断する症候学でもあるのです。カフカの仕事は私たちの行く先々にひそむであろう悪魔的な力を、ひとつ残らずつきとめた診断です。ニーチェがいうように、芸術家や哲学者は文明の病を見極める医師なのです。何がどうなろうと、彼らが精神分析にあまり興味をもたないのは、けだし当然といえるでしょう。精神分析は秘密なるものを極度に単純化し、記号も症候もさっぱり理解できないので、一切合財をロレンスが「ちっぽけでしみったれた秘密」と呼んだものに帰着させるわけですからね。

単に診断をくだすだけではありません。記号はさまざまな生の様態、さまざまな生存の可能性をあらわすことで、ほとばしる生の、あるいは涸れた生の症候となるのです。ところが芸術家は、涸れた生に甘んじることも、個人の生活で満足することもできない。自分の内面、自分の記憶、自分の病を語っても書くことにはならないからです。書くという行為には、生そのものを変容させ、個人を超えた何かにつくりかえよう、生が閉じ込められていたら、そこから生を解き放ってやろうという明確な意図がある。芸術家や哲学者は健康状態がすぐれなかったり、からだが弱かったり、精神的に均衡がとれていなかったりすることが多いですよね。スピノザ、ニーチェ、あるいはロレンスのように。けれども彼らを最後にうちのめすのは死ではなく、むしろ彼らがその存在に気づき、身をもって生き、考えぬいた生の過剰なのです。彼らにとっては大きすぎる生かもしれませんが、それでも彼らの力があればこそ「兆しは近い」ということにもなる。『ツァラトゥストラ』の最後や『エチカ』の第五部を見てください。書くということは、来るべきものとして想定され、まだ自分の言語をもたない人民のためにおこなわれる行為です。創造とは、いわゆる伝達ではなく、耐久力をもち、抵抗することです。記号、〈事件〉、生、そして生気論は深いところでつながっている。そしてこれらに共通するのが非＝有機的な生の力能であり、この力能は絵画の、文章の、あるいは音楽の線にも宿るのです。有機体が死んでも生は残る。作品は、それが作品であるかぎり、かならず生に袋小路からの出口を教え、敷石と敷石の隙間に一筋の道を通してくれるものです。私が書いたものはすべて生気論だった、と自分では思っていますが、そこから見えてくるのは記号と〈事件〉をめぐるひとつの理論でした。文学と、文学以外の諸芸術で問題のあらわれ方が違うとは思いませんし、要は文学について思いどおりの本を書く機会がなかっただけなのです。

——精神分析についてうかがいます。精神分析は『差異と反復』と『意味の論理学』ではまだいたるところに顔を出し、特異な使われ方をしてはいますが、それでも仕事の土台にはなっていました。

『資本主義と分裂症』の第一巻である『アンチ・オイディプス』を境に、その精神分析が撃破すべき明らかな敵に変わります。それどころか、さらに根本的な部分で、敵になってからの精神分析は、何か新しいことを思考し、思考をほとんど一からやりなおすようにしたければ、絶対に処分すべき誤ったものの見方として批判にさらされつづけているのです。どうしてそうなったのでしょうか。また、『アンチ・オイディプス』は六八年五月の状況を映す最初の重要な哲学書であり、六八年五月を代弁する真に哲学的な最初のマニフェストでもあるようですが、そうなった理由はどこにあるのでしょうか。この本は明確に、また直截に、未来はありきたりのフロイト゠マルクス主義的総合にあるのではない、と宣言しています。『アンチ・オイディプス』は、フロイトからの（そしてラカンおよびその構造論からの）解放をうたっている点で、ひところ「ヌーヴォー・フィロゾフ」に、やがてマルクスからの（そして革命からの）解放を期待する向きがあったことを連想させます。そこに不思議な類似があると思うのですが、このことをご自分ではどのように感じておられますか。

ドゥルーズ――おかしなことをおっしゃいますね。その話でしたら、私がフェリックスを精神分析の外へ引きずり出したのではなく、フェリックスが私を精神分析から引きずり出してくれたのだということを、まず強調しておかなければなりません。当時、私はマゾッホ論で、それから『意味の論理学』で、サド゠マゾヒスムという間違った一体性について、あるいは〈事件〉一般について、精神分析とは相容れない成果を収めたつもりでいたのですが、実際にはまだ精神分析と和解する可能性が残されていた。逆に、フエリックスは精神分析が本業で、もちろん精神分析家としての活動を続け、ラカンの門弟でもあったわけですが、実際には弟子よりも、すでに和解の余地がないということを悟ってしまった「息子」に近かったといえるでしょう。『アンチ・オイディプス』の意義は、最初にふたつの主題をおさえておきさえすれば、あとはひとりでに実現する断絶にあります。ふたつの主題とは、まず無意識は劇場ではない、工場であり、生産をおこなう機械なのだ、というもので、もうひとつは、無意識の妄想をはぐくむ素材はパパ＝ママではない、無意識の妄想は地球上すべての人種、すべての部族、すべての大陸、歴史や地理によって生きるのであって、そこには常に社会の領域が関係している、というものです。私たちの目標は無意識の総合を内在的に理解し、これを内在的に用いることでしたから、いきおい無意識の生産性を重視し、無意識の構成主義をめざすようになったのです。そのうちに見えてきたのは、精神分析には（ひとりの子供、と言いあらわすときの）不定冠詞や、（さまざまな動物への生成変化、動物一般との関係など）ひとつの生成変化、あるいはひとつの欲望、ひとつの言表の意味するところが、まったく理解できていないということでした。私たちが精神分析を論じた最後の文章は、「狼男」にかんするもので、これは『千のプラトー』に収めてありますが、複数や多というものを考えることができない、たとえば一匹の狼ではなく狼の群れを、たった一本の骨ではなく骨格全体を考えることができない精神分析の偏屈さにはあきれるばかりです。

私たちが見た精神分析は欲望を袋小路に引きずり込み、人びとの気勢をそいで、言うべきことも言えなくするための途轍もない陰謀でした。生にたいして陰謀をめぐらし、死の歌で掟と虚勢を世に広め、超越性を渇望するうちに司祭の本性をあらわして、ついにひとつの心理学をつくりあげる（およそ心理学と名のつくものには司祭の心理学しかないのです）。『アンチ・オイディプス』が六八年以後の状況で重要な本になったのは、フロイト＝マルクス主義的なあるゆる企てと手を切ったからだ、とおっしゃったのは当たっていると思います。私たちの目標は、さまざまな水準を振り分けることでも、水準相互の調整をはかることでもなく、むしろ流れの論理に照らして、社会と欲望の双方にかかわる具体的な生産を同一の平面上に置くことだったからです。妄想が妄想として作用する場は現実界にある、私たちにとって現実界だけが思考の境位たりえていた、しがって想像界も象徴界も間違ったカテゴリーである、と考えたわけです。

『アンチ・オイディプス』は、現実界の一義性を追究し、いわば無意識にかんするスピノザ哲学を実践した本です。そして六八年がもたらしたのは、現実界の一義性を目のあたりにするという強烈な体験だった。私はそう信じています。六八年を憎む人や、六八年は否認されて当然と思っている人に言わせると、あれは象徴界か想像界の問題だったということになります。しかし象徴界も想像界もまったく関係なかった。純粋な現実界が闖入してきたというのが六八年の実像ですからね。いずれにしても、『アンチ・オイディプス』がフロイトを向こうに回して論をすすめるときの段取りと、「ヌーヴォー・フィロゾフ」がマルクスを向こうに回して論をすすめるときの段取りを比べても、類似点はひとつとして見当たらないと思います。もし類似点が見つかるようなら、私としてはうろたえるしかない。『アンチ・オイディプス』の精神分析批判に一貫した主張があるのは、事の当否はしばらくおくとして、とにかくあの本では無意識についての考え方を詳しく説明し、それと連動させるかたちで批判をおこなっているからです。それにたいしてヌーヴォー・フィロゾフは、マルクスを告発するだけ告発しておきながら、資本についての新たな分析をおこなうことがまったくないため、彼らの著作では資本の存在が不思議なくらい稀薄になるばかりで、要するに彼らは、政治的にも倫理的にも深刻な結果をもたらしたスターリニズムの影響を告発し、その淵源にマルクスがいると仮定したにすぎないのです。ヌーヴォー・フィロゾフは、不道徳な影響をおよぼしたとして、ことさらにフロイトを非難した人たちに近いといえるでしょう。そんな態度で哲学ができるはずはありません。

——あなたはいたるところで内在性を主張しておられます。独自性が際立ち、いかにもあなたらしい思考は、超越性を求める動きが出てきたとき、いかなる種類のものであれ徹底的にこれを排除する、欠如も否定もない思考でしょう。そこで是非ともうかがっておきたいのですが、本当にそうですか、どうしてそんなことがありうるのですか。あらゆる場面で内在性を援用しておきながら、あなたがお使いになる概念はいつも部分的かつ局所的なものにとどまっているだけに、なおのことこの点をはっきりさせておきたいのです。『意味の論理学』から現在にいたるまで、あなたは新しい本をお書きになるたびに、新しい概念群を産み出すことに腐心してこられたと思います。同じ概念が別の本に移動したり、別々の概念がたがいに合致したりすることもある。それはよくわかります。それでも、大まかな見方をすれば、映画論の語彙は『感覚の論理』の語彙と同じではないし、『感覚の論理』の語彙もまた、『資本主義と分裂症』の語彙と同じではない、といった具合です。ふつうなら手直しを加えられてより正確なものとなり、洗練の度合いを高め、複雑になり、いわば自分に何かを付け加えるようなかたちで累積していくところを、あなたがお使いになる概念は一回ごとに、その場かぎりのまとまりと、特別な創意の水準とを新たにつくりあげる義務を負っているかのようです。あなたの概念は手直しを加え、全体を統一する方向で定式化するのに適していないと考えるべきでしょうか。それとも最大限の開放性を確保し、いかなる点でも先走った判断をしないことが求められているだけなのでしょうか。そしてこのことは、どのようにして内在性と両立するのでしょうか。

ドゥルーズ——内在性の平面を立ち上げ、内在性の場を作図すること。それは私が興味をもって論じた思想家全員に共通する仕事です（カントですら総合の超越的使用を断罪するときは内在性の思想家たりえているわけですが、ただカントは可能的経験だけで満足し、現実の実験に手を染めることはありませんでした）。抽象は何の説明にもならず、説明されなければならないのはむしろ抽象のほうです。普遍概念も、超越的概念もないし、〈一なるもの〉も、主体（そして客体）もなければ、理性もない。あるのはプロセスだけなのです。それが時として単一化の、主体化の、あるいは合理化のプロセスとなるのであって、それ以上でも以下でもないのです。これら複数のプロセスがプロセスとして作用する場は具体的な「多様体」のなかにあるので、本当に何かがおこる思考の境位は多様体だということになる。内在性の場を満たしているのもやはり多様体ですが、このことは多数多様な部族が砂漠に住みついても砂漠が砂漠でなくなるわけではないのと少し似ています。そして内在性の場とは構成し、つくりあげるべきものであり、だから内在性の別名は構成主義になり、割り当て可能なひとつひとつの多様体が、この平面上の一領域に相当することにもなるのです。すべてのプロセスは内在性の平面と、割り当て可能なひとつの多様体のなかで生まれます。単一化、主体化、合理化、集中化を特権視する必要はどこにもありません。これらのプロセスはむしろ、多様体の成育をさまたげ、多様体に含まれた線が延び、発展していくのをおしとどめ、新しいものの生産を不可能にする袋小路か囲いであることが多いからです。

超越性をひとつでも援用すると、それだけで運動を停止させ、実験するかわりに解釈をもちこむことになる。この点についてはベルールが、映画一般と、映像の流れを例にとって、きちんと説明しています。それに実際、解釈は何かが欠けていると仮定し、その欠如に依拠するかたちでおこなわれるものです。単一性は、ほかならぬ多様体に欠けているものだし、同じく主語（主体）は〈事件〉に欠けているものです（フランス語で「雨が降る」と言いあらわすときは非人称表現が使われる）。もちろん、欠如の現象もあるにはありますが、しかしそれはなんらかの抽象を想定し、超越性の視点から見たときに生まれる現象にすぎない。抽象の実体がひとつの自我だとしても同じことで、要するに内在性の平面を構成する作業がさまたげられたとき、かならずそこに顔を出すのが欠如の現象であるわけです。すべてのプロセスは生成変化であり、生成変化にたいする評価は、生成変化を終わらせる結果ではなく、現に生成変化が進行しているとき、その質はどうか、生成変化が示す継続の力能はどれほどのものか、ということによって決まってくる。たとえば、動物への生成変化や、非＝主体的個体化がそうです。だからこそ私たちは樹木に対抗するものとしてリゾームを選んだわけで、両者を対比すれば樹木、いやむしろ樹木化のプロセスが、リゾームとその変容を一時的にストップさせる、とりあえずのリミットになっていることも明らかになると思ったのです。普遍概念はなく、あるのはただ特異性だけ。概念は普遍ではなく、さまざまな特異性を集め、ひとつひとつの特異性が別の特異性の近傍にまで延びていくようにした、ひとつの集合なのです。

ここでもう一度、概念としてのリトルネロを例にとりましょう。リトルネロは領土に合わせて変化します。リトルネロのあり方はさまざまで、領土のなかにあり、領土を標示する符号になったかと思えば、領土への帰還をこころみ、夜になって恐怖をおぼえたときも、あるいはまた「さらば、私は旅に出る」と言い残して領土を去るときもリトルネロが顔をのぞかせるのです。これだけですでに示差的な位置どりを三種類そろえたことになりますね。しかしそれはリトルネロが、領土と、領土より深いものとの緊張関係を表現しているからそうなっただけのことであって、領土より深いものというのが、つまり大地なのです。ここまではわかっていただけたかと思いますが、しかし大地とは、当然ながら脱領土化した大地のことであり、したがって大地は、大地ならではの異様な運動ともいうべき脱領土化のプロセスから切り離すことができない。このように、さまざまな特異性が相互に延長しあい、ひとつにまとまると、この集合がそのままひとつの概念となり、ひとつの〈事件〉をあらわすようになります。リートです。一筋の歌声が宙をただよい、近くまで来たり、また遠ざかったりする。これと同じことが内在性の平面でもおこっています。さまざまな多様体が内在性の平面を満たし、さまざまな特異性同士がつながると、さまざまなプロセス、あるいは生成変化が展開して、さまざまな強度が高まったり、低くなったりするのです。

私が思い描く哲学は多様体の論理です（その点、私はミシェル・セールに親近感をおぼえます）。概念の創造とは、平面上の一領域を構築し、先につくっておいた複数の領域に新たな領域をひとつ付け加えたうえで、また新たな領域を探索し、欠如を埋めることにほかなりません。概念は直線や曲線を何本も束ね、強固なまとまりに仕上げた複合体です。概念をしじゅう入れ替えていなければならないのは、ほかならぬ内在性の平面が、まずひとつの領域に限定するかたちで構築され、この局所的構成を隣へ、それからまたその隣へと伝えることで成り立つものであるからです。だからこそ概念の作用は断続的に吹きつける突風に似てくるわけだし、『千のプラトー』でも、それぞれのプラトーが、こうした突風たりえていなければならなかったのです。しかし、だからといって概念が手直しと体系的構築を受けつけないということにはなりません。それどころか概念には、概念独自の力能として反復がある。ひとつの領域を別の領域に接続するのが、この反復なのです。そして領域同士の接続は不可欠な、休みなくくりかえすべき操作であり、これによって生まれるのがパッチワーク状の世界であるわけです。だから内在性の平面はひとつしかないのに、概念は常に局所的だという、いわば二股に分かれたあなたの印象は正しかったことになります。

私には反省にかわるものとして構築主義があります。伝達にかわるものとして、私なりの表現主義があります。哲学における表現主義はスピノザとライプニッツで頂点に達しました。〈他者〉の概念を例にとるなら、私はこれを容体でもなければ、（容体は他主体であるという意味での）主体でもないものとみなし、可能世界の表現こそが他者であると定義すれば、それでひとつの概念が得られると考えました。歯が痛む人でも、通りを歩くひとりの日本人でもいい、とにかく誰もがさまざまな可能世界を表現しているのです。そして彼らが話を始める。私は日本の話を聞かされているところで、どうやら私に日本のことを話しているのはその日本人であり、しかも彼は日本語で話していると します。この場合、あるがままの可能世界は言語によってひとつの現実性を獲得するのだといえますが、これこそまさに可能的なものとしての可能事にそなわった現実性なのです（私が日本へ行くようなら、逆にそれが可能事ではなくなってしまう）。この、しごく簡単な例からもわかるように、可能世界を内在性の平面に包摂すれば、それだけで表現主義は構築主義をおぎなう要素としてはたらくことになるのです。

――では、**新たな概念を創造する必要は何に由来するのですか。哲学には「進歩」があるということでしょうか**。いま、**哲学に使命、必然性**、さらに「プログラム」があるとしたら、**それをどのように定義されますか**。

ドゥルーズ――さまざまに変化する思考のイメージというものがあって、これが歴史的にもさまざまに変化してきたと思います。思考のイメージとは、方法のことではなく、何かもっと根本的で、前提として常にあるもの、つまり一種の座標系、さまざまな活力、さまざまな方向づけをあらわす呼称です。思考することが何を意味し、「思考のなかで方向づけをおこなう」とはどういうことなのかを決めるのが思考のイメージなのです。何はともあれ、思考のイメージがはたらく場は内在性の平面にあるわけですが、それは内在性の平面に垂直性をもちこみ、自分も背筋を伸ばして立つためなのでしょうか、それとも逆に、からだを横たえ、地平線に向かって走り、はるか彼方まで平面を拡げていくためなのか。そして垂直性によって私たちが何かを観想する、あるいは反省や伝達をうながされるとしたら、その垂直性とは何のことなのか。逆の道を行きたければ、垂直性すなわち超越性と考え、これを撤去したうえで、地面に寝そべって大地を抱きしめ、見ることもなく、反省も忘れ、さらに伝達の可能性まで捨てなければならないのか。そこまで思い切ってなお、私たちには友がいるのか、それとも私たちは天涯孤独になり、〈私〉イコール〈私〉の境地に達するのか、あるいはまた私たちは恋をするのか、さらに別の事態が待ちうけているのか、そして自分で自分を裏切り、人に裏切られたり、人を裏切ったりするとしたら、そこにはどれほどの危険があるのか。いずれ友ですら疑ってかからなければならない時が来るのではないか。哲学《フィロゾフィー》という語に含まれた「友愛《フィロ》」にどのような意味をもたせるべきなのか。プラトンでも、ブランショの『友愛』という本でも、友愛との関係で思考の問題をとりあげていることに変わりはないが、はたして「友愛」の意味は同じなのだろうか。このように、エンペドクレスの昔から思考は一貫して劇的緊張をかかえていたのです。

　思考のイメージはいわば哲学の前提であり、哲学に先行しますが、この場合、思考のイメージは非＝哲学的理解のことではなく、前＝哲学的理解であると考えるべきでしょう。多くの人にとって、思考するのと「少しばかり議論する」のは同じことです。たしかに愚かなイメージではありますが、愚者ですら思考について自分なりのイメージをもっているわけですから、そうしたイメージの数々を白日のもとにさらさないかぎり、哲学の条件を定めることはできないのです。では私たちは思考について、プラトンと、あるいはもっと新しいところでデカルトやカントと同じイメージを頭に描いているでしょうか。イメージは絶対的な制約にしばられて変化するのではないでしょうか。それに変化をうながす制約こそが、思考の外にある決定論的要因を表現し、もっと深いところで思考の生成変化を表現しているかもしれないのです。無＝意味の世界でもがいている私たち現代人が、欲しいのは真実だ、とあえて主張することが、はたしていまでも可能でしょうか。

概念の創造を導くのも思考のイメージです。思考のイメージがひとつの叫びに似ているとしたら、概念のほうはさまざまな歌声になぞらえることができるでしょう。哲学に進歩はあるか、という問いには、小説のことを訊かれたロブ＝グリエと同じように答えるしかありません。つまり、プラトンが哲学したのと同じように哲学する理由はどこにもない、それは私たち現代人がプラトンより優れているからではなく、逆にプラトンを凌駕することなど不可能だし、プラトンが永久に残る仕事としてやりとげてしまったことを蒸し返しても何の得にもならないからだ、とね。私たちに残された選択肢はふたつしかありません。哲学史をやるのか、それともプラトンを、もはやプラトン的ではないさまざまな問題に接ぎ木するのか。そのどちらかを選ぶしかないのです。

さまざまな思考のイメージを調べていく研究は、これを「ノオロジー（思惟の学）」と呼べば、そのままで哲学への序章になるだろうと思います。それが『差異と反復』で追求した本当の目標であり、だからこそこの本は、思考のイメージに含まれた、さまざまな公準の本来的性質をさぐっているのです。そしてこの問題にとりつかれた私は、次に『意味の論理学』で、高さ、深さ、そして表層を組み合わせて思考の座標系にしているし、『プルーストとシーニュ』でもまた同じ問題をとりあげたのは、プルーストがさまざまな記号の力能を細大漏らさず調べあげ、これとギリシア的イメージとを対立させているからであり、フェリックスの協力を得た『千のプラトー』にも同じ問題が顔をのぞかせるのはリゾームが、樹木のイメージに隠れ、その陰で増殖していく思考のイメージであるからにほかなりません。思考のイメージを問うことで得られるのは、モデルではないし、手引きですらなく、むしろ参照すべき対象、あるいは絶えず異分野との交配をおこなっていなければならないことへの自覚です。そして現時点で参照すべき異分野が何かといえば、それは脳をめぐる専門知識だということになるでしょう。

哲学は神経学と特権的な関係を結んでいますが、それは観念連合論の思想家を、あるいはショーペンハウアーやベルクソンを見ればすぐにわかることです。私たち現代人にとって、新しい考えがひらめくきっかけは、コンピューターではなく、ミクロの生物学ともいうべき脳生理学にあります。脳というものは、いわば一個のリゾームであり、だから樹木よりは草本に近く、一種の「アンサートゥン・システム」を形成し、確率論的で、半分は偶然にゆだねられた量子論的メカニズムをもつ。これは私たちが脳をめぐる知見に準拠して思考するという意味ではなく、思考が新しい思考であるならば、その思考は見たこともないような溝を脳に生々しく刻み、その形を歪め、襞をつけたり、亀裂を入れたりするはずだ。そう言いたいのです。この点、ミショーの仕事はまさに奇跡です。新しい結合、新しい疎通、そして新しいシナプスを、哲学は概念の創造に際して総動員するわけですが、同時にそれはひとつの豊かなイメージでもあって、独自の手段を用いつつ、そこに客観的な物質との類似や力能の材料を見出すのが脳の生物学だということになるのです。

映画で面白いと思ったのは、スクリーンが脳になりうるということで、これはレネやジーバーベルクの映画に顕著な傾向です。映画の手法には合理的切断による連鎖だけでなく、非合理的切断を利用した連鎖の組み替えもある。思考のイメージが一定しているわけではないのです。ヴィデオ・クリップも最初のうちは面白かったと思いますが、それは、一部の作品から、この作品の基礎は独特の結合と断絶にある、それはもはや覚醒中の世界でもなければ、夢の世界でもなく、悪夢の世界ですらないという印象を受けたからでしょう。ほんの一瞬、ヴィデオ・クリップは思考と呼んでもおかしくないものに接近したのです。言っておきたかったことはそれだけです。要するに思考には隠されたイメージがある、そのイメージが展開し、二股に分かれ、変異をおこすうちに、新しい概念を創造する必要はますます強く感じられるようになる、しかも概念の創造に関係するのは、思考の外にある決定論的要因ではなく、問題自体を巻き込む生成変化である、ということですね。

――『襞』の前に出版なさった本はフーコー論でした。あれは哲学史の仕事でしょうか。なぜフーコーなのか。あなたの哲学とフーコーの哲学、このふたつはどのように関係しあっているのでしょ

うか。あなたは『フーコー』で、すでに「襞」の概念を使っておられました。フーコーとライプニッツはつながっているということでしょうか。

ドゥルーズ——フーコーは偉大な哲学者であり、すばらしい文体をもった一流の文章家でもあります。従来とは違う切り口で知と権力を切り分け、両者のあいだに特別な関係があることに気づいたのもフーコーです。つまりフーコーによって、哲学にひとつ新たな意義が加わったということです。次にフーコーは主体化のプロセスを導入し、これこそ「装置」の第三の次元だ、他とはっきり区別されたこの第三項がすべての知を立て直し、すべての権力を手直しするのだ、と考えるようになりました。このときフーコーによって開拓されたのが、あらゆる生存の様態をからめとる理論と歴史だったわけで、古代ギリシアの主体化や、キリスト教世界のさまざまな主体化への関心もここから生まれます……。フーコーの方法は普遍概念を捨てるところに、そして多様体のなかに生起する、常に特異的でありつづけるさまざまなプロセスをつきとめるところに、その特徴がある。私がいちばん影響を受けたのは言表の理論ですが、それというのもフーコーの言表理論には言語を不均衡の状態に置かれた非等質性の集合とみなす独特の言語観があり、この観点に立てば新しいタイプの言表があらゆる分野で形成されるありさまを思考することも可能になるからです。文芸批評や芸術批評など、フーコーが残した「文学」作品の重要性は、雑誌論文を本にまとめないかぎり、なかなか見えてこないとは思いますが、

『汚名に塗れた人びとの生活』あたりは滑稽と美が同居したまぎれもない傑作だし、フーコーにはどこかしらチェーホフを思わせる味わいがあるのです。

私が書いた本は、いわゆる哲学史の仕事ではなく、フーコーをめぐる私なりの理解や、フーコーにたいする敬愛の念を注ぎ込み、できればフーコーと一緒に書いてみたかったような本です。仮にあの本が詩的な意味をもちえたとしたら、詩人のあいだでは「墓」と呼ばれる、故人への賛辞を読みとることができたのではないかと思います。フーコーと私の相違点はどれも付随的なものばかりでした。フーコーが装置と呼んでいたものと、フェリックスや私がアレンジメントと呼んだものを、同じ座標系に組み込むことはできませんが、それは歴史的な場面の集合体を構築するところにフーコーの独自性があったのにたいし、私たちはむしろ地理的要因を重視して、領土性や脱領土化の動きを追究したからです。私たちが一貫して世界史に関心をもってきたのと違い、フーコーは世界史を嫌っていました。それでもフーコーが進めている作業を見守ることは、私にとって欠くべからざる確認の手続きだったのです。フーコーは誤解を受けました。気にしているふうではありませんでしたが、本当はフーコーも動揺していたのです。フーコーを見ていると怖くなる、つまりフーコーがいるだけで、愚かな人間の厚顔無恥が鳴りをひそめたのです。フーコーはこうして、ニーチェが定義したとおりに、「愚かさを妨げる」という哲学の使命を果たしてくれたわけです。フーコーの思考には、水に潜った以上、光の当たるところにかならず何かを持ち帰るダイビングのような一面がありました。さまざまな襞をつくり、ばねが戻るように突然弛緩する思考。とはいえ私はライプニッツがフーコーに特別な影響をおよぼしたとは思っていません。それでもライプニッツには、港に着いたと思っていたら、いつの間にか沖に投げ出されていた、というフーコーにぴったりの言葉があります。フーコーのような思想家は何度も危機を経験し、さまざまに揺れながら先に進んでいくため、そのあり方にはどこかしら地震を思わせる激しさがあるのです。

フーコーが開拓した最後の道には非常に豊かな発展の可能性があります。つまり主体化のプロセスはいわゆる「私生活」とはいっさい無関係で、さまざまな個人、あるいはさまざまな共同体がみずからを主体につくりあげる動きのことを指す呼称であり、主体は既存の知と安定的な権能の埒外で成立する。結果的に新たな知や新たな権能を誕生させることになったとしても、主体化が知と権能の外でおこなわれることに変わりはありません。だからこそ主体化は第三の次元として、常に他から「分離した」状態で一種の襞に包まれ、折り畳んだり、うねらせたりする動きとなってあらわれてくるのです。フーコーによると、最初に主体化の動きが生まれた土地は、話を西洋にかぎるなら古代ギリシアであり、自由を得た人間が、他人を支配したければまず「自己の抑制」を達成し、自分で自分を支配しなければならないことに気づいたとき、主体化はおこるということになります。しかし主体化にもさまざまな種類があるし、キリスト教にたいするフーコーの関心もそこから生まれたわけです。キリスト教の歴史は数々の個人的プロセス（たとえば隠者）や集団的プロセス（修道会、修道者共同体など）に彩られるだけでなく、さまざまな異端と改革の歴史でもあるし、守るべき規則はもはや自己の抑制ではない。それどころか、多くの社会組織で、新たに主体化の焦点となるのは自己を抑制した支配者ではなく、むしろ社会から締め出された人びとだと言っておくべきかもしれないのです。たとえば解放奴隷が、安定した秩序の世界では社会的地位を保証されていたのに、いまではそれすら失ってしまったと嘆き、その嘆きによって新たな権能の誕生をうながすこともある。嘆きは詩的な重要性をもつだけでなく、歴史的にも、社会的にもきわめて重要であるわけですが、それは嘆きそのものが主体化の動きを表現しているからにほかなりません（「俺は哀れな人間だ」という嘆きも当然ひとつの主体化です）。しかも哀歌的主体性には幅がある。主体化をうながす要因として嘆きは高揚感と同じくらい重要なのです。フーコーはいま現在、私たちの社会でその輪郭をととのえはじめた主体化の動きに魅了され、現にいま主体化を産み出しつつある現代的プロセスはどのようなものか見極めようとしていました。ですから、フーコーにおける主体への回帰がとりざたされるのは、フーコーが提起した問題をまったく理解していないからだと考えるしかないのです。この場合もまた、あえて議論する必要はどこにもありません。

――おっしゃるとおり、『アンチ・オイディプス』には世界史の断片がちりばめられていますし、コード化された社会、超コード化をおこなう国家、そして流れを脱コード化する資本主義を、はっ

きり区別しておられることもよくわかります。そして、『千のプラトー』でも、もう一度同じテーマをとりあげ、今度はノマドの戦争機械と定住民の国家とを対立させて、「ノマドロジー」なるものを提唱しておられます。そこでうかがっておきたいのは、こうした思想上の問題から、なんらかの政治的立場が生まれるのかどうかということです。あなたはフーコーとともにＧＩＰ（監獄情報グループ）に参加されました。コリューシュの大統領選立候補を支援する署名もなさいました。パレスチナ支持を表明されました。しかし、六八年直後から今日にいたるまで、あなたはどちらかというと「静か」にしておられるし、ガタリに比べるとはるかに寡黙であるようにお見受けします。人権運動とは縁がなく、法治国家の哲学ともかかわりをもたれませんでした。積極的な選択なのか、ためらいがあったのか、それとも失望されたのか。哲学者にも市民の世界で演じるべき役割があるのではないかと思うのですが、この点をどうお考えになりますか。

ドゥルーズ――超越性や普遍概念を復元する、権利を与えられた反省の主体を復活させる、あるいは伝達の間主観性を確立する。その程度ではたいした哲学的創意になりません。「コンセンサス」の形成を望む声がよく聞かれますが、コンセンサスとは世論操作を目的とした観念的な規則であって、哲学とはいっさい関係がないのです。宣伝効果をねらい、多くの場合ソ連を仮想敵にした安手の哲学、とでも言っておけばいいでしょうか。エヴァルドが明らかにしたように、人権は権利の主体がありさえすれば成り立つほど単純なものではなく、法律学上はるかに興味深いさまざまな問題を立てる重要な契機となるのです。それに、多くの場合、人権を踏みにじる国家は人権の擁護を主張する国家から派生した突起物か、従属物であることがほとんどですから、二種類の国家は相互補完的な関係にあると考えることもできるのです。

国家のことを思考するには、国家の向こう側、つまり単一の世界市場にも、国家のこちら側、つまりマイノリティ、生成変化、「ふつうの人びと」にも目を向け、これらと国家との関係をさぐるしかないでしょう。向こう側は金銭が支配し、伝達をおこなうのも金銭ですから、いまの私たちに欠けているのは、誰がどう考えてもマルクス主義批判などではなく、マルクスの理論と同じくらい有効で、マルクス理論の延長となるような、金銭をめぐる現代的な理論なのです（経済学者のベルナール・シュミットがこの方面で先端的な研究をおこなってはいますが、それでも金銭のことで理論の基礎を築くとなれば、経済学者よりも銀行家のほうが適任でしょうね）。そして国家のこちら側では、管理の手を逃れた生成変化が芽生え、さまざまなマイノリティが何度もよみがえっては反抗をくりかえす。生成変化が歴史と同じものになることは絶対にありません。構造論に立脚する場合でも、歴史学はおおむね過去、現在、未来の時系列にしたがってものを考えているからです。あらゆる革命は悲惨な結果をまねく、革命の将来は怪物の誕生にある、といった話はよく耳にしますが、これは古くから言われていることで、スターリンの登場を待つまでもなく、ナポレオンにも、クロムウェルにも、そのまま当てはまる通説です。革命は悪しき未来をもたらすという話はよく聞かされても、ふつうの人びとを巻き込む革命の生成変化については一言も説明がない。ノマドがあれほど強く私たちの関心を引いたのはほかでもない、ノマドはそれ自体ひとつの生成変化であり、絶対に歴史の一部ではないからです。歴史から締め出されても変身という手段にうったえ、まるで別人のようになって再び姿を見せたかと思うと、まったく予想もつかなかった外観に隠れて、社会の領域をつらぬく逃走線に忍び込むあたりが、ノマドのノマドたるゆえんなのです。ここに私たちとフーコーをへだてる違いのひとつを見ることもできるでしょう。つまりフーコーにとって、戦略でがんじがらめになった閉域が社会であるとしたら、私たちが見た社会の領域はいたるところで逃走の水漏れをおこしていたのです。六八年五月は歴史のなかにひとつの生成変化がなだれこんできた特異な出来事であり、だからこそ、歴史学にはこれがさっぱり理解できなかったし、歴史にしばられた社会はこれを自分のものにすることがまったくできなかったのです。

ヨーロッパの前途が語られ、各国の銀行、保険、国内市場、企業、警察を統合する必要が説かれ、何かにつけてコンセンサス、コンセンサスと騒々しい今日このごろですが、人びとの生成変化をどうするつもりでいるのでしょうか。ヨーロッパは六八年の再現となる不思議な生成変化に私たちを立ち合わせてくれるのでしょうか。いま、人びとは何になろうとしているのか。思いがけない展開を予想させる問いですが、ここで問われているのは未来ではなく、現在、あるいは〈反時代的なもの〉なのです。パレスチナ難民は〈反時代的なもの〉として中東にあり、領土にかかわる問いをこのうえなく切実な水準にまで高めています。非法治国家で重要なのは、解放に向かうプロセスの性質ですが、そうしたプロセスは必然的にノマドの性格を帯びるのです。そして法治国家で重要なのは、きちんと体系にまとめられた既得権ではなく、現在の時点で法律にとって解決が困難であり、いつ既得権を疑問に付してしまうかわからない現実の問題なのです。問題はどこにでもころがっています。民法は節ぶしがきしみはじめているし、刑法も、監獄の危機に匹敵する危機に見舞われていますからね。法律をつくるのは法典や宣言ではなく、具体的な判例なのです。つまり判例こそが法哲学であるわけですが、判例は特異性を用い、特異性を延長することで機能するのです。もちろん、問題の所在をつきとめたうえで述べるべき意見があったとしたら、それがなんらかの態度表明につながることはあるでしょう。しかし、いまの時代、「態度を表明する」だけではじゅうぶんとはいえません。たとえそれが具体的な態度表明だったとしても同じです。表現の手段を自分で調整することが最低でも必要でしょうからね。調整をおこたれば、たちまちテレビに出演して愚かしい質問に答えたり、向かい合っての政治対談や、背を向け合っての討論にかりだされたりして、「少し議論する」ことになります。ならば、いっそのこと番組の制作に参加すればいいのか。それも難しいですね。あれはあれで専門家の仕事だし、私たちはもはやテレビの顧客ですらなくなっていますからね。テレビにとって真の顧客は広告主、つまり寛大なるスポンサーであるわけですから。哲学者にスポンサーがついて、哲学者の肌着にブランド名がびっしり書き込まれているという状況は、想像しただけで気持ちの暗くなる話ですが、あるいはこれがもう現実になっているのかもしれません。知識人は責任を放棄したという話も聞きますが、普遍的ではある、しかしいかなる思考にとっても侮辱であることに変わりのない表現の手段を押しつけられたまま、いったいどうやって自分の考えを表現しろというのでしょう。哲学は読者に恵まれないわけでも、社会に普及していないわけでもないと思いますが、いま哲学が置かれた状況は、思考がいわば地下にもぐった潜行状態に、あるいはノマドの状態に相当するのです。私たちにとって唯一可能で、現在の世界に申し分なく適合する伝達のあり方は、瓶に伝言を詰めて海に投げる、というアドルノのモデルか、ひとりの思想家が矢を放ち、別の思想家がそれを拾う、というニーチェのモデルでしょう。

――『襞』は（ライプニッツの名はひとつのテーマと抱き合わせになって副題に出てくるだけかもしれませんが）まちがいなくライプニッツ論であり、カント、ベルクソン、ニーチェ、スピノザなど、いずれも哲学史上の巨人をとりあげた一連の著作に回帰しているように思います。にもかかわらず、これは「何かを論じた」本というより、明らかに「自分を語った」本であるということがはっきり感じられるのです。いや、それよりもむしろ、ふたつの面が驚くほど密接不可分の関係をたもち、ライプニッツ論であると同時に自分の思想を残らず注ぎ込んだ書物でもある、しかも思想の全体像がかつてないほどくっきりとあらわれている、ということになるでしょう。このような巡り合わせを、ご自分ではどう感じておられますか。この本は、ライプニッツの概念群といわば共謀す

るかたちで、ご自分のさまざまな著作でお使いになった、さまざまな系列に属する概念をあらためて取り込んでいるように見えますし、ありとあらゆる与件をあらためてとりあげ、きわめて柔軟な手つきでこれを並べかえて、以前よりも包括的な、与件全体の組みかえを実現しているように思うのですが、いかがでしょうか。

ドゥルーズ――ライプニッツが魅惑的なのは、これほど創造的でありえた哲学者はたぶんほかにいないからです。一見きわめて奇怪で、狂気の沙汰としか思えないような概念がいくつもいくつも登場します。「あらゆる述辞は主辞のなかにある」式の文では、そうした概念の一体性は単なる抽象であるように見えますが、ただし、述辞とは属性ではなく、具体的な〈事件〉のことだし、主辞は主体ではなく、外皮のことにほかならない。とはいえ概念の具体的一体性はたしかに存在するわけで、それを実現するのが概念の平面でくりかえされる操作ないしは構成の作業、つまり〈襞〉なのです。大地の襞、有機体の襞、魂のなかの襞。ライプニッツの世界では、すべてが折り畳まれ、拡げられ、拡げられたものがまた折り畳まれるばかりか、知覚も襞のなかでなされ、世界がひとつひとつの魂のなかで折り畳まれると、今度は魂が、空間と時間の秩序（つまり調和）を守りながら、世界のさまざまな圏域のうちで折り畳まれていたところを特に選んでこれを拡げるのです。となれば、ライプニッツに導かれた私たちの前に開ける非＝哲学的状況は、すべてが内部となった「出入り口もなければ窓もない」一バロックの礼拝堂や、旋律から調和を引き出すバロック音楽に似てくることが予測される。襞を無限にまで高めるのがバロックであり、エル・グレコの絵画やベルニーニの彫刻を見ればわかるように、被知覚態と情動による非＝哲学的理解への道を開いてくれるのも、やはりバロックなのです。

私にとってこの本は過去の仕事をふりかえった要約でもあるし、今後のことを視野に入れた探求でもあります。ライプニッツの仕事を跡づけなければならないし（創意に富む、あれほど多くの後継者に恵まれた哲学者はたぶんライプニッツだけでしょう）、自分では気づいていないけれども、まちがいなくライプニッツと共鳴する芸術家たちにも目を向け、マラルメ、プルースト、ミショー、ハンタイ、ブーレーズなど、いずれも襞への折り畳みと襞の押し拡げからなる世界をつくりあげた人たちの仕事を見守らなければならない。そこに交流が生まれ、多種多様な連結が成り立つからです。襞は、その力能が尽きるどころか、いまでも有効な哲学の概念でありつづけているのです。そんな意図をもって私はこの本を書いたわけだし、仕事が一段落したいまは、自分がやりたいことを自由にやれるようになった次第です。哲学とは何か、という問いについて一冊書きたいですね。短いものにするつもりですが。それから、ガタリとの共同作業を再開して、自然と人工の違いがぼやけてきた時代に通用する、私なりの自然哲学をやってみたい。これだけ仕事があればじゅうぶん幸せな老後を送ることができます。

「マガジン・リテレール」第二五七号、一九八八年九月
聞き手――レーモン・ベルール、フランソワ・エヴァルド

ライプニッツについて

――あなたはこれまで一貫して次のように主張してこられました。哲学するとは、木材を加工するように概念を磨きあげることであり、現実の問題に対応して、その呼びかけに答える新しい概念を常に産み出していくことだ、と。「襞」の概念は特に効率的だと思いますが、それはこの概念が、ライプニッツの哲学をもとにバロックの性格を明らかにしたうえで、ミショーやボルヘス、モーリス・ルブラン、ゴンブロヴィッチ、あるいはジョイスの作品へとつながり、さまざまな分野をおおう諸芸術の領土にも導いてくれるからです。そこで、どうしてもうかがっておきたいことがあります。これほど効率よく、しかも突っこんだ作業を可能にする概念は、早晩インフレに見舞われ、その価値の一端を失い、なんでも説明できる安易なシステムがこうむるのと同じ非難にさらされることになるのではないかと思うのですが、いかがでしょうか。

ドゥルーズ――たしかに、どんなところにも襞を見ることができます。岩山や河や林のなかにもあるし、有機体のなか、それもとりわけ頭蓋や脳髄のなかに襞を見ることができるだけでなく、いわゆる造形芸術にも襞を見出すことができます……。しかし、だからといって襞は普遍だということにはならない。これを証明したのはたしかレヴィ＝ストロースだったと思いますが、類似だけが差異を示すという命題と、類似を示すのは差異だけだという命題は、はっきり区別して考えなければならないのです。一方では複数の事物相互の類似が優先され、もう一方では個々の事物が差異をもち、まず自分自身との差異を示す。複数の直線はたがいに類似していますが、複数の襞は相違をあらわし、個々の襞も差異化する傾向にあるのです。ふたつの事物が同じ襞をもつことはありえません。たとえば、ふたつの岩が同じ褶曲をもつことはありえないのです。また、一個の事物の場合でも、一定した襞があるわけではない。ですから、いたるところに襞がありながらも、襞自体はけっして普遍ではないことになるわけです。襞とは「差異生成の要因」であり、「微分＝差異化」のことなのです。概念にはふたつの種類があって、普遍概念と特異性を区別しなければならない。襞の概念は常に特異的です。絶えず変化し、分岐し、変容をくりかえすのでなければ、けっして有効な概念にはならないのです。褶曲をもとにして山の連なりを理解し、さらには褶曲にそって山を見つめ、山にふれてみると、それだけで山は硬度をうしない、数千年単位の時間がその本来の姿をとりもどす。つまり数千年単位の時間は永続性ではなく、純粋状態の時間なのであり、その内実は柔軟性なのだということが明らかになるわけです。動かないかに見えたものがくりひろげる不休の運動ほど、人を強く当惑させるものはありません。ライプニッツなら、無数の微粒子が襞となって舞う、と表現するでしょうね。

——あなたの本が明らかにしているのは、襞の概念を磨きあげることにより、ライプニッツの哲学が哲学以外のさまざまな現実に接続され、それに照明を当てることができるのはどうしてか、そしてモナドが絵画作品と彫刻作品に、さらには建築や文学作品にもつながっていくのはどうしてなのか、ということです。では、ライプニッツの哲学には、現代の社会と政治にも照明を当てる力があるのかどうか、うかがいたい。すでに指摘されているとおり、社会の問題が「暗黒大陸」となってしまったのは、（マルクスがそうしたように）力学と解剖学の路線で社会を考え、襞やドレープや組成をもとにした思考がなされなかったからではないかと思うのですが、この点をどのようにお考えになりますか。

ドゥルーズ——いまおっしゃったのはライプニッツのなかでもいちばん有名な命題のことですね。つまり、ひとつひとつの魂、あるいは主体（モナド）は完全に閉じていて、出入り口もなければ窓もない、そして、そのあまりにも暗い底のところに世界全体を宿している、しかしこうして包み込まれた世界のほんの一部に光がさし、光に照らされた部分は各人各様で、さまざまに変化するということ。つまり世界がひとつひとつの魂のなかに畳み込まれていても、その襞のつき方は魂ごとに違ったものになる。襞の一部に側面から光がさしているからです。一見したところ、ずいぶん風変わりな考え方です。

しかし、哲学では常にそうであるように、この考え方があらわしているのはひとつの具体的な状況なのです。私は、バロック建築やバロックの「室内装飾」、そしてバロック的光線がまさにそのとおりだということを明らかにしようとつとめているわけです。ところが、事物が折り畳まれるときの新たな様相を考慮に入れるなら、同じことが私たち現代人の状況にも当てはまるのです。たとえばミニマル・アートでは、トニー・スミスの作品につぎのような状況が描かれているではありませんか。闇に沈んだハイウェイを車が疾走し、道を照らすものとしては車のヘッドライトしかなく、ほかには全速力でフロントガラスの上をすべっていくアスファルトがあるばかり。これはモナドの現代版にほかならないし、フロントガラスは光のさした微小な部分と同じ役割を演じているわけです。あなたは、このような事実を社会的かつ政治的に理解することができるだろうか、と自問しておられますが、もちろんそれは可能です。バロックそのものが、すでに特定の政治と、新しい政治観に結びつく様式でした。私たち現代人の社会生活では、窓と外部からなるシステムにかわって、密室と情報端末が支配的になりつつある。つまり世界を見るというよりも、世界を読むようになったということです。繊維状の組成にかかわる社会の「形態学」が生まれただけでなく、バロックは都市計画や国土開発のレベルでも幅をきかすようになりました。建築が一個の政治であるという点ではいつの時代も同じだったし、新しい建築はかならず革命的な力を必要とする。たとえ建築家個人は革命家ではないとしても、「私たちには人民が必要だ」と叫ぶことができるのは、やはり建築の特性なのです。ボルシェビキ革命と関係をもつという点で、構成主義はバロックに直結している。人民が新しい波であり、社会組織にできた新しい襞であることは、いつの時代も変わらない。作品の制作が新しい資材にふさわしい襞をつくる作業であることは、いつの時代も変わらないのです。

——とりあげた対象がライプニッツということもあって、襞の概念は、物質と生体をめぐる概念形成に、そして生命や有機体にたいする物質の親和性を肯定するところに、ごく自然にあなたを導いていきます。ところで、あなたの本を読ませていただくうちに、何度も私の頭にうかんできた疑問があるのです。それは、あなたが物質や生命組織について述べられたこと、そして知覚や苦痛などについて語っておられることは、現代の物理学者によって、あるいは生物学者や生理学者によって、いったいどのように理解されるのだろう、ということです。「物質をあつかう科学のモデルは〈折り紙〉である。つまり紙を折り畳む技芸である」、「生体のなかに魂があるとすれば、それはタンパク質がすでに知覚、識別、弁別の活動をくりひろげているからだ」、「物質は組成である……。」この種の命題はどのように位置づけられるのでしょうか。

ドゥルーズ——いまでも数学や関数理論の特権的対象でありつづけているものに「変曲」があります。物質は種子からなるのではなく、先にいくほど小さくなる襞からなっているのだと述べたライプニッツの仮説には、粒子と力の物理学がひとつの意味を与えてくれます。有機体は内生的な折り畳みの舞台であり要因であるとする考え方についていうなら、分子生物学が独自の水準でこの現象に遭遇しているし、胎生学もまた、これと同じ現象に出会っています。形態発生には常に襞がからんでいるということは、ルネ・トムの仕事をみればじゅうぶんに理解できます。繊維状の組成という複合的な概念はあらゆる分野で決定的な重要性を獲得したのです。そして分子的な知覚が存在するということは、すでに久しい以前から認められている。たとえばエソロジスト（動物行動学者）が動物の世界を定義するときなど、ライプニッツにきわめて近い発想が見られ、動物は一定数の刺激に反応する場合もあれば、ほとんど反応しない場合もあるが、刺激そのものは広大な自然の暗い底にさすかすかな光に等しいということを明らかにしているではありませんか。むろん、これはライプニッツがすでに述べてしまったことをエソロジストが反復しているという意味ではありません。十七世紀の「前成説」から現代の遺伝学にいたる歴史をつうじて、襞の性質が変化し、襞の機能と意味も変化したのです。ただし、ライプニッツ自身、襞の概念と操作を創案したわけではなく、ライプニッツ以前にも科学と芸術の世界で襞は知られていた。しかし襞を無限にまで高めることにより、襞の力を「解き放った」最初の思想家がライプニッツであることに変わりはありません。同様にして、バロックは、襞が無限に拡大し、あらゆる限界を超えるようになった最初の時代なのです。たとえばエル・グレコやベルニーニにそれがはっきりとあらわれている。だからこそ、ライプニッツが残したバロックの主要命題はあれほどの科学的現代性を保っているわけで、たとえ襞そのものに隠された変容の可能性によって襞が新たな限定に組み込まれたとしても、ライプニッツの現代性に傷がつくことはないのです。芸術についても同じことがいえます。絵画の例をとるなら、ハンタイの襞は、当然ながらエル・グレコの襞と同じものではありません。しかし、ロマネスクやゴシックや古典主義にはまだ残っていた制約と限界から襞を解き放ったのがバロック絵画の巨匠たちだというとに変わりはない。その意味でバロックの画家たちは、あらゆる種類の新しい冒険を可能ならしめた恩人であるわけですが、冒険の先取りをしたとはいえないまでも、その扉を開けたことだけはたしかなのです。マラルメも、ミショーも、襞にとりつかれている。それはマラルメやミショーがライプニッツ派だという意味ではなく、ライプニッツと共通の問題をかかえているということなのです。アンフォルメルの美術はふたつの要素で成り立っている。つまり繊維状の組成と、襞のある形態ですね。だからといってクレーやデュビュッフェはバロックの画家だという意味にはならない。それでも「ロゴロジックな部屋」にはライプニッツのいうモナドの内側と似たところがあります。バロックがなく、ライプニッツもいなかったとしたら、その後、新しい道を次々に切り開いていく原動力となった自律性を、襞が獲得することもなかったにちがいありません。つまり、バロックに顕著な襞の賞揚、あるいは自律化は、分野によって異なるテンポに合わせながら、芸術でも、科学でも、哲学でも成果をあげ、しかもその成果が汲みつくされるにはほど遠いばかりか、そこにかならずライプニッツの「主題」を見ることができるのです。

――〈事件〉の理論を構築することは、あなたにとって特に新しい仕事ではありません。それでも、〈事件〉の理論をこれまでにない完成形にまで高めた著作が『襞』であることに変わりはなく、ライプニッツとホワイトヘッドを突き合わせた対比を見れば、それは明らかです。あなたが〈事件〉に認めておられる構成要素や条件をこの場で要約するのは無理かと思います。しかし、あなたは外延、強度、個、捕捉などの用語で語っておられるという事実を指摘しておくだけでも、あなたのおっしゃる〈事件〉はジャーナリストやメディアが追い求める事件とは別のものだということが理解できます。では、「事件を定着させる」とき、メディアは何をつかんでいるのでしょうか。というよりも、どのような条件を満たせばメディアが、あなたのほうで「事件」と名づけておられるものをとらえられるようになるのでしょうか。

ドゥルーズ――メディアに〈事件〉をとらえるためのじゅうぶんな手段があるとも、メディアがその使命をになっているとも思いません。まず、一般にメディアが最初と最後を見せるのにたいして、〈事件〉のほうは、たとえ短時間のものでも、あるいは瞬間的なものでも、かならず持続を示すという違いがあります。そしてメディアが派手なスペクタクルをもとめるのにたいして、〈事件〉のほうは動きのない時間と不可分の関係にある。しかもそれは〈事件〉の前後に動きのない時間があるということではなくて、動きのない時間は〈事件〉そのものに含まれているのです。たとえば不意の事故がおこる瞬間は、いまだ現実には存在しない何かを見る目撃者の目に、あまりにも長い宙吊りの状態でその事故がせまってくるときの、がらんとした無辺の時間と一体になっているのです。どんなにありふれた〈事件〉でも、それが〈事件〉であるかぎり、かならず私たちを見者にしてくれるのにたいして、メディアのほうは私たちを受動的なただの見物人に、そして、最悪の場合は覗き魔に変えてしまいます。グレトゥイゼンも、あらゆる〈事件〉は、いわば何もおこらない時間のなかにある、と述べているではありませんか。待ち望む者が誰もいなかった予想外の〈事件〉にも狂おしいまでの期待が宿っていると いうことは一般に見落とされているのです。〈事件〉をとらえることができるのは芸術であってメディアではない。たとえば映画は〈事件〉をとらえています。小津がそうだし、アントニオーニがそうです。しかし、ほかでもない、動きのない時間は小津やアントニオーニの場合、ふたつの〈事件〉のあいだではなく、〈事件〉そのものに宿って、〈事件〉の密度を高めているのです。おっしゃるとおり、私は〈事件〉の概念について書くことに時間を費やしてきたわけですが、それは私が事物の存在を信じていないからにほかなりません。そして『襞』のねらいは〈事件〉の問題をもう一度とりあげて別の方面に発展させるところにありました。ちなみに、この本で私がいちばん気に入っている文は「今晩コンサートがある」です。ライプニッツでも、ホワイトヘッドでも、すべてが〈事件〉としてとらえられている。ライプニッツが述辞と呼んだものは、けっして属性などではなく、「ルビコン川を渡る」のと同等の、まぎれもない〈事件〉なのです。だから、彼らは主辞の概念を根底から修正せざるをえなかった。述辞が〈事件〉であるならば、主辞（主体）は何であるべきか、と問うしかなかったのです。バロックの銘でも同じことがおこっていますよね。

――これは私個人の印象ですが、『襞』の強みはあなたの仕事を「展開する」よりもむしろ「包み込む」、外に拡げるのではなく内に畳むところにある。別の言い方をするなら、この本は「ドゥルーズかく語りきの哲学」とでも呼べるような安全地帯に読者を導くかわりに（それこそ解説者の夢であるわけですが）、円を描くようにして、あなたの仕事を「一巡する」ということになるでしょうか。じっさい、襞の概念は―主体化のプロセスでは思考に襞が生じることを明らかにした点で―直前の本である『フーコー』につながっていますし、ライプニッツの名前は、ヒューム、スピノザ、カント、ニーチェ、そしてベルクソンをとりあげた、通常は哲学史に分類される研究の「系譜」とつながりをもっています。要するに『襞』という本は、あなたの仕事から何を切りとっても、その切片にかならず合致し、適合するように見えますし、またその結果あなたの仕事は、こういうたとえは失礼かとは思いますが、「何」を告げようとしているのかわからない（ふつうなら決まった時間が告げられるわけですが）、しかし分解と組み立ての限りない可能性を提供するところにその意義があるような、ひとつの目覚めに似ていると思えてくるのです。私の完全な思い違いでしょうか。

ドゥルーズ――おっしゃるとおりであれば嬉しいと思いますし、あなたのおっしゃったことは正しいとも思います。思考するにあたっては人それぞれの習慣があるものです。私の場合は、解きほぐすべきであると同時に、交差させることも必要な線の集合として、現実の事物を考える傾向があります。私は点というものが好きになれないし、定点をさだめる（ポイントをおさえる）ことは愚劣だと考えています。ふたつの点のあいだに線があるのではなく、線が何本も交差したところに点があるわけですからね。線が一定することはありえないし、点のほうは、あくまでも線の〈変曲〉であるにすぎないのです。だから当然、重要なのは始まりでも、終わりでもなく、〈あいだ〉の部分だということになる。事物や思考は〈あいだ〉に芽生え、〈あいだ〉で育っていくわけですから、腰を据えて観察すべきなのはこの〈あいだ〉であり、そもそも襞は〈あいだ〉に生まれるものです。またそうであればこそ、多線状の集合は折り返しや、交差や、変曲を含みもつことができるのだし、そこには哲学と、哲学史を、そして歴史学一般を、科学を、さらには芸術をひとつにつなぐ疎通が成り立つ。渦を巻く風のような運動が空間を満たし、さまざまに折れ曲がるうちに、その運動は任意の一点に顔をのぞかせることがあるのです。

――そうはおっしゃいますが、いま問題になっている点は任意の一点などではありません。なにしろ相手はライプニッツですから。ライプニッツのことなら誰でも知っているとはいえ、それはあく

までも『カンディード』経由の理解だし、「最良の可能世界」という言葉をヴォルテールが嘲笑したから、ライプニッツは知られているのです。つぎの質問はほんの冗談のつもりで受けとめていただきたいのですが、こんなふうに愚弄されると、哲学者の名声に傷がつくものなのでしょうか。

ドゥルーズ――そうはおっしゃいますが、ヴォルテールもれっきとした哲学者だし、『カンディード』はなかなかの名著ですよ。ライプニッツからヴォルテールへの移行は、思想史でも特に重要な転換期にあたります。ヴォルテールといえば啓蒙の光です。つまり光の体制そのものがヴォルテールであり、物質と生命、それに理性からなるこの体制は、バロックの体制とはまったく違うものになっているわけです。たとえ新しい時代を準備したのがライプニッツだったとしても事情は変わりません。神学的理性が崩壊し、どこをとっても純粋な人間的理性に席をあけわたしたのです。しかしバロックそのものが、すでに神学的理性の危機を体現していた。つまりバロックは、崩壊しつつある世界を立て直す最後のこころみだったのです。分裂病の定義にもこれとやや似たところがあるし、いわゆるバロックダンスと、分裂病患者に特有の姿勢がたびたび比較対照されたことからも、それは明らかでしょう。さて、自分たちの世界は最良の可能世界だ、とライプニッツが主張するとき、その場合の「最良」が古典的な善にとってかわるばかりか、ほかならぬ善の破綻を前提としていることは知っておかなければなりません。自分たちの世界が最良のものであるのは、この世界が善に支配されているからではなく、新しいものを産み出し、新しいものを受けいれるのに適しているからだ。ライプニッツはそう考えるわけです。じつに興味深い考え方だし、ヴォルテールにしても、まさかこれを拒絶することはないでしょう。一般にライプニッツは楽観的だと思われていますが、ここにはオプティミズムと似ても似つかない境地があるのです。そのうえ、ライプニッツの場合、進歩の可能性は地獄の罰をめぐるバロック的な理解にその根拠を置いている。つまり、地獄に落ちる者がいるからこそ、最良の可能世界は出現すると考えるわけで、なぜそうなるかといえば、地獄に落ちる者は自身が進歩することをあきらめ、また進歩の断念によって無限に豊かな「進歩性」を解き放つからだというのです。その点、ベラヴァルのみごとな翻訳で読むことのできる『哲学者の信仰告白』は、やはりまぎれもない傑作です。この本にはベルゼブルの歌が出てきますが、悪を語ったもののなかで、これがいちばん美しい文章ではないかと思います。いま危機におちいり、崩壊しかけているのは神学的理性ではもはやなく、啓蒙思想と一体化した、あの人間的理性のほうです。だから当然、多少なりとも人間的理性を救い、立て直そうとこころみるうちに、私たちはネオ・バロックなるものに出会うことになる。ヴォルテールよりライプニッツのほうが身近に感じられる理由も、結局このあたりにあるのではないでしょうか。

——『襞』の刊行と同時に、あなたはフランソワ・シャトレの哲学について、『ペリクレスとヴェルディ』という、短いながらも明晰このうえない論文を発表しておられます。これは、重要な哲学

書の前と後に、どちらも亡き友であるミシェル・フーコーとフランソワ・シャトレにささげた二冊の本を置くことで、いわば言外の意味（特に「哲学《フィロゾフィー》」に含まれた「友愛《フィロ》」の意味にかかわること）を伝えようとなさったのだ、そう解釈すべきなのでしょうか。御指摘のとおり、シャトレの定義によると、「音楽」とは「音の質料における人間相互のつながりを確立すること」だったわけですが、してみるとあなたは哲学〈そして／あるいは〉哲学の文章表現にはシャトレ的意味での「音楽」がある、とおっしゃりたかったのでしょうか。

ドゥルーズ――御質問はまず「友愛」ということでしたね。たしかに私はフーコーについて一冊の本を書き、それからシャトレについて短い論文を書きました。しかし私にとって、これらの仕事は友人へのオマージュにとどまるものではありません。フーコー論は完全な哲学書たりえていなければならないし、その哲学書に『フーコー』という題をつけたのも、フーコーは歴史家になったのではなく、一貫して偉大な哲学者でありつづけたということを、どうしてもはっきりさせておきたかったからです。フランソワ・シャトレのほうは、映画の世界に製作者《プロデューサー》がいるのと似たような意味で、哲学の「プロデューサー」を自認していました。しかし、ほかならぬ映画界に目を向けると、大勢の監督が「プロデュース」と、経営の新しいあり方を確立しようとつとめているではありませんか。いかにも舌足らずだったとはいえ、私がとにかく明らかにしたかったのは、哲学のプロデューサーたらんとするシャトレの願いが、シャトレ当人にとっては哲学の代用品などではなく、逆にきわめて独創的で精密なひとつの哲学を内に秘めていたということなのです。友愛をめぐる問いにはまだ答えがありません。哲学者は賢人ではなく、「友人」である、だから友愛も、当然ながら哲学の内なる問いだということになるわけですが、では誰の友人であり、何の友なのか。コジェーヴやブランショやマスコロは、友人をめぐる問いをとらえなおし、思考そのものの核心にこれを位置づけています。謎に満ちたこの問いを全身で受けとめるのでなければ、そして困難は承知のうえでこの問いに答えるのでなければ、哲学の何たるかはわかりようがないのです。それからもうひとつ、あなたは音楽をめぐる問いを立てておられますが、シャトレが音楽にのめりこんで生きたことを思えばそれも当然でしょう。すると音楽もまた、哲学者が友として接する相手だということになるでしょうか。私が思うに、哲学は肉声を用いる歌と違って、それこそ歌の名にふさわしい正真正銘の歌であるということ、そして運動をとらえる感覚に恵まれている点で哲学が音楽と同じであるということは確かです。ライプニッツの場合がすでにそうだったわけで、バロック音楽と同じ時代に「調和」をひとつの根本概念に鍛えあげているところからもそれは明らかでしょう。ライプニッツによって哲学は和音の生産となった。すると、不協和音にまで発展する和音こそが友人だ、ということになるでしょうか。哲学で音楽のうわべを飾るのでもなければ、音楽で哲学のうわべを飾るのでもない。むしろ折り畳み、襞をつける作業だと考えたほうが自然でしょう。ブーレーズがマラルメとの関係でおこなったように、「襞にそって襞を」つけることが求められているのです。

「リベラシオン」一九八八年九月二十二日
聞き手――ロベール・マジオリ

レダ・ベンスマイアへの手紙（スピノザについて）

私の仕事をとりあげた今回の特集号は論文が粒ぞろいで、そのことにまず感銘を受けましたし、「未来」誌が特集を組んでくださったこと自体、身に余る光栄に存じます。そこで私としては今回の特集号全体をスピノザの加護のもとに置くことによって、また、もし許していただけるなら、スピノザにかんして、いま、私はどのような問題に関心をもっているのか、これを申し上げることによって、御好意におこたえしたい。それもまたひとつの「参加」にはちがいなかろうと思うからです。

私はこんなふうに考えています。偉大な哲学者は優れた文体をもった文章家でもある。また、新語を採用したり、日常語の場合でもその新奇な面をきわだたせたりする点で、哲学では語彙が文体の一部をなすとはいえ、文体はあくまでもシンタクスの問題である。ところがシンタクスは、統辞論とも、さらには言語そのものとも異なる何か（つまり言語の〈外〉）に向けて張りつめた緊張状態のことである。哲学では、シンタクスの緊張は概念の運動をめざす。しかるに概念は概念自体で運動するだけでなく（哲学的理解）、事物のなかにも、私たち人間の内面にも概念の運動がある。つまり概念は私たちに新たな被知覚態と新たな情動を吹き込み、それによって哲学の非＝哲学的理解が得られるということだ……。だから哲学は哲学的理解と同じくらい非＝哲学的理解を必要とするのです。またそうであればこそ、哲学は哲学者以外の人たちと本来的に関係し、彼らに語りかけることにもなるわけです。それに哲学者以外の人たちが、哲学的理解を知らないまま、哲学の直接的理解に達することもありうるのです。哲学における文体は三つの極に向けて張りつめている。まず新しい考え方としての概念、そして新しい見方、新しい聞き方としての被知覚態、それから新しい感じ方としての情動。これが哲学の三位一体であり、そこからオペラとしての哲学が生まれる。運動をつくりだすにはこの三つが欠かせないのです。

　では、文体の問題になぜスピノザが関係してくるのか。『エチカ』できわめて初等的なラテン語をあやつったスピノザには、むしろ文体がないかに思われるのに、どうしてそのスピノザをとりあげるのか。じつをいうと、「文体がない」とされた書き手は要注意人物なのです。すでにプルーストが指摘しているように、「文体がない」書き手はすぐれた文章家であることが多いからです。『エチカ』は定義と命題を、証明と系をつらねた連続的な流れとしてたちあらわれ、そこに途方もない概念の展開を見ることができる。滔々と、とぎれることなく流れていながら、神々しいまでの静謐をたたえた大河。しかし、それと同時に「備考」という名の「偶発的事件」がおこり、非連続で、そのひとつひとつが自律性をもつ備考群は、相互に参照しあい、荒々しくふるえながら、寸断された火山脈の様相を呈するにいたる。そこではあらゆる情念が唸りをあげ、悦びと哀しみが戦いをくりひろげるのです。備考群は概念の全体的な流れに組み込まれるように見られがちですが、実情はまったく違う。備考群はむしろ第二の『エチカ』として、それまでとはまったく違うリズムと音調性のもとに第一の『エチカ』と共存し、情動の力を総動員して概念の運動を裏打ちするのです。

それから、「第五部」まで来ると、今度は第三の『エチカ』が出現する。スピノザは私たちにこう告げているではありませんか。ここまでは概念の見地から語ってきた、しかしこれから先は文体を変えて、直観と直接性にもとづく純粋な被知覚態によって語るだろう、と。相変わらず証明が続くように思われるかもしれませんが、そのあり方はそれまでと同じものではなくなっている。証明の道筋はもはや目がくらむほど切り詰められ、省略と暗示と短縮によって作用し、鋭く切り裂くような閃光を投げかけながら進行していくのです。ここにあるのは大河でも地下道でもなく、燃えあがる炎なのです。これが第三の『エチカ』です。最後にあらわれるとはいえ、この『エチカ』は最初からほかのふたつの『エチカ』と共存していた。

一見したところ穏健なラテン語の背後に隠されたスピノザの文体。それが、眠りこんだかに見える言葉のなかで、じつに三通りの言葉をひびかせ、三通りの緊張をつくりだすのです。『エチカ』は概念の書物（第二種の認識）にはちがいありませんが、それと同時に情動の書物（第一種の認識）でもあるし、被知覚態の書物（第三種の認識）でもある。だから、哲学者のなかの哲学者であり、いわばもっとも純粋な哲学者でありながら、同時に哲学者以外の人たちともっとも深くかかわり、強度の非＝哲学的理解をもっとも強くかりたてるところに、スピノザの逆説を見ることができるのです。また、そうであればこそ、スピノザの概念を理解できなくても、誰もがスピノザを読むことができるし、スピノザによって強い感動をおぼえることも、みずからの知覚のあり方を刷新することもできるのです。逆に、スピノザについてその概念しか理解できない哲学史の専門家は、けっして十全な理解に達することがない。ヤスパースなら、こんなふうに説明するでしょう。哲学者も哲学者以外の人たちもひとまとめにして共通の限界に押しやるだけでも、ふたつの翼が必要だ、とね。そして火の鳥のような文体をつくるには、少なくとも三つの翼が必要なのです。

「未来」第五三号、一九八九年

V 政治

管理と生成変化

——あなたの知識人としての半生をふりかえってみると、そこには常に政治の問題があらわれていたように思います。一方ではさまざまな運動に参加しておられるし（監獄問題、ホモセクシャル、イタリアのアウトノミア、パレスチナ難民の問題など）、もう一方ではさまざまな制度をめぐる問題提起をしておられる点で一貫性があります。しかもこの両者が、ヒューム論からフーコー論にいたる著作に相前後してあらわれ、たがいにからみあっているのです。政治の問題にたいする、この一貫した取り組みはどこから生まれたのでしょうか。そして著作活動に歩調を合わせ、常に政治の問題があらわれてくるのはどうしてなのでしょうか。運動と制度の関係は常に問題をはらんでいるようですが、どうしてそうなるのでしょうか。

ドゥルーズ——私にとって興味深かったのは、代理＝表象よりも、むしろ集団による創造のほうでした。そして「制度」には、法律とも契約とも異なる独自の運動があるのです。私がヒュームに見出したのは、制度と法をめぐるきわめて創造的な考え方でした。

はじめのうちは、私も政治より法に興味をよせていたのです。マゾッホやサドの場合でも、マゾッホでは契約についての、サドでは制度についての、ともに性愛に結びついた、じつに屈折した考え方があり、私にはこれが面白かったわけです。そうした私の好みはいまでも変わりません。たとえば法哲学の復興をめざすフランソワ・エヴァルドの仕事はとても重要だと思っているのです。しかし、私にとって興味深いのは法律一般でも、個々の具体的な法律でもないし（前者は空疎な観念だし、後者は日和見主義的な観念です）、法一般でもなければ具体的な法でもなくて、法解釈なのです。実際に法をつくりだすのは法解釈なのですから、これをひとり判事の手にゆだねておくわけにはいきません。作家が読むべきなのは民法典ではなく、実際の判例集なのです。いま、はやくも現代生物学の法を確立しようと望む傾向があらわれていますが、現代生物学において、また現代生物学がもたらす新しい状況でも、さらには現代生物学によって可能になる新たな〈事件〉においても、すべてが法解釈にからむ問題になっている。いま必要なのは、道徳をふりかざし、専門能力をいつわった有識者の委員会ではなく、利用者の集団なのです。実際に利用する人がいればこそ、法が政治に変容するわけですからね。要するに政治への移行ということなのですが、私個人としては六八年五月を機に、ガタリの、そしてフーコーのおかげで、さらにエリアス・サンバールのおかげで、具体的な問題にふれながら少しずつ政治への移行をはたしたのです。『アンチ・オイディプス』が一貫した政治哲学の本になりえたのは、そうした事情があったからにほかなりません。

――六八年の出来事を、あなたは〈反時代的なもの〉の勝利として、また事物の状態につなぎとめられた〈実現〉ではなく、〈事件〉の動的瞬間と重なる〈反＝実現〉そのものとして受けとめられたわけです。すでに六八年以前にも、ニーチェ論で、そして少し時期のくだるザッヒェル・マゾッホ論で、あなたは政治の問題を、可能性、事件、そして特異性としてとらえなおしておられました。これは、未来に向けて現在を開く短絡が成り立ち、したがって制度自体も変化していくということですね。ところが六八年以後、あなたの現状認識は含みのあるものに変わったと思います。いまでもノマドの思考があらわれているのはたしかです。しかし、それが時間的には瞬間的な〈反＝実現〉のかたちをとり、空間的には「マイノリティへの生成変化は普遍的である」という定義にとどまっているのです。この〈反時代的なもの〉の普遍性とは、いったい何のことを指しているのでしょうか。

ドゥルーズ――それは、生成変化と歴史のあいだに設けうる区別に、私がだんだん敏感になってきたということでしょうね。「非歴史の雲」がなければ重要なことは何ひとつおこらない、と述べたのはニーチェでした。永遠なるものと歴史的なものが対立するわけでも、観想と行動が対立するわけでもない。ニーチェが言わんとしたのは現におこなわれつつある何かのことであり、それが〈事件〉そのものを指したり、生成変化のことを指したりするわけです。歴史が〈事件〉の何をとらえるかといえば、それはさまざまな事物の状態における〈実現〉であって、生成変化の相のもとにあらわれる〈事件〉のほうは歴史の理解を超えています。歴史は実験ではない。歴史とは、歴史ではとらえきれないなんらかの実験を可能にする、それ自体はほとんど否定的な条件の寄せ集めにすぎないのです。歴史がなければ、実験は限定と条件づけを欠いたままになるだろうとはいえ、実験そのものは歴史に属する事柄ではないのです。すぐれた哲学書である『クリオ』で、ペギーは〈事件〉を考えるにはふたつの方法がある、と説明しています。ひとつは〈事件〉の側面をたどりながら、〈事件〉が歴史のなかで〈実現〉し、歴史のなかで条件づけられ、腐敗していくありさまを記録するというもので、もうひとつは〈事件〉の流れをさかのぼり、生成変化のなかに身を置くようにして〈事件〉に没入し、〈事件〉のなかで若返りと老化を同時に体験する、そして〈事件〉の構成要素や特異性をすべて生きなおすというもの。生成変化は歴史ではない。歴史が指し示す対象は条件の寄せ集めにすぎませんから、たとえ一部の条件が最近になって生まれたものだとしても、「生成変化」をとげるためには、つまり何か新しいものを創造するためには、これらすべての条件に背を向けるしかないのです。ニーチェが〈反時代的なもの〉と呼んだのはこのことにほかなりません。六八年五月は純粋状態の生成変化が発現し、なだれこんできた出来事でした。最近、革命の惨禍を告発するのが流行っています。べつに新しいことではありません。イギリスのロマン派もクロムウェルをめぐる反省で頭がいっぱいだったわけだし、そのことと、最近よく耳にするスターリン時代の反省とはまるで相似形です。要するに革命はかならず悪しき未来を用意すると言いたいのです。しかし、そんな意見が出てくるのは、ふたつのこと、つまり歴史のなかにある革命の未来と、生身の人間がおこす革命の生成変化とを、いまだに混同しているからにすぎないのです。それに、歴史のなかの革命と、革命の生成変化では、同じ人間でもそのあり方が違います。人間の唯一の希望は革命の生成変化にある。恥辱を払いのけ、許しがたい所業に報いることができるのは、革命の生成変化だけなのです。

——私にとって『千のプラトー』がとても重要な哲学書であることに変わりはありませんが、この本には未解決の問題をまとめた目録のような一面もあって、特に政治哲学の分野でそれが顕著だと思います。過程と投企、特異性と主体、構成体と組織体、逃走線とその対極にある装置および戦略、ミクロとマクロなど、せめぎあう対概念が次々にあらわれるばかりか、これらがすべて恒常的に開かれ、絶えず切開しなおされるところに、途方もない理論への意志と、異端の語り口を思わせる荒々しさが感じられます。そんな転覆の企てが悪いとは思いません。むしろ心から賛同したいくらいです……。しかし、それでもなお、「戦争機械」がどこに向かうのかわからなくなったときなどは、ややもすれば悲痛な声が聞こえてくるように思えてならないのです。

ドゥルーズ——そんなふうに言ってくださり、ありがとうございました。フェリックス・ガタリと私は、各人の流儀に違いがあるだろうとはいえ、やはりふたりともマルキシステムでありつづけていると思います。私たちには資本主義とその発展の分析に焦点をしぼらないような政治哲学が信じられないのです。私たちがマルクスでいちばん面白いと思ったのは、資本主義を内在性のシステムとして分析しているところです。つまり資本主義はみずからのリミットを絶えず押しやっていく、しかしリミットすなわち資本である以上、尺度を拡大したかたちで、どうしてもまた同じリミットに逢着するということですね。『千のプラトー』で素描した探究の方向はいくつもありますが、なかでも重要なのは、つぎの三つでしょう。まず、私たちの観点からすると、社会というものはその矛盾よりも、むしろ逃走線によって規定されるということ。つまり社会はいたるところで逃走の水漏れをおこしているわけで、そこにあらわれる逃走線を、特定の時期をおさえたうえでフォローしていくとなかなか面白い。現在のヨーロッパを例にとってみましょう。西欧の政治家はさんざん苦労したあげくに現在のヨーロッパをつくったわけだし、テクノクラートは体制や規則を一本化するために多大の労力を費やした。ところが、ある面からすると、すこしばかりリミットを拡大しただけで、若者や女性のあいだで何かが爆発するという予想外の事態もありうるわけだし（これは「テクノクラートの支配下に置く」ことができない）、また別の面からすると、このヨーロッパは始まる前にはやくも時代遅れになっていた、東に起源をもつさまざまな運動に先を越されていた、と考えてみるのもなかなか愉快ではありませんか。このような逃走線が深刻な事態をまねくこともあるのです。『千のプラトー』には、これに加えて第二の方向があります。それは、矛盾よりも逃走線を好んで検討するだけではなく、階級よりもマイノリティを検討の対象にするということです。それから第三の方向は「戦争機械」のあり方をさぐるというもの。ここでいう戦争機械は、けっして戦争によって規定されるのではなく、時空間を占拠したり、そこを満たしたりする一定の方式によって、あるいはまた新しい時空間をつくりだす方式によって規定されるわけです。すると革命運動だけでなく（たとえばＰＬＯはアラブ世界に独自の時空間をつくりださなければならなかったわけですが、この点について、じゅうぶんな考察が加えられたとは思えません）、芸術運動もまた、こうした戦争機械のひとつだということになるのです。

私の主張には悲壮感がある、あるいは憂愁がただよっていないとは言いきれない、あなたはそう指摘なさいました。そうなった理由を、私は私なりに理解しているつもりです。ナチスの強制収容所は私たちの心に「人間であるがゆえの恥辱」を植えつけたと述べるプリーモ・レーヴィの文章に、深い感銘を覚えたことがあります。レーヴィによると、まことしやかに語られていることは間違いで、私たち全員にナチズムの責任があるのではなく、私たちがナチスによって汚された。強制収容所を生き延びた人たちですら、たとえそれが生き残りをかけた窮余の一策だったとはいえ、やはり数々の妥協を余儀なくされた。ナチスになるような人間がいたという恥辱、それをさまたげる可能性も力ももちあわせていなかったという恥辱、そして妥協に屈したという恥辱。こうした恥辱が集まったものを、プリーモ・レーヴィは「グレーゾーン」と呼ぶわけです。人間であるがゆえの恥辱を、まったくとるにたりない状況で、強く実感させられることもあります。あまりにも凡俗な考え方に接したり、テレビのバラエティー番組を見たり、あるいは大臣の演説や、「楽天家」のおしゃべりを聞いたりするとき、私たちのすぐ目の前に恥辱があるのです。これは人間を哲学にかりたてる動機のうちでいちばん強いもののひとつだし、また、それがあるからこそ、哲学は必然的に政治哲学になろうというものです。資本主義には普遍的なものがひとつしかありません。市場です。普遍的な国家が存在しないのは、ほかならぬ普遍的な市場が存在するからで、普遍的な市場から見るといかなる国家も投資の拠点であり、証券取引所であるにすぎないのです。ところが市場とは、普遍化とも、均質化とも無縁で、富と貧困を生産するだけの恐るべきからくりにほかならない。人権をもちだしたところで、人権そのものがリベラルな資本主義に加担する積極的要因である以上、やはりどうしても資本主義の「楽しみ」を祝福するわけにはいきません。あらゆる民主主義国家は、人類の貧困を生産する作業に加担して、骨の髄まで腐っている。恥辱は、生成変化を保護しようにも私たちには確かな手段がひとつもないばかりか、自分の心に生成変化の種を認めても、それが芽をふくようにはたらきかけることすらできない無力感にある。集団がどのようにして変質し、どのようにして歴史にのみこまれてしまうのか、という問題が不断の「気づかい」を強いてくるのです。以前はプロレタリアが自覚をもちさえすればよかった。しかしいまの私たちには、そんなプロレタリア像は無縁なものとなってしまいました。

――どうすればマイノリティへの生成変化は力能をもつのか。どうすれば抵抗は現実の反乱たりうるのか。あなたのお書きになったものを読ませていただくとき、こうした問いにどう答えるべきかということで、いつも疑いの気持ちが頭をもたげてきます。たとえあなたのお仕事から、理論の面でも、実践の面でも問いを立てなおすよう私にはたらきかける衝撃を読みとったとしても、疑念は消えないのです。それなのに、スピノザにおける想像や共通概念についてお書きになった文章を読ませていただいたり、『時間イメージ』をひもとき、第三世界の国々でつくられた革命的な映画の成り立ちについての記述をたどり、あなたとともに映像から仮構作用への、あるいは政治的実践への移行を理解したりするとき、私はほとんど答えが見つかったという印象を受けてしまうのです……。私は完全に思い違いをしているのでしょうか。そこでうかがってみたいのは、虐げられた人々の抵抗はその効力を発揮し、許しがたい所業は一掃されるようにするための方法があるのかどうか、ということです。私たち人間の姿を映す特異性と原子の集合体が〈構成する権能〉としてたちあらわれるようにするための方法があるのでしょうか、あるいは逆に〈構成する権能〉（憲法制定の権限）は〈構成される権能〉（憲法によって制約を受けた権限）によってのみ規定されるという法の背理を受け入れるしかないのでしょうか。

ドゥルーズ――マイノリティとマジョリティは数の大小で区別されるものではありません。マイノリティのほうがマジョリティより数が多いこともあるからです。マジョリティを規定するのは、遵守せざるをえないひとつのモデルです。たとえば平均的ヨーロッパ人の成人男性で都市の住民……。これにたいして、マイノリティにはモデルがない。マイノリティは生成変化であり、プロセスであるわけですからね。マジョリティは誰のことでもないともいえるでしょう。誰であろうと、いずれかひとつの面で、マイノリティへの生成変化に巻き込まれているものだし、生成変化の道を歩む決意ができていさえすれば、誰もが未知の旅路をたどることができるのです。マイノリティがみずからモデルを構築するとしたら、それはマイノリティがマジョリティになりたいという願望をいだくからにほかなりません。たぶん、生き延びたり、救済を見出したりするためには、そうするしかないのでしょう（たとえば国家を構えたり、認知してもらったり、みずからの権限を押しつけたりする場合がそうです）。しかしマイノリティの力能は、あくまでもマイノリティ自身がなしえた創造から生まれるわけで、マイノリティによる創造が少しばかりモデルのなかに流れ込んだとしても、創造がモデルに依存することにはなりません。人民は常に創造的なマイノリティであり、たとえマジョリティを征服したとしても、変わることなく創造的なマイノリティでありつづけるのです。このようにマイナー性とメジャー性が共存しうるのは、両者が同一平面上で生きられることはないからです。もっとも偉大な芸術家は（民衆主義《ポピュリスト》の芸術家とはちがって）人民に呼びかけ、「人民が欠けている」という認識に達する。マラルメやランボー、クレーやベルクがそうです。映画の世界ではストローブ＝ユイレがそうです。芸術家は人民に呼びかけるしかない。芸術家はその企てのもっとも深いところで人民を必要としているのです。芸術家には人民をつくりだす義務もなければ、また人民をつくりだす手段もない。芸術とはすなわち抵抗のことです。死に抵抗し、束縛にも、汚名にも、恥辱にも抵抗するのです。ところが人民は芸術に専念することができない。では、人民はどのようにして生まれ、人民の創生がおこなわれるときの耐えがたい苦痛はどれほどのものなのか。人民が生まれるときは、当然ながら人民独自の手段が用いられるわけですが、それでも人民の創生がどことなく芸術に似てくることもあれば（ガレルによるとルーヴル美術館もまた、耐えがたい苦痛が集積した場所なのです）、芸術が、それまで芸術に欠けていたものに似てくることもあるのです。ユートピアというのは適切な概念ではありません。むしろ人民と芸術の双方に共通した「仮構作用」があるのだと考えるべきでしょう。仮構作用というベルクソンの概念をとりあげて、これに政治的な意味をもたせなければならないのです。

――フーコー論で、それからＩＮＡ（国立視聴覚研究センター）のテレビ・インタビューでも、あなたは権力の行使が示す三つの形態に徹底した分析を加えることを提案しておられます。三つの形態とは、まず「君主型」、それから「規律型」、そして特に重要なのが「コミュニケーション」をあやつる「管理型」の権力であるわけですが、この最後の形態が、いま、ヘゲモニーを獲得しようとしています。一方からすると、管理型権力の筋書きにしたがって、言論や想像力にも影響する支配

の最終進化形が想定されているのはたしかですが、しかしもう一方では、いま、かつてないほどの勢いで、すべての人間、すべてのマイノリティ、そしてすべての特異性が発言し、また発言することによって、さらに自由の度合いを高めるという潜在能力をもつようになってきました。『グルントリッセ』のマルクス的ユートピアでは、コミュニズムが自由な個人による横断的な組織の形状を呈し、その条件を保証するものとして技術的な基盤が位置づけられていました。いまでもコミュニズムの可能性を考えることはできるのでしょうか。コミュニケーション社会が到来したいま、コミュニズムは以前ほどユートピア的ではなくなったといえるかもしれません。いかがでしょうか。

ドゥルーズ——私たちが「管理社会」の時代にさしかかったことはたしかで、いまの社会は厳密な意味で規律型とは呼べないものになりました。フーコーはふつう、規律社会と、その中心的な技術である監禁（病院と監獄だけでなく、学校、工場、兵舎も含まれる）にいどんだ思想家だと思われています。しかし、じつをいうとフーコーは、規律社会とは私たちにとって過去のものとなりつつある社会であり、もはや私たちの姿を映していないということを明らかにした先駆者のひとりなのです。私たちが管理社会の時代にさしかかると、社会はもはや監禁によって機能するのではなく、恒常的な管理と、瞬時に成り立つコミュニケーションが幅をきかすようになる。管理社会について、分析の口火を切ったのはバロウズでした。もちろん、いまでも監獄や学校や病院が世論をにぎわすことはあります。これらの制度は危機に瀕していますからね。しかし、制度が危機に瀕しているということは、制度の延命をはかる動きがあるということにほかならないのです。まだ手探りの状態ではありますが、それでも一応の形をととのえつつあるのは、新しいタイプの懲罰であり、教育であり、また治療であるわけですからね。開放病棟とか、在宅介護チームなどが現実のものとなってから、すでにかなりの年月が経過しています。これからは教育も閉鎖環境の色合いがうすまり、もうひとつの閉鎖環境である職業の世界との区別も弱まっていくだろうし、やがては教育環境も職業環境も消滅して、あのおぞましい生涯教育が推進され、高校で学ぶ労働者や大学で教鞭をとる会社幹部を管理するために「平常点」のしくみが一般化するにちがいありません。学校改革の推進は見かけ倒しで、実際には学校制度の解体が進んでいる。管理体制のなかでは、何を壊しても壊しすぎにはならないのです。それにあなたも、以前からイタリアにおける労働環境の変化を分析され、臨時雇いや在宅勤務など、新しい労働の形態が生まれたことをつきとめておられますが、同様の傾向はその後ますます顕著になってきた（そして製品の流通と分配でも新しい形態が生まれた）。社会のタイプが違えば、当然ながらそれぞれの社会に、ひとつひとつタイプの異なる機械を対応させることができます。君主制の社会には単純な力学的機械を、規律型にはエネルギー論的機械を、そして管理社会にはサイバネティクスとコンピューターをそれぞれ対応させることができるのです。しかし機械だけでは何の説明にもなりません。機械をあくまでも部分として取り込んだ集合的アレンジメントを分析しなければならないのです。近い将来、開放環境に不断の管理という新たな管理の形態が生まれることは確実ですが、これに比べるなら過酷このうえない監禁ですら甘美で優雅な過去の遺産に見えるかもしれません。「コミュニケーションの普遍相」を追求する執念には慄然とさせられるばかりです。それでも、実際に管理社会の組織がととのう以前の段階で、新しい形態の犯罪や抵抗（このふたつはきちんと区別されるべき事例です）があらわれることもあります。たとえばハッキングやコンピューター・ウイルスがそうで、これらがストライキや、十九世紀には「サボタージュ（怠業）」と呼ばれていた（機械に投げ込まれた木靴《サボ》を意味する）行為の代わりになることもあるでしょう。さきほどの御質問は、管理社会やコミュニケーション社会の時代になると、新たな抵抗の形態が生まれるのではないか、そうなれば、「自由な個人による横断的な組織」として構想されたコミュニズムが実現する可能性も出てくるだろう、というものでした。どうでしょうか。あるいはおっしゃるとおりになるのかもしれません。しかしそのことと、マイノリティが発言しはじめる可能性とは無関係なのではないでしょうか。言論も、コミュニケーションも、すでに腐りきっているかもしれないのです。言論とコミュニケーションはすみずみまで金銭に侵食されている。しかも偶然そうなったのではなく、もともと金銭に毒されていたのです。だから言論の方向転換が必要なのです。創造するということは、これまでも常にコミュニケーションとは異なる活動でした。そこで重要になってくるのは、非＝コミュニケーションの空洞や、断続器をつくりあげ、管理からの逃走をこころみることだろうと思います。

――『フーコー』と『襞』では、これまであなたが公にされたいくつかの著作にくらべると、主体化のプロセスについてより綿密な観察がおこなわれていると思います。そして主体は〈内〉と〈外〉を行き来する恒常的な運動のリミットだということになっています。主体についてこのような考え方をすると、政治的にはどのような影響が出るのでしょうか。主体は市民権の外在性に吸収されるのでないとしたら、その主体が力能と生において市民権を確立することはありうるのでしょうか。世界にたいする「ピエタス（仁愛）」となり、同時にきわめてラジカルな体系にもなるような、新しい政治活動のプラグマティクスを成り立たせる力が、主体にはあるのでしょうか。歴史にのみこまれてもなお〈事件〉と〈主体性〉の輝きが続くようにするにはどのような政治をめざせばいいのでしょう。確たる基盤がなくとも力能はある、全体性はない、しかしスピノザが描いたような、絶対の性格をもつ共同体。どうすればそんな共同体を考えることができるのでしょうか。

ドゥルーズ――たしかに、個人、あるいは集団がみずからを主体につくりあげる際のさまざまな様態に注目するなら、これを主体化のプロセスと呼称することができますが、主体化のプロセスが意味をもつのは、それが成立するとき、既存の知からも、支配的な権能からも自由である場合にかぎられます。将来的には主体化のプロセスが新たな権能を産みおとしたり、新たな知にのみこまれたりすることもあるかもしれません。しかし、主体化がおこなわれる時点を見るかぎり、主体化のプロセスにはまちがいなく反抗の自発性がある。そこにはいわゆる「主体」への回帰などありはしない。つまり義務と権能と知をそなえた審級が回帰することはありえないのです。主体化のプロセスと呼ぶかわりに、むしろこれを新しいタイプの〈事件〉と呼称することもできるでしょう。つまり〈事件〉をひきおこす事物の状態や、いずれは〈事件〉をのみこむことになる事物の状態に訴えたところで説明のつかない〈事件〉の出現は一瞬の出来事です。重要なのは事件が出現する瞬間だし、とらえなければならないのはその機会なのです。あるいはまた、もっと単純に、同じことを脳と呼称してもかまわない。〈内〉と〈外〉を行き来する可逆的で恒常的な運動のリミットをなすもの、〈内〉と〈外〉をへだてる膜が、ほかならぬ脳だからです。脳の新しい疎通や、新しい考え方は、いくら顕微鏡手術をくりかえしても説明がつかず、むしろ科学のほうが、なんらかのかたちで思考が始まったとき、脳のなかでおこっていたことの発見につとめなければならないのです。主体化も〈事件〉も脳も、私にはどうも同じものに思えてなりません。世界の存在を信じることが、じつは私たちにいちばん欠けていることなのです。私たちは完全に世界を見失ってしまった。世界を奪われてしまった。世界の存在を信じるとは、小さなものでもいいから、とにかく管理の手を逃れる〈事件〉をひきおこしたり、あるいは面積や体積が小さくてもかまわないから、とにかく新しい時空間を発生させたりすることでもある。それをあなたは「ピエタス（仁愛）」と呼ばれたわけです。抵抗する能力はどれだけのものか、あるいは逆に管理への服従はどのようなものなのかということは、各人がこころみた具体的な行動のレベルで判断される。創造〈と〉人民の両方が必要なのです。

「前未来」創刊号、一九九〇年春
聞き手――トニ・ネグリ

追伸——管理社会について

I 沿革

フーコーは規律社会を十八世紀と十九世紀に位置づけた。規律社会は二十世紀初頭にその頂点に達する。規律社会は大々的に監禁の環境を組織する。個人は閉じられた環境から別の閉じられた環境へと移行をくりかえすわけだが、そうした環境にはそれぞれ独自の法則がある。まず家族があって、つぎに学校がある(「ここはもう自分の家ではないぞ」)。そのつぎが兵舎(「ここはもう学校ではないぞ」)、それから工場。ときどき病院に入ることもあるし、場合によっては監獄に入る。監獄は監禁環境そのものだ。類比的なモデルとなるのは、この監獄だ。『ヨーロッパ一九五一年』のヒロインは、労働者の集団を見たとき、「死刑囚を見ているような気がした」と叫んでいる。フーコーは監禁環境の理想的計画をみごとに分析してみせた。その計画は工場の場合にはっきり見てとれる。それは、集中させ、空間内に配分し、時間のなかに秩序づけることだ。時空間の内部で、その効力が初等的な力の総和にまさるような生産力を組織することだ。しかしフーコーは、規律社会のモデルが短命だということも、やはり知りつくしていた。規律社会のモデルは、目的と機能がまったく違った（つまり生産を組織化するというよりも生産の一部を徴収し、生を管理するというよりも死の決定をくだす）君主制社会の後を受けたものである。両者のあいだの移り変わりは段階的におこなわれ、一方の社会からもう一方の社会への重大な転換はナポレオンによって実行されたように思われる。しかし規律もやがて危機をむかえ、その結果、新たな諸力がゆっくり時間をかけて整えられていく。しかし、新たな諸力もまた、第二次世界大戦後に壊滅の時代をむかえる。つまり規律社会とは、すでに私たちの姿を映すこともなく、もはや私たちとは無縁になりつつあった社会なのである。

私たちは、監獄、病院、工場、学校、家族など、あらゆる監禁の環境に危機が蔓延した時代を生きている。家族とはひとつの「内部」であり、これが学校や職業など、他のあらゆる内部と同様、ひとつの危機に瀕しているのだ。当該部門の大臣は、改革が必要だという前提に立って、改革の実施を予告するのが常だった。学校改革をおこない、産業を、病院を、軍隊を、そして監獄を改革しようというのだ。しかし、ある程度長期的な展望で見ると、それらの制度にはもはや見込みがないということは、誰にでもわかっている。したがって、改革の名のもとに問題となっているのは、死に瀕した諸制度に管理の手をさしのべ、人びとに暇つぶしの仕事を与え、目前にせまった新たな諸力がしっかりと根をおろすのを待つことにすぎないのだ。こうして規律社会にとってかわろうとしているのが管理社会にほかならないのである。「管理」とは、新たな怪物を名ざすためにバロウズが提案した呼称であり、フーコーが近い将来、私たちにのしかかってくると考えていたのも、この「管理」なのだ。ポール・ヴィリリオもまた、いわば戸外で行使される超高速の管理形態を分析し、これが、閉じられたシステムの持続において作用した旧来の規律にとってかわるだろうと述べている。途轍もない規模に達した薬品の生産や、組織的な核兵器開発や遺伝子操作などは、たとえそれが新たなプロセスに介入してくる運命にあったとしても、あえて引き合いに出すにはおよばない。もっとも冷酷な体制はどれなのか、あるいはいちばん我慢しやすい体制はどれなのかということは考える必要もない。冷酷な体制でも、我慢できる体制でも、その内部では解放と隷属がせめぎあっているからだ。たとえば、監禁環境そのものともいえる病院の危機においては、部門の細分化や、デイケアや在宅介護などが、はじめのうちは新しい自由をもたらしたとはいえ、結局はもっとも冷酷な監禁にも比肩しうる管理のメカニズムに関与してしまったことを忘れてはならない。恐れたり、期待をもったりしてはならず、闘争のための新しい武器を探しもとめなければならないのである。

　個人が体験するさまざまな内部滞在の機構、すなわち監禁の環境は独立変数である。そこでは環境が変わるごとにゼロからやりなおすのが当然のこととされ、すべての環境に共通する言語が存在したとしても、それは類比にもとづく言語なのである。これにたいして、さまざまな管理機構のほうは分離不可能な変移であり、そこで使われる言語は、計数型で（「計数型」とはかならずしも「二項的」を意味するのではない）可変的な幾何学をそなえたシステムを形成する。監禁は鋳型であり、個別的な鋳造作業であるわけだが、管理のほうは転調であり、刻一刻と変貌をくりかえす自己＝変形型の鋳造作業に、あるいはその表面上のどの点をとるかによって網の目が変わる篩《ふるい》に似ている。これは給与の問題に、はっきりとあらわれている。工場というものは、みずからの内的諸力を平衡点にいたらせ、生産の水準を最高に、しかし給与の水準は最低におさえる組織体だった。ところが管理社会になると、今度は企業が工場にとってかわる。そして企業は魂の気息のような、気体のような様相を呈することになる。工場でも、奨励金の制度があるにはあっただろう。しかし企業は、工場よりも深いところで個々人の給与を強制的に変動させ、滑稽きわまりない対抗や競合や討議を駆使する恒常的な準安定状態をつくるのだ。愚劣このうえないテレビのゲーム番組があれほどの成功を収めているのは、それが企業の状況を的確に表現しえているからにほかならない。工場は個人を組織体にまとめあげ、それが、群れにのみこまれた個々の成員を監視する雇用者にとっても、また抵抗者の群れを動員する労働組合にとっても、ともに有利にはたらいたのだった。ところが企業のほうは抑制のきかない敵対関係を導入することに余念がなく、敵対関係こそ健全な競争心だと主張するのである。しかもこの敵対関係が個人対個人の対立を産み、個々人を貫き、個々人をその内部から分断するための、じつに好都合な動機づけとなっているのだ。「能力給」にあらわれた変動の原則は、文部省にとっても魅力なしとはいえない。じじつ、企業が工場にとってかわったように、生涯教育が学校にとってかわり、平常点が試験にとってかわろうとしているではないか。これこそ、学校を企業の手にゆだねるもっとも確実な手段なのである。

規律社会では（学校から兵舎へ、兵舎から工場へと移るごとに）いつもゼロからやりなおさなければならなかったのにたいし、管理社会では何ひとつ終えることができない。企業も教育も奉仕活動も、すべて同じひとつの変動が示す準安定の共存状態であり、変動そのものは普遍的な歪曲装置としてはたらくからである。カフカは、はやくもふたつのタイプの社会が接しあう接続点に腰を据え、『審判』でもっとも恐ろしい司法の形態を描いてみせた。規律社会における見せかけの放免（これは二度にわたる投獄のあいだにあらわれる状態だ）と、管理社会における果てしない引き延ばし（こちらは恒常的変異の状態に置かれている）は、まったく違うふたつの司法生活の様態である。そして現在の法律学があやふやで、危機に瀕しているとしたら、それは私たちが見せかけの放免をはなれて、果てしない引き延ばしに足を踏み入れているからだ。規律社会にはふたつの極がある。ひとつは個人を表示する署名であり、もうひとつは群れにおける個人の位置を表示する数や登録番号である。つまり規律にとっては、個人と群れのあいだに両立不可能性などありはしなかったし、権力は、群れの形成と個人の形成を同時におこなっていたのだった。要するに権力は、権力行使の対象となる人びとを組織体にまとめあげ、組織体に所属する各成員の個別性を型にはめるのである（フーコーは、こうした二面的配慮の起源は――家畜の群れと個々の家畜を同時にとりあげるという意味で――神父の司祭的権力にあると考えていたが、世俗的権力は、司祭的権力とは別の手段を行使しつつ、やがて非宗教的な「牧師」になろうとしていた）。逆に、管理社会で重要になるのは、もはや署名でも数でもなく、数字である。規律社会が指令の言葉によって調整されていたのにたいし、管理社会の数字は合い言葉として機能する（これは同化の見地からも、抵抗の見地からも成り立つことだ）。管理の計数型言語は数字でできており、その数字があらわしているのは情報へのアクセスか、アクセスの拒絶である。いま目の前にあるのは、もはや群れと個人の対ではない。分割不可能だった個人（individus）は分割によってその性質を変化させる「可分性」（dividuels）となり、群れのほうもサンプルかデータ、あるいはマーケットか「データバンク」に化けてしまう。規律社会と管理社会の区別をもっとも的確にあらわしているのは、たぶん金銭だろう。規律というものは、本位数となる金を含んだ鋳造貨幣と関連づけられるのが常だったのにたいし、管理のほうは変動相場制を参照項としてもち、しかもその変動がさまざまな通貨の比率を数字のかたちで前面に出してくるのだ。旧来の通貨がモグラであり、このモグラが監禁環境の動物だとしたら、管理社会の動物はヘビだろう。私たちは前者から後者へ、モグラからヘビへと移行したわけだが、これは私たちが暮らす体制だけでなく、私たちの生き方や私たちと他者との関係にも当てはまることなのである。規律型人間がエネルギーを産む非連続の生産者だったのにたいし、管理型人間は波状運動をする傾向が強く、軌道を描き、連続性の束の上に身を置いている。いたるところで、サーフィンが従来のスポーツにとってかわったからである。

それぞれの社会に機械のタイプを対応させることは容易だ。しかしそれは機械が決定権をにぎっているからではなく、機械を産み出し、機械を使う能力をそなえた社会形態を表現しているのが機械であるからにすぎない。昔の君主制社会は、てことか滑車とか時計仕掛など、シンプルな機械をあやつっていた。ところが近代の規律社会はエネルギー論的機械を装備し、受動的な面からいうとそこにはエントロピーの危険があったし、能動的な面では怠業の危険をともなっていた。管理社会は第三の機械を駆使する。それは情報処理機器やコンピューターであり、その受動面での危険は混信、能動面での危険はハッキングとウイルスの侵入である。これは単なるテクノロジーの進歩ではない。さらに深いところで資本主義の変化がおこっているのだ。すでによく知られた変化であり、これをつぎのように要約することができるだろう。つまり十九世紀の資本主義は生産を目標に据え、所有権を認めたうえで集中化を実施する。だから工場を監禁環境に仕立てあげたのだ。資本家は生産手段の所有者なのだし、さらには工場との類比においてつくられた他の環境（労働者の家族向けの住宅や学校）を所有することもあるのだから、それも当然だろう。市場の獲得はどうかといえば、場合によっては専門化によって、ある時は植民地建設によって、またある時は生産コストの低減によって達成される。しかし、昨今の状況を見ると、資本主義の目標は生産ではないことがわかる。現在の資本主義は生産を第三世界の周縁部に追いやっている。生産が繊維や冶金や石油などの複合的形態をとった場合でもそうだ。現在の資本主義は過剰生産の資本主義である。もはや原料を買いつけたり、完成品を売ったりするのではなく、完成品を買ったり、部品を組み立てたりするのである。いまの資本主義が売ろうとしているのはサービスであり、買おうとしているのは株式なのだ。これはもはや生産をめざす資本主義ではなく、製品を、つまり販売や市場をめざす資本主義なのである。だから現在の資本主義は本質的に分散性であり、またそうであればこそ、工場が企業に席をあけわたしたのである。家族も学校も軍隊も工場も、それが国家でも民間の有力者でもかまわないから、とにかくひとりの所有者に収斂していくような、類比にもとづく個別の環境であることをやめた。そして経営者だけで成り立つ同じひとつの企業が、歪曲と変換を受けつける数字化した形象にあらわれるようになるのだ。芸術ですら、閉鎖環境をはなれて銀行がとりしきる開かれた回路に組み込まれてしまった。市場の獲得は管理の確保によっておこなわれ、規律の形成はもはや有効ではなくなった。コストの低減というよりも相場の決定によって、生産の専門化よりも製品の加工によって、市場が獲得されるようになったのだ。そこでは汚職が新たな力を獲得する。販売部が企業の中枢ないしは企業の「魂」になったからである。私たちは、企業には魂があると聞かされているが、これほど恐ろしいニュースはほかにない。いまやマーケティングが社会管理の道具となり、破廉恥な支配者層を産み出す。規律が長期間持続し、無限で、非連続のものだったのにたいし、管理は短期の展望しかもたず、回転が速いと同時に、もう一方では連続的で際限のないものになっている。人間は監禁される人間であることをやめ、借金を背負う人間となった。しかし資本主義が、人類の四分の三は極度の貧困にあるという状態を、みずからの常数として保存しておいたということも、やはり否定しようのない事実なのである。借金をさせるには貧しすぎ、監禁するには人数が多すぎる貧民。管理が直面せざるをえない問題は、境界線の消散ばかりではない。スラム街とゲットーの人口爆発もまた、切迫した問題なのである。

Ⅲ　プログラム

ＳＦの助けを借りなくても、保護区内の動物や（エレクトロニクスの首輪をつけた）企業内の人間など、開かれた環境における成員の位置を各瞬間ごとに知らせる管理機構を思い描くことができる。フェリックス・ガタリが予測していたのは、決められた障壁を解除するエレクトロニクスのカード（可分性）によって、各人が自分のマンションを離れ、自分の住んでいる通りや街区を離れることができるような町である。しかし決まった日や決まった時間帯には、同じカードが拒絶されることもあるのだ。ここで重要なのは障壁ではなく、適法の者だろうと不法の者だろうと、とにかく各個人の位置を割りだし、全世界規模の変調をおこなうコンピューターなのである。

管理機構をその黎明期においてとらえる社会と技術の研究は、範疇論となり、万人がその危機を告げているような規律型の監禁環境にかわってできあがりつつあるものを描写しなければならないだろう。場合によっては昔の君主制社会から借用した古い手法が回帰することもありうる。もっともその場合にはしかるべき手直しが加えられているだろう。重要なのは、私たちが何かの始まりに立ち会っているということだ。監獄の体制においては、すくなくとも軽犯罪について、「代用」による刑が模索され、決められた時間帯は自宅にこもるよう受刑者を強制するエレクトロニクスの首輪の使用も考えられる。学校の体制では、さまざまな平常点の形態と、生涯教育の学校への影響が表面化し、これに見合うかたちで大学では研究が放棄され、あらゆる就学段階に「企業」が入り込んでくる。病院の体制では、「医者も患者もいない」新手の医学が、潜在的な患者や危険分子をあぶりだす。しかし、この傾向があらわしているのは俗にいわれるような個性尊重への歩みではけっしてなく、分割不可能な、あるいは数値的な身体に、管理の対象となる「可分性」の素材に特徴的な数字を置きかえているにすぎないのだ。企業の体制では、工場という昔ながらの形態とは縁を切った、金銭と製品と人間への新たな対応が生まれる。以上、瑣末的な例ばかりだったかもしれないが、これだけでもすでに諸制度の危機が意味するものについて、つまり新たな支配体制が漸進的かつ散在的なかたちで成立しつつあるということについて、より的確な理解が可能となるはずだ。特に深刻な問題のひとつが労働組合の無能である。労働組合は、その歴史全体をつうじて、規律にあらがう闘争に、あるいは監禁環境内部での闘争に結びつくものだった。そんな労働組合に、管理社会に対抗する新たな抵抗の形態に順応したり、新たな抵抗を成り立たせたりする余力があるだろうか。マーケティングの楽しみに立ち向かう能力をそなえた、来るべき抵抗形態の始まりを、現時点でもすでにとらえることができるだろうか。不思議なことに大勢の若者が「動機づけてもらう」ことを強くもとめている。もっと研修や生涯教育を受けたいという。自分たちが何に奉仕させられているのか、それを発見するつとめを負っているのは、若者たち自身だ。彼らの先輩が苦労して規律の目的性をあばいたのと同じように。とぐろを巻くヘビの輪はモグラの巣穴よりもはるかに複雑にできているのである。

「オートル・ジュルナル」創刊号、一九九〇年五月

訳者あとがき

ジル・ドゥルーズ。日本の読書人にもすでに親しい名前だ。そのドゥルーズについて、いまさら解説めいたことを記す必要もないだろう。訳者としては、ドゥルーズの本を一冊、読者にお届けできることを嬉しく思うばかりだ。ただ、お断りしておきたいことがふたつある。ひとつは本書のタイトルについて。もうひとつは本書の位置づけについて。

まず、位置づけのほうから。一読してわかるとおり、この本はドゥルーズの対談や、知人の本に寄せた序文などをまとめたものである。現代思想に強いインパクトを与えた著名な哲学者なら、対談集の一冊くらいあっても、別に不思議ではないと思われるかもしれない。しかし、この本はドゥルーズの著作のなかにあって、かなり特殊な性格をもっているのだ。そもそも、ドゥルーズが対談集を世に問うなど、まったく予想もできないことだった。ドゥルーズの徹底した対談嫌いは、本書でもくりかえし「言論」の不毛にふれているところからも、すでに明らかだろう。議論したところで何も生まれてこない。そんなことに時間を費やすよりも、各人がかかえている問題を見極め、それができるかぎりクリエイティヴなものになるよう実践的な作業をおこなうべきだ——そんな立場をとってきたドゥルーズが、なぜ対談を？　また、自分の過去の仕事について、したり顔で啓蒙的な解説を加えたり、それどころか弁明をこころみるといったことをほとんどストイックなまでに避けてきた潔癖性と、対談という不純なジャンルは、なかなか結びついてこないのだ。それなのに、なぜ対談なのか？

この本の位置は、ひとつには副題に記された「一九七二—一九九〇年」という日付からうかがい知ることができる。一九七二年は『アンチ・オイディプス』の年であり、一九九〇年はこの対談集が刊行された年だ。つまり——むろん当人はそういう言い方をしていないが——ドゥルーズがいわゆる著名人になって以来、今日にいたるまで、主として新刊書の出るたびにマスメディアからの要請に応じるかたちで公にしてきた談話のテクストが、この本の内容ということだ。とすれば、おさえておくべき問題点も、おのずと明らかになるだろう。まず、時ならぬブームによって日の当たる場所に引きずり出されてしまった以上、メディアへの対応は避けえないということ。そして「……について御意見を」求めてくるメディアが潜在的な悪意に満ちたものであるとすれば、対応はどうしても「応戦」の形態をとらざるをえないということ（これは本書の冒頭を飾る「口さがない批評家への手紙」を読めば納得できるだろう）。しかしいくら手段を講じてみたところで応戦はかならず言論になりさがるだろうということ。そんな状況のもとで他者とかかわりあうにはどうしたらいいのか？　この本は、哲学とそれ以外の分野の別を問わず、文章表現に思考の命運を賭けた人間がメディアという公共の場で個人的な意見をもとめられる（あるいは本書の表現を借りるなら「白状する」ことを強いられる）という不毛な状況で、なおも言うに値することを言うための方策を実践的にさぐっている——一応はそう考えていいだろう。

ところで、同じ問いにたいする答えは、本書の対談相手のひとりでもあるクレール・パルネとの『対話』（一九七七年、邦訳題『ドゥルーズの思想』）にもあらわれていた——対話とは、一個独立した人格としてあるふたりの人間が起点となって見解のやりとりがおこなわれることではなく、両者の「あいだ」で、おのおのが自分以外のものになる生成変化によって成り立つ。だからこそ、「いま、ここ」にしばりつけられた言表行為の主体をあぶり出す話し言葉を回避して、『対話』はドゥルーズとパルネによって書かれた擬似対話の形をとったのだし、しかも共著者のうちのどちらがどの部分を書いたのかもわからないように仕組まれていたのだった。

本書ではいくぶん事情が違っているように見える。なによりもまず、ドゥルーズはみずからの名において語っている。つまり一見したところでは個人的な「見解」を述べている。では、ドゥルーズの「肉声」を聞きとるべきなのかというと、どうやらそうでもないようだ。ここに収められたインタビューは、新聞・雑誌に掲載されたとき、かならず聞き手による「談話採録」のかたちをとっていた。しかも何度か聞き手をつとめたディディエ・エリボンの証言によると、ドゥルーズは対談を「書く」のだという。一般的にいって、これはごく当たり前のことなのかもしれない。しかし、録音したものを文字に起こし、それに発言者が手を加えていながら、あたかも実際にしゃべったとおりであるかのごとく偽装された対談と、加筆は加筆として愚直に認めているドゥルーズの対談とでは、かなり位相が異なっているように思う。前者があくまでも商品として流通する対談というジャンルの規則にしたがい、メディアへの擦り寄りを前提とするものだとすれば、ドゥルーズの場合、書かれた対話はいったん聞き手の責任において公共の場にまぎれこみ、単行本に収められるにあたってはドゥルーズひとりの名において、テクストとして引き受けられているはずだからである。公共の場にありながらも、公共ならざるものでありつづけるための戦略と言えばいいだろうか。そしてここにはメディア特有の制度的手続きをへてはいても、やはり、対話者の「あいだ」を何かが流れるようにするための擬似対話と同じ戦略があるだろうし、だからこそ本書の対談には独特の緊迫感がたたえられているのではないか。

一冊の本の読み方を、その翻訳者が指示するのは差し出がましいことだ。それでもなお、この本には二通りの読み方がありうるということだけは言っておかなければならないと思う。まず、ドゥルーズ哲学の主要テーマを各著作から抜き出してきて、それを簡便な見取り図にまとめあげ、全般的理解に達するという読み方がある。この場合だと、本書は全般的理解を助ける二次的資料として使われることになるだろう。そしてもうひとつの読み方は、異なる著作にあらわれた同一テーマを、ドゥルーズの用語でいうなら「リトルネロ」として受けとめ、主題の反復演奏にわが身をゆだね、リトルネロはリトルネロとして、つまり話し言葉の冗語法とは違った、一種の加速器として受けとめるというもの。これが「強度の読み方」だとまで主張するつもりはないが、少なくとも、ゆるやかさのなかに絶対の速度をたたえたドゥルーズの語り口（くどいようだが、これは肉声とは別のものだ）を実感するには、けっして無益ではないはずである。たとえば、ミシェル・フーコーを語った三つの対談は、同じフーコーの肖像を描きつつ、論点の反復をへて次第に速度を増していくように配置されているし、第五部「政治」の項目に収められた対談と論文が内容的には重複を含んでいるのもそのためである。

さて、本書のタイトルについて、お断りしておかなければならないと最初に書いた。本書の原題は《Pourparlers》、直訳すれば『折衝』である。「折衝」という語の意味するところは、ドゥルーズ自身が序文で述べているとおり、ある力が外部から侵入してきたとき、その力を内側に折り曲げ、自己との戦いをくりひろげるということだ。したがって、外部の力として把握されたメディアへの対応を実践してみせる本書のタイトルは、素直に『折衝』と訳すべきだったのかもしれない。それをあえて『記号と事件』としたことの責任は、訳者と編集部の双方にある。編集部にしてみれば、『折衝』などという、日本語ではあまりにも素っ気ない題ではこの本が一般にどう受けとめられるかわかったものではないという配慮があった。これは多くの翻訳書の運命でもあるだろう。しかし、『記号と事件』というタイトルそのものは、あくまでも訳者ひとりの責任において決めたものである。『記号と事件』は、もともと本書の第四部に収められた「哲学について」のインタビューが雑誌に掲載されたときの題名だ。それを総題に採用したのは、このインタビューが本書のなかでももっとも総括的なものになっているだけでなく、ドゥルーズのいう〈事件〉の考え方をつうじて、メディアとの対決姿勢がより鮮明になるのではないかと考えたからである。その適否についての判断は読者におまかせするしかない。また、訳者の無知ゆえに、訳文はさまざまな誤解や誤読の痕跡をとどめているかもしれない。この点についても、読者の寛恕を乞うとともに、識者の教示を待つ次第である。

最後に、未熟な訳者に本書の翻訳をまかせ、遅々として進まぬ作業にも目をつぶってくださった河出書房新社の野口雄二氏に感謝したい。締切という名のリミットを引き延ばすために「折衝」を強いられていた訳者は、心ならずも野口氏に御迷惑をおかけした。この場を借りてお詫びするとともに、いま一度、心から御礼申し上げる。

一九九二年三月

宮林　寛

改訂版あとがき

改訂版刊行に向けて本書の訳文に修正を加えていたところ、ふいにドゥルーズの訃報が飛び込んできた。自殺だという。衝撃だった。しかし、ひとつの時代が終わったとか、ドゥルーズの病苦を思うとか、そんな感傷に浸ろうとは思わない。訳者としては本書の二三一ページに記された言葉をかみしめるばかりだ――

「主体化こそ、線に挑み、線をまたぐ唯一の方法なのです。その結果、死や自殺に向かって歩むことになるかもしれませんが、（……）その場合の自殺は生に満ちあふれた芸術になりおおせているのです。」

一九九五年十一月

宮林　寛

文庫版あとがき

初版から一五年になる。『記号と事件』をとりまく環境も大きく変わった。翻訳者はその時々の状況に合わせて訳文を組み立てる。だから翻訳書は時の経過とともに古くなっていく。本書もある程度の手直しが必要な時期に来ていた。

一七年前、訳者がドゥルーズの語彙を日本語にどう移すべきか考え、試行錯誤をくりかえしていた頃、『差異と反復』も、『千のプラトー』も、二巻の映画論も、まだ邦訳がなかった。本書でドゥルーズが「予告」している『哲学とは何か』と『批評と臨床』にいたっては、その原書もまだ刊行されていなかった。だから当然、『記号と事件』の翻訳はドゥルーズの仕事について十分な予備知識がない読者を想定しておこない、訳語の選択でも平易さを優先させたのだった。しかし平易は平板につながりかねない。読みやすい訳文を心がけ、ある程度までその目標を達成できたと自負する反面、正確さに欠けるのではないか、概念にもとづく思考の流れを伝えきれていないのではないかと自分で自分を疑い、内心忸怩たるものがあったし、ドゥルーズの主著が邦訳で読めるようになれば、訳語の統一が必要になることもわかっていた。

そうした事情をふまえ、文庫化にあたって本書の訳文を大幅に改めた。修正は二通りある。まず、過去一五年のあいだに邦訳されたドゥルーズの主な著作（『差異と反復』、『千のプラトー』、『哲学とは何か』、『襞―ライプニッツとバロック』、『シネマ2』）に合わせる方向で訳語の統一を図ったこと。そして、細部の修正は言うにおよばず、ドゥルーズ独自の文体的特徴を生かすために、いくつかの対話を訳し直したこと。なかでも哲学者ドゥルーズの矜恃が前面に出た「哲学について」と「ライプニッツについて」、それからアントニオ・ネグリとの対談である「管理と生成変化」は全面的に改訳した。これら三つの対話は旧版に比べて「哲学書」としての色彩を強めたと思うのだが、読者諸賢はどう受けとめてくださるだろうか。

今回の仕事では企画から資料面でのサポートにいたるまで、河出書房新社の阿部晴政氏のお世話になった。記して感謝する。

二〇〇七年二月

宮林　寛

本書は、一九九二年、河出書房新社より
単行本として刊行されました。

記号《きごう》と事件《じけん》

一九七二―一九九〇年《ねん》の対話《たいわ》

二〇〇七年 五月二〇日 初版発行
二〇二三年 八月三〇日 7刷発行

著者 G・ドゥルーズ
訳者 宮林寛《みやばやしかん》
発行者 小野寺優
発行所 株式会社河出書房新社
〒一五一―〇〇五一
東京都渋谷区千駄ヶ谷二―三二―二
電話〇三―三四〇四―八六一一（編集）
〇三―三四〇四―一二〇一（営業）
https://www.kawade.co.jp/

ロゴ・表紙デザイン 粟津潔
本文フォーマット 佐々木暁
印刷・製本 大日本印刷株式会社

落丁本・乱丁本はおとりかえいたします。
Printed in Japan ISBN978-4-309-46288-2

神の裁きと訣別するため

アントナン・アルトー　宇野邦一／鈴木創士〔訳〕　46275-2

「器官なき身体」をうたうアルトー最後の、そして究極の叫びである表題作、自身の試練のすべてを賭けて「ゴッホは狂人ではなかった」と論じる35年目の新訳による「ヴァン・ゴッホ」。激烈な思考を凝縮した2篇。

ユング　地下の大王

コリン・ウィルソン　安田一郎〔訳〕　46127-4

現代人の精神的貧困の原因とその克服を一貫して問い続けてきた著者が、オカルト、共時性、易、錬金術、能動的想像等、ユングの神秘的側面に光をあて、ユング思想の発展を伝記と関連させて明快に説いた力作。

百頭女

マックス・エルンスト　巖谷國士〔訳〕　46147-2

古いノスタルジアをかきたてる漆黒の幻想コラージュ一四七葉——永遠の女「百頭女」と怪鳥ロプロプが繰り広げる奇々怪々の物語。エルンストの夢幻世界、コラージュロマンの集大成。今世紀最大の奇書！

慈善週間　または七大元素

マックス・エルンスト　巖谷國士〔訳〕　46170-0

自然界を構成する元素たちを自由に結合させ変容させるコラージュの魔法、イメージの錬金術!!　巻末に貴重な論文を付し、コラージュロマン三部作、遂に完結。今世紀最大の芸術家エルンストの真の姿がここに!!

見えない都市

イタロ・カルヴィーノ　米川良夫〔訳〕　46229-5

現代イタリア文学を代表し世界的に注目され続けている著者の名作。マルコ・ポーロがフビライ汗の寵臣となって、様々な空想都市（巨大都市、無形都市など）の奇妙で不思議な報告を描く幻想小説の極致。解説＝柳瀬尚紀

不在の騎士

イタロ・カルヴィーノ　米川良夫〔訳〕　46261-5

中世騎士道の時代、フランス軍勇将のなかにかなり風変わりな騎士がいた。甲冑のなかは、空っぽ……。空想的な《歴史》三部作の一つで、現代への寓意を込めながら奇想天外さと冒険に満ちた愉しい傑作小説。

ファニー・ヒル

ジョン・クレランド　吉田健一〔訳〕　46175-5

ロンドンで娼婦となった少女ファニーが快楽を通じて成熟してゆく。性の歓びをこれほど優雅におおらかに描いた小説はないと評される、214年の禁をとかれ世に出た名著。流麗な吉田健一訳の、無削除完訳版。

ロベルトは今夜

ピエール・クロソウスキー　若林真〔訳〕　46268-4

自宅を訪問する男を相手構わず妻ロベルトに近づかせて不倫の関係を結ばせる夫オクターヴ。「歓待の掟」にとらわれ、原罪に対して自己超越を極めようとする行為の果てには何が待っているのか。衝撃の神学小説！

路上

ジャック・ケルアック　福田実〔訳〕　46006-2

スピード、セックス、モダン・ジャズ、そしてマリファナ……。既成の価値を吹きとばし、新しい感覚を叩きつけた1950年代の反逆者たち。本書は、彼らビートやヒッピーのバイブルであった。現代アメリカ文学の原点。

孤独な旅人

ジャック・ケルアック　中上哲夫〔訳〕　46248-6

『路上』によって一躍ベストセラー作家となったケルアックが、サンフランシスコ、メキシコ、ＮＹ、カナダ国境、モロッコ、南仏、パリ、ロンドンに至る体験を、詩的で瞑想的な文体で生き生きと描いた魅惑的な一冊。

ポトマック

ジャン・コクトー　澁澤龍彥〔訳〕　46192-2

ジャン・コクトーの実質的な処女作であり、20代の澁澤龍彥が最も愛して翻訳した《青春の書》。軽やかで哀しい《怪物》たちのスラップスティック・コメディ。コクトーによる魅力的なデッサンを多数収録。

大胯びらき

ジャン・コクトー　澁澤龍彥〔訳〕　46228-8

「大胯びらき」とはバレエの用語で胯が床につくまで両脚を広げること。この小説では、少年期と青年期の間の大きな距離を暗示している。数々の前衛芸術家たちと交友した天才詩人の名作。澁澤訳による傑作集。

残酷な女たち

L・ザッヘル＝マゾッホ　飯吉光夫／池田信雄〔訳〕　46243-1

8人の紳士をそれぞれ熊皮に入れ檻の中で調教する侯爵夫人の話など、滑稽かつ不気味な短篇集の表題作の他、女帝マリア・テレジアを主人公とした「風紀委員会」、御伽噺のような奇譚「醜の美学」を収録。

毛皮を着たヴィーナス

L・ザッヘル＝マゾッホ　種村季弘〔訳〕　46244-8

サディズムと並び称されるマゾヒズムの語源を生みだしたザッヘル＝マゾッホの代表作。東欧カルパチアとフィレンツェを舞台に、毛皮の似合う美しい貴婦人と青年の苦悩と快楽を幻想的に描いた傑作長編。

恋の罪

マルキ・ド・サド　澁澤龍彥〔訳〕　46046-8

ヴァンセンヌ獄中で書かれた処女作「末期の対話」をはじめ、50篇にのぼる中・短篇の中から精選されたサドの短篇傑作集。短篇作家としてのサドの魅力をあますところなく伝える13篇を収録。

悪徳の栄え　上・下

マルキ・ド・サド　澁澤龍彥〔訳〕　上／46077-2　下／46078-9

美徳を信じたがゆえに身を滅ぼす妹ジュスティーヌと対をなす姉ジュリエットの物語。悪徳を信じ、さまざまな背徳の行為を実践する悪女の遍歴を通じて、悪の哲学を高らかに宣言するサドの長編幻想奇譚!!

ブレストの乱暴者

ジャン・ジュネ　澁澤龍彥〔訳〕　46224-0

霧が立ちこめる港町ブレストを舞台に、言葉の魔術師ジャン・ジュネが描く、愛と裏切りの物語。“分身・殺人・同性愛”をテーマに、サルトルやデリダを驚愕させた現代文学の極北が、澁澤龍彥の名訳で今、蘇る!!

飛ぶのが怖い

エリカ・ジョング　柳瀬尚紀〔訳〕　46250-9

1973年にアメリカで刊行されるや、600万部の大ベストセラーになり、ヘンリー・ミラーやアップダイクが絶賛した新しい女性の文学。性愛をテーマにしながらもユーモラスな傑作。装画・あとがき＝山本容子

なしくずしの死　上・下

L-F・セリーヌ　高坂和彦〔訳〕　上／46219-6　下／46220-2

反抗と罵りと怒りを爆発させ、人生のあらゆる問いに対して〈ノン！〉を浴びせる、狂憤に満ちた「悪魔の書」。その恐るべきアナーキーな破壊的文体で、20世紀の最も重要な衝撃作のひとつとなった。待望の文庫化。

モデラート・カンタービレ

マルグリット・デュラス　田中倫郎〔訳〕　46013-0

自分の所属している社会からの脱出を漠然と願う人妻アンヌ。偶然目撃した情痴殺人事件の現場。酒場で知り合った男性ショーヴァンとの会話は事件をなぞって展開する……。現代フランスの珠玉の名作。映画化。

北の愛人

マルグリット・デュラス　清水徹〔訳〕　46161-8

『愛人――ラマン』（1992年映画化）のモデルだった中国人が亡くなったことを知ったデュラスは、「華北の愛人と少女の物語」を再度一気に書き上げた。狂おしいほどの幸福感に満ちた作品。

アンチ・オイディプス　上・下　資本主義と分裂症

ジル・ドゥルーズ／フェリックス・ガタリ　宇野邦一〔訳〕　上／46280-6　下／46281-3

最初の訳から20年目にして“新訳”で送るドゥルーズ＝ガタリの歴史的名著。「器官なき身体」から、国家と資本主義をラディカルに批判しつつ、分裂分析へ向かう本書は、いまこそ読みなおされなければならない。

碾臼

マーガレット・ドラブル　小野寺健〔訳〕　46001-7

たった一度のふれあいで思いがけなく妊娠してしまった未婚の女性ロザマンド。狼狽しながらも彼女は、ひとりで子供を産み、育てる決心をする。愛と生への目覚めを爽やかに描くイギリスの大ベストセラー。

太陽がいっぱい

パトリシア・ハイスミス　佐宗鈴夫〔訳〕　46125-0

地中海のまぶしい陽の中、友情と劣等感の間でゆれるトム・リプリーは、友人殺しの完全犯罪を思い立つ――。原作の魅惑的心理描写により、映画の苦く切ない感動が蘇るハイスミスの出世作！　リプリー・シリーズ第一弾。

詩人と女たち

チャールズ・ブコウスキー　中川五郎〔訳〕　46160-1

現代アメリカ文学のアウトサイダー、ブコウスキー。50歳になる詩人チナスキーことアル中のギャンブラーに自らを重ね、女たちとの破天荒な生活を、卑語俗語まみれの過激な文体で描く自伝的長編小説。

くそったれ！ 少年時代

チャールズ・ブコウスキー　中川五郎〔訳〕　46191-5

1930年代のロサンジェルス。大恐慌に見舞われ失業者のあふれる下町を舞台に、父親との確執、大人への不信、容貌への劣等感に悩みながら思春期を過ごす多感な少年の成長物語。ブコウスキーの自伝的長編小説。

死をポケットに入れて

C・ブコウスキー　中川五郎〔訳〕　ロバート・クラム〔画〕　46218-9

老いて一層パンクにハードに突っ走るBUKの痛快日記。50年愛用のタイプライターを70歳にしてMacに変え、文学を、人生を、老いと死を語る。カウンター・カルチャーのヒーロー、R・クラムのイラスト満載。

ブコウスキーの酔いどれ紀行

C・ブコウスキー　マイケル・モントフォート〔写真〕　中川五郎〔訳〕　46233-2

故国ドイツへの旅の模様を、80数点の貴重な写真と共につづる紀行エッセイ。ブコウスキーの生の声を満載し、彼の人生観、その素顔が存分に味わえる、痛快なドキュメント。町田康による文庫版解説も傑作。

倦怠

アルベルト・モラヴィア　河盛好蔵／脇功〔訳〕　46201-1

ルイ・デリュック賞受賞のフランス映画「倦怠」（C・カーン監督）の原作。空虚な生活を送る画学生が美しき肉体の少女に惹かれ、次第に不条理な裏切りに翻弄されるイタリアの巨匠モラヴィアの代表作。

さかしま

J・K・ユイスマンス　澁澤龍彥〔訳〕　46221-9

三島由紀夫をして“デカダンスの「聖書」”と言わしめた幻の名作。ひとつの部屋に閉じこもり、自らの趣味の小宇宙を築き上げた主人公デ・ゼッサントの数奇な生涯。澁澤龍彥が最も気に入っていた翻訳。

三島あるいは空虚のヴィジョン

M・ユルスナール　澁澤龍彦〔訳〕　46143-4

『ハドリアヌス帝の回想』で知られるヨーロッパ第一級の文学者ユルスナールが、三島由紀夫の死の謎と作品世界における中心主題である“空虚”に正面から迫った異色の論考。澁澤龍彦の流麗な翻訳で甦る。

山猫

G・T・ランペドゥーサ　佐藤朔〔訳〕　46249-3

イタリア統一戦線のさなか、崩れ行く旧体制に殉じようとするシチリアの一貴族サリーナ公ドン・ファブリツィオの物語。貴族社会の没落、若者の奔放な生、自らに迫りつつある死……。巨匠ヴィスコンティが映画化！

O嬢の物語

ポーリーヌ・レアージュ　澁澤龍彦〔訳〕　46105-2

女主人公の魂の告白を通して、自己の肉体の遍歴を回想したこの物語は、人間性の奥底にひそむ非合理な衝動をえぐりだした真に恐れるべき恋愛小説の傑作として多くの批評家に激賞された。ドゥー・マゴ賞受賞！

インディアン魂　上・下　レイム・ディアー

J・F・レイム・ディアー〔口述〕 R・アードス〔編〕 北山耕平〔訳〕　上／46179-3　下／46180-9

最後のアメリカ・インディアン、スー族の古老が、未来を担う子どもたちのために「自然」の力を回復する知恵と本来の人間の生き方を語る痛快にして力強い自伝。（『レイム・ディアー』改題）

風の博物誌　上・下

ライアル・ワトソン　木幡和枝〔訳〕　上／46158-8　下／46159-5

風は地球に生命を与える天の息である。“見えないもの”の様々な姿を、諸科学・思想・文学を駆使して描き、トータルな視点からユニークな生命観を展開する、“不思議な力”の博物誌。

シュルレアリスム

P・ワルドベルグ　巖谷國士〔訳〕　46183-0

20世紀初頭に革命的な運動として芸術界を席巻し、あらゆる既成概念を打破し続けたシュルレアリスム。重要なテクストを網羅し、貴重な図版を豊富に収録した決定版。充実した人名解説と略年表付き。